2018年主题出版重点出版物
“十三五”国家重点出版物出版规划项目

国际视野下的中国对外开放丛书
张燕生 主编

加工贸易的演进、转型与升级

封小云 著

SPM
南方出版传媒
广东经济出版社
·广州·

图书在版编目（CIP）数据

加工贸易的演进、转型与升级/ 封小云著. —广州：广东经济出版社，2019. 4
（国际视野下的中国对外开放）
ISBN 978 - 7 - 5454 - 6704 - 8

Ⅰ. ①加… Ⅱ. ①封… Ⅲ. ①加工贸易 - 研究 - 中国 Ⅳ. ①F752. 68

中国版本图书馆 CIP 数据核字（2019）第 073546 号

出 版 人：李　鹏
责任编辑：毛一飞
责任技编：许伟斌

加工贸易的演进、转型与升级
Jiagong Maoyi De Yanjin、Zhuanxing Yu Shengji

出版发行	广东经济出版社（广州市环市东路水荫路 11 号 11 ~ 12 楼）
经销	全国新华书店
印刷	广东鹏腾宇文化创新有限公司 （广东省珠海市高新区科技九路 88 号七号厂房）
开本	787 毫米 × 1092 毫米　1/16
印张	18
字数	300 000 字
版次	2019 年 4 月第 1 版
印次	2019 年 4 月第 1 次
书号	ISBN 978 - 7 - 5454 - 6704 - 8
定价	58. 00 元

如发现印装质量问题，影响阅读，请与承印厂联系调换。
发行部地址：广州市环市东路水荫路 11 号 11 楼
电话：（020）37601950　邮政编码：510075
邮购地址：广州市环市东路水荫路 11 号 11 楼
电话：（020）37601980　营销网址：**http://www.gebook.com**
广东经济出版社新浪官方微博：**http://e.weibo.com/gebook**
广东经济出版社常年法律顾问：胡志海律师

前言：探索中国加工贸易在新常态下转型升级的路径

2018年是中国改革开放40周年。从历史长河看，40年仅是弹指一挥间。但是，对于中国来说，这40年则是发生翻天覆地的历史性巨变的重大时期。与中国40年的改革开放始终相伴相生、对中国经济复兴和崛起具有重大意义且唯一具有40年发展进程的经济事件，可能就是中国的加工贸易了。1978年加工贸易首次进入广东，就此拉开了中国走向世界的序幕，并最终卷入经济全球化。

可以说，中国是从加工贸易开始重新认识外部世界的，随着加工贸易的发展，20世纪90年代，中国经济开始大规模地进入全球化和全球生产网络，并在21世纪成为全球生产和供应链中最为重要的制造环节。经济全球化为中国带来了实现跨越式发展的重大机遇。而加工贸易则成为中国嵌入经济全球化的一个主要楔子，它是中国改革开放进程中，前30年出口导向发展战略的主要实施策略。

中国过去40年的经济发展史，正是中国参与经济全球化、"中国制造"逐步崛起的典型外向型发展模式实践进程。这个以加工贸易为其主要特征的经济发展模式，并非中国的创造，而是东亚新兴经济体发展模式在中国的更大区域、更大范围，以及涉及更多经济资源配置的一个复制。即首先是港台资本，随后是日韩资本和其他资本，以制造业迁移和加工贸易的方式，使得中国经济整体嵌入全球生产网络之中。经过40年的发展，加工贸易已经成为中国经济和外贸增长的主要动力，在中国的外向型经济体系中占有举足轻重的地位。"中国积极探索中国特色的加工贸易发展道路，走出了一条在全球化背景下工业化的新道路。回顾改革开放40年的伟大成就，中国创造了人类经济发展史上的一个奇迹，如果把这40年的奇迹比喻为一篇宏大的文章，加工贸易便是其中光彩夺目的一个篇章。”①

客观地说，中国以加工贸易的方式参与全球生产网络，是40年来经济全球化发展趋势下，中国崛起的必然选择路径之一。它是全球化进程中国际产业分工的客观规律，也是跨国公司在全球布局其产业链与价值链的客观要求之体现，更是现代世界体系中全球生产发展的必然反映。事实上，当中国以开放市场、加工贸易的特定方式参与到由美欧日跨国公司主导的全球生产体系之时，不仅意味着中国经济将由此崛起或复兴，也意味着中国纳入了由美欧主导的现代世界体系，认可了目前以美欧为核心的世界经济秩序与规则，并从中得到制度红利。我们只要回顾中国加入WTO（世界贸易组织）至今的发展进程，就可以得出上面的判断。

40年来，顺应经济全球化的大潮，中国逐渐成长为世界经济环流的重要枢纽，并成为世界经济增长的主要引擎。这一事实说明，中国既是新兴经济体以外向型经济发展战略拓展经济全球化发展空间的主要推动力，也是全球化的最大受益者之一，由此推动了中国从世界经济的边缘进入世界经济的核心地带，并开始逐步地改写世界经济的版图。今天，经济全球化已经在北美、欧洲和东亚形成了三大全球生产和贸易区域。其中北美区域以美国为主，欧洲则以德国为主，而东亚地区则以中国这个全球第二大经济体、第一大贸易体为主。而北美、欧洲是以服务价值链为核心，以中国为主的东亚则是以制造业为核心。全球性跨国公司依托北美、欧洲和东亚三条价值链的供应链布局，形成了跨太平洋、大西洋，融合服务价值链和制造价值链的全球价值链。

但是，改革开放的前30年，中国由加工贸易起步进入的经济全球化，是由美国负债主导的全球化，中国在这个全球化中虽然扩展了全球化的发展空间，获取了巨大的红利，但是其经济的扩张，尤其是加工贸易的每一次升级，都是由跨国公司主导的。可以说，前30年中国加工贸易的发展以及升级进程，主要控制权在外国跨国公司手中，中国仅是西方跨国公司在全球配置资源、创建全球生产和供应链过程中的低端制造链条，这条链条的主导权被

①隆国强：2018年中国加博会研讨会论文。

掌控于他人手中。所以对中国来说，30年加工贸易的升级，大多呈现被动式升级的特点。

2007—2008年席卷全球的金融海啸，彻底地终结了美国主导的经济全球化，中国长期的出口导向战略也随之终结。美国消费、中国制造的经济格局开始崩溃。中国的经济发展战略进入了重大调整期，也就是说，改革开放的第4个10年，是世界经济面临大动荡、大调整，全球资源重置的颠覆性大变局时期。中国经济开始进入新常态发展阶段，由此，加工贸易的转型升级开始进入了真正由中国自己主导的发展阶段。过去10年加工贸易的发展进程，可以说是“中国制造”不断提升、加工贸易经历极其艰苦的阵痛换取脱胎换骨的精彩进程。

中国加工贸易的转型升级进程，反映了全球价值链不断进行动态调整。全球价值链的研究大师加里·杰里菲指出，全球价值链的变化进程可从两个方面的维度进行观察。

一是由全球产业动态决定的全球要素。全球要素是从跨国公司的角度分析产业的全球布局，包括：投入—产出结构，即将原材料转变为最终产品的过程；地理范围，即不同的全球价值链在哪些国家进行；治理结构，即企业如何控制价值链。

二是各个国家参与全球价值链的本地要素。本地要素包括：升级，即生产者在价值链不同阶段之间的转变；本地制度背景，即价值链通过本地经济和社会要素所嵌入的制度背景；产业利益攸关方，即价值链中不同的本地行为体如何互动以实现产业升级。①

由此可见，中国加工贸易的转型升级，实际上是本地要素，即全球价值链的主要参与方，实现其价值链升级的一个主要内容。

金融海啸后的全球经济局势进入了一个长期的成长减缓、国际贸易低迷的通道。而已经深度参与全球经济的中国，不得不启动经济内部的动力转换与结构调整的进程，从而使中国经济从30年的高速增长转向中速成长的经济新常态。借助出口、投资拉动力向创新拉动力的转换，“中国制造”开始

①加里·杰里菲等：《全球价值链和国际发展：理论框架、研究发现和政策分析》，曹文、李可译，上海人民出版社，2018，第3页。

走向“中国智造”。中国经济社会正在发生着从未有过的、历史性的整体转型。这是中国走向历史复兴的跨越之路，也是目前中国面临的巨大挑战。

事实上，在过去30年的经济全球化大潮中，通过加工贸易的带动嵌入全球生产网络，组成全球价值链中的“中国制造”链条，是中国经济在全球崛起的发展路径之一。“中国制造”更在2010年超越了维系了100多年全球第一的“美国制造”，中国成为全球第一制造业大国。

但是，当“中国制造”进入“中国世纪元年”之时，其面对的历史性挑战是极其巨大的。目前，中国的产业体系并不能长久维系全球第一的“中国制造”。“中国制造”正在以“互联网+”、《中国制造2025》的纲领性规划回应这个挑战，绿色制造、智能化制造以及服务型制造将是其发展方向。在未来走向新中国成立100年这30多年的新发展阶段中，“中国制造”必将面临一个产业转型升级、重构全球价值链中的地位的凤凰涅槃进程。而加工贸易的转型升级必然内含于“中国制造”的产业提升与重构之中。

当历史的车轮带着中国经济进入全面转型升级的重大战略阶段之时，中国经济的转型升级必然包含加工贸易的转型升级。但是，金融海啸后的加工贸易转型升级的10年与前30年的最大不同是，这个进程是中国自己主导的、主动地进行的转型升级。在这个进程中，不仅加工贸易的升级，即价值链提升延伸加快，而且加工贸易的转型，开拓中国市场和转向一般贸易的步伐更为加速。更为重要的是，由这个转型升级进程开始孕育出中国自己的跨国公司，出口导向的加工贸易开始走向中国企业海外布局生产基地，出料加工贸易由此涌现。由此可以说，过去10年加工贸易的转型升级，已经使中国处在欧美跨国公司全球配置资源和供应链的低端链条的主要区位，开始向中国企业主动地在全球配置资源，在海外构筑加工贸易基地转变。而这就构成了本书的主题和重心，即在回顾40年中国加工贸易发展的历史中，主要着重观察和分析后10年的加工贸易转型升级进程中所面临的阵痛、困难与陷阱，每前进一步所需要付出的艰辛和努力，以及企业和政府如何合力推进转型和升级。

由此，从中归纳和总结中国特色的加工贸易转型升级的新路径。

改革开放40年的今天，中国并没有停止推进全球化的进程，并已经从经济全球化的最大受益者之一，成长为维护全球化和参与全球治理的重要力量。中国坚持实施WTO的世界贸易规则，持续推动世界贸易的自由化，反对不断兴起的贸易保护主义行为和贸易战，维护全球开放自由的世界市场。尤其是近年来针对美欧出现的逆全球化浪潮，中国提出和大力倡行的“一带一路”新全球化大思路，推动全球利益共享、各国共同治理的新全球秩序的形成；同时，在国内实施世界级超级城市群的规划，使之成为参与全球未来竞争的主要动力源。凡此种种，不一而足，都将为加工贸易的持续转型升级提供历史性的巨大机遇。我们可以预期，在中国政府制定的经济发展大战略的指引下，由中国跨国公司主导的加工贸易，将在世界舞台和历史上描绘出更为精彩的华章。

（注：此书中所提到的中国加工贸易统计数据，不包括香港、台湾、澳门地区的加工贸易数据）

目录
Contents

第一章　全球生产网络与切割价值链：加工贸易的概念

理解加工贸易的本质和概念，在相当程度上，可能与传统的国际贸易理论基本观点相异。虽然加工贸易的产生与世界分工、专业化生产和各国比较优势等诸因素相关，但是，全球学术界，尤其是西方的学术界中，至今为止，仍然有学者认为，离岸外包（offshore-outsourcing），也即加工贸易（加工贸易是中国的叫法），根本不是国际贸易。[①]因为离岸外包的跨国公司并非在进行国际贸易，而是企业在全球布局的国际投资。国际投资的立足点不是国家的比较优势，而是企业的绝对优势。即使是把加工贸易列入国际贸易的西方学者，也不能不承认，基于这种离岸外包所发生的贸易，必须在分析跨国公司全球投资的框架中才能真正理解。而在中国学者的著作中，则是把加工贸易列入产品内贸易，即国际贸易和分工从产业间贸易走到产业内贸易，最后发展为产品内贸易。对于产品内贸易的分析，虽然也采用典型的国际贸易观点，但是其基础性的原因仍然离不开跨国公司的海外直接投资与活动，离不开生产与产业的全球移动。

事实上，无论是离岸外包还是加工贸易这种现象的大量产生和出现，都与20世纪70年代以后全球资本流动的加快，尤其是跨国公司的海外直接投资活动的迅速增加，超越了国际贸易的增长速度相关。这种加速的海外直接投资和离岸外包活动，推动了制造业从发达国家向发展中国家转移，最终形成了全球的生产网络，即全球价值链（GVCs）。由此，要全面理解加工贸易的概念，不能仅从传统国际贸易的理论出发，更为重要的是必须从过去数十年

①保罗·克雷格·罗伯茨：《自由放任资本主义的失败》，生活·读书·新知三联书店，2014，第21页。

资本全球流动形成的全球价值链的视角来观察。

第一节　生产的国际分工与国际贸易

国际贸易是人类跨越国界最早的经济活动，而这种活动的基础是国际分工的发展。200年前，大卫·李嘉图就奠定了国际贸易的基石：比较优势的理论。各个国家，即使在所有产品的生产方面没有绝对优势，但是只要按照自己的比较优势形成专业化的生产和国际分工，通过国际贸易的商品交换，就可以增加本国的经济福利，推动世界生产和经济的发展。比较优势的概念在200年后的今天，对于国际分工和国际贸易的分析仍然具有重要意义。

从根本上看，国际分工的模式决定了国际贸易的方式。国际分工处于商品的生产层面，体现的是商品生产的组织方式；而国际贸易则处于商品的流通层面，体现的是商品的交换方式和流通方向。[①]由此可以说，是生产的国际生产组织方式，决定国际分工体系，最终决定了国际贸易的商品流通内容和流通方式。因而，以李嘉图为代表的经典国际贸易理论和传统国际贸易活动都强调各国交换的商品，都是根据其比较优势，使用本国的生产要素完成的。即生产要素和生产过程发生在出口国，而跨越国界流动的是商品。

随着国际分工的演化，传统的国际贸易经历了以下的发展阶段：

第一是产业的国际分工决定的产业间贸易。这种国际贸易一直为主流的贸易理论提供实证。它主要体现为发达国家和发展中国家之间，各自根据比较优势进行的产业间垂直分工。即发达国家依据其资本、技术优势，集中于资本、技术密集型产业，而发展中国家则凭借其资源和劳动力优势，集中发展资源和劳动密集型产业，由此形成了不同产业间的国际贸易。发达国家在国际分工体系中占据高端和上游，而发展中国家处于低端和下游，由此，国际贸易实质体现的就是这种全球生产格局。经典的比较优势理论就是这种国际分工和国际贸易的主要分析工具。

①郭建宏：《中国加工贸易问题研究——发展、挑战和结构升级》，经济管理出版社，2006，第2页。

第二是产业内的国际分工决定的产业内贸易。这是一种在经典的国际贸易理论之上发展的“新贸易理论”。随着科学技术的进步，国际分工逐步由产业间深入产业内部。产业内分工主要体现在发达国家的同一制造业中。其根本原因在于市场的不完全竞争、规模经济的存在，由此，使生产的国际组织产生了变化。

首先，鉴于市场用户偏好的多样化和差别化，同一产品由于生产效率、需求的差异而出现差异性，这种差异性为各个国家在同一产业内分割市场，实现某种差异化产品的专业化生产和规模报酬递增提供了条件。由此，产业内的国际分工产生。这是一种水平式的分工形态。例如美国生产大型轿车以满足国外大型轿车需求者的需要；而日本生产经济型轿车，以满足世界另一类消费者对于经济型轿车的偏好。这种产业内分工并非因美国和日本汽车生产者的技术、资源不同而存在不同的比较优势决定，而由用户需求和产品的差异性所造成的市场分割决定的。

其次，在同一产业内，不同企业生产效率的差异性导致了参与国际贸易的企业要比非贸易企业更具有规模经济的优势。因而，在同一产业中，高生产率的企业更倾向于进入国际贸易，通过这一行为放大经济规模和提升效率，而中等生产效率的企业则更倾向于进入国内市场。由此，产业内的国际贸易也会发生。

产业内分工为技术和资源相似的国家之间普遍存在的产业内贸易提供了基础，而这是经典的比较优势概念所不能解释的。新的国际生产组织形式产生的产业内国际分工和产业内国际贸易必然包含比较优势的新来源。将规模经济和不完全竞争引入传统贸易理论，是一个重大的学术成就。由此，在国际贸易理论中产生了一种“新贸易理论”，这一新理论的代表性人物以克鲁格曼为主。

然而，无论是发达国家和发展中国家产业分工形成的产业间国际贸易，还是发达国家之间产业内分工形成的产业内国际贸易，都基于一个事实，即参与国际贸易的国家其产品都是在本国完成生产，并打上“本国制造”的烙印。生产要素和生产过程是不能跨境流动和跨境分割的。国际贸易即跨境流动的是商品，无论这个商品是最终消费品还是投资用品。这就是产业间贸易和产业内贸易的国际生产组织形式。

但是，国际分工的发展并没有因此而止步。20世纪70年代一种新的国际生产组织形式不断形成、发展，致使国际分工和国际贸易的本质发生了巨大的变化。这就是全球分工和生产网络的发展。今天，全球化生产已经通过全球价值链来组织，这就使得绝大多数产品已经是“世界制造”而非“某国制造”。在这种情况下，跨境流动的不再仅仅是商品，而是不同的制造工序。为此，世界需要一种更新的国际贸易理论来诠释和分析框架的建构。

当同一产品的制造过程被分布在不同的国家进行，且每一个国家仅执行着制造过程中的一道工序或一项生产任务，最终产品必须由这些国家的生产组合才能完成之时，新的国际分工，即产品内分工就产生了。而与此相适应的就是产品内贸易。加工贸易就是产品内贸易的一种典型形态，而产品内分工则是全球价值链或全球生产网络的主要基础和实质。过去的40多年，国际直接投资与国际贸易的相互促进与发展，是加工贸易在全球大发展最为深刻的经济原因。

第二节　产品内与企业内贸易：切割价值链

要理解在全球价值链上发生的国际贸易形态或是加工贸易形态，关键在于理解全球价值链的地理切割，或是生产工序的地理分节化，即生产过程的碎片化。由此，我们可以从3个主要视角做出观察。

一、产品内分工：国际生产分节化的技术基础与制度基础

产品内分工是指生产一个产品的不同工序，或称之为“生产任务之间的跨境分工”。这是一种产品内垂直型的分工体系。因此，产品内分工引发的贸易，不再是最终产品的流动，而是生产要素的跨境流动，包括资本、技术、劳动等，是生产工序的流动。由此，产品内分工的贸易主要体现在大量的中间产品交易上。

产品内分工或是生产工序的跨境流动，应当是以20世纪70年代以后的

信息技术革命作为物质基础的。传统贸易品的生产是人们对于贸易的经典理解：产品的生产行为在一国进行，而消费行为发生在另一个国家。国际贸易就是商品生产地与消费地分离的产物。市场的不断扩张必然引发生产规模的持续扩大，规模生产使得生产活动大量集中于工业地区中，这种制造的地理集中与消费的全球分散，就是过去现代世界体系中国际分工和贸易的基础。

在地理集中的大规模制造中，为了提升制造的效率，正如斯密所指出的，关键在于分工。把生产分成不同的工序，执行不同的功能，根据不同的任务进行专业化分工和协作，就能大批量地生产出同质产品。与此同时，在同一地点上协调和汇集各种不同的生产功能，是高效率完成产品制造的关键。这就是生产地理集中的必要性。

但是，新的信息技术革命彻底地改变了生产活动必须大量地集中这一现象。一方面，技术进步使得原来连成一体的生产线可以被分解成不同的生产环节，这些生产环节相互独立，每个生产环节都可以成为一个更小的生产单位，其结果是同一产品生产的中间产品不断地被分离出来并进行专业化生产，中间产品越是专业化，其技术的精细度和生产效率越高，生产活动的技术分离越是加快，最终产品则越是全部中间产品的组合产物。

另一方面，信息革命推动了高速的国际通信网络的发展和运输工具的持续改进，这产生了时空压缩效应。管理不同地点生产单位之间的协调工作变得越来越便利和简单。各种市场和销售信息以及采购计划可以瞬间发送到各条生产线上，每个生产基地都可以实现相互的即时信息交流，以调整产品计划和生产进程。由此，生产功能的大规模的地理集中不再成为必要。当各个生产功能根据成本原则被置于不同的地理位置上时，其全部的生产成本要低于地理集中的成本，而能从中获取企业的最大效益之时，生产的地理分散化，国际生产的分节化，生产价值链的地理切割必然产生，这是企业行为经济合理性的最佳选择。生产过程的某些部分被转移到国外，以充分利用各国生产要素成本的优势。这就是新型的国际生产组织产生和发展的最深厚的经济原因，也是产品内分工和贸易发生的物质基础。

然而，企业分割价值链把生产工序配置于不同的国家，必然面对跨境的交易成本。因为跨境生产活动的顺利进行，需要边境和边境后政策领域的规制。最近的数十年来，全球新自由主义的浪潮兴起，以WTO和国际货币基金组织为代表的全球多边贸易和金融体制，提供了经济全球化的市场规则基础。由此推动了各国持续地降低跨境流动的关税和非关税壁垒，开放边境管制的措施成为世界贸易和投资的主要趋势，而区域贸易协定的发展更席卷世界的每个角落，这些都极大地降低了生产的全球分散化和生产工序跨境流动与配置的制度成本，提高了全球价值链的参与度。尤其是区域贸易协定的发展，其数量从20世纪90年代的50个上升至2015年的280个。这些区域贸易协定极大地促进了全球的贸易流发展，为企业对全球价值链的推进和治理提供了制度性激励。政府签订区域贸易协定，企业进行生产地理分节化布局是一个同步的进程。

区域贸易协定不仅数量有着极大的增长，更重要的是其优惠贸易政策的内容和涉及开放的广度、深度持续深化。不仅涉及关税减让，更涵盖了投资、服务、竞争政策、知识产权保护及其他规则领域。世界银行在2015年的研究中，把区域贸易协定中主要扩展WTO的政策内容称为“WTO+”，而在世贸组织范围之外更为广泛的政策内容称为“WTO-X”。“WTO+”涉及14个领域的深化开放，而“WTO-X”则涵盖了38个领域。[①]世界银行的研究证明，全球价值链的发展和优惠贸易协定的关系是正相关的，同时又是相互促进的。生产阶段的跨境分离产生了新型的国际政策外溢，全球价值链为优惠贸易安排的深化提供了新的内在动力。

二、跨国公司垂直一体化：离岸生产与外包

跨国公司是国际生产的地理分节化之主体，从而也是产品内分工、全球价值链的主导企业（lead firm）。这个发展趋势的结果产生于过去的数十年来，企业的跨国活动大幅增加及其重要性也直线上升的现实。由此，20世纪80年代以来，企业的跨国活动不仅以国际贸易的形式，更以跨国直接投资和离岸的形式大量地存在和发展。于是从20世纪80年代开始，出现了国际直接投资快于国际贸易增长的趋势，这种趋势在20世纪90年代至2007年之间越发突显。80年代的10年间，世界的国际直接投资以年均16%的速度增长，大大

①参见世界银行深度贸易协定内容数据库。

高于同期世界贸易年均6%的增长速度。

企业在全球范围内通过直接投资配置生产过程，把不同生产工序和生产功能分布在具有不同区位优势和成本优势的国家，形成全球价值链。这种切割价值链的做法，内含于企业面对市场不完善时的交易成本所做出选择的内在机制。在市场不完善的情况下，“搭便车”、市场进入壁垒等，都会使企业通过收购兼并，纵向整合生产过程的各个功能；同时，在信息的不对称和企业交易条件无法确保实施的条件下，当生产上、下游的交易双方被“锁定”在交易活动内时，为防止交易各方的机会主义行为发生，纵向整合即把交易双方控制在一家企业之中，这种情况也会发生。纵向整合往往是企业组织价值链的一种优选方式。而当这种纵向整合不仅在企业母国中，更向多国进行，此时垂直一体化的跨国公司就产生了。

全球价值链和在不同国家切割价值链，就是跨国公司纵向整合，或称为“垂直一体化战略”的具体体现。跨国公司的“垂直投资指那些根据生产阶段将生产过程在地理上进行分散的投资”[①]。一家企业可以把总部置于研发、管理资源、资本密集的母国，而在技术密集的国家设立子公司生产关键部件和零部件，在劳力丰裕的国家进行组装，产品最后进入世界市场。这就是生产过程的离岸（off-shoring）。生产各阶段的离岸必然会使企业从国外采购商品和服务，尤其是中间产品和中间投入物。这使得从80年代开始世界贸易由于中间产品交易的大量增长而极大地扩张。当离岸生产发生的贸易在母公司和下属子公司之间进行时，这种贸易被称为“企业内贸易”。根据统计，2000年美国进口约50%的贸易、出口约1/3的贸易就属于企业内贸易。[②]由此，企业内贸易成为产品内分工的主要贸易流向。跨国公司内部生产过程的离岸生产、制造不断发展，是承接离岸生产、制造的东道国加工贸易发展的主要原因之一。

当离岸生产并不发生在跨国公司内部，而是跨国公司在市场上寻找非附属的生产商进行时，就是生产过程的外包（outsourcing）。外包是指企业从非附属公司采购商品和服务。当外包是离岸进行之时，这本身就内含了价值

①E.赫尔普曼：《理解全球贸易》，田丰译，中国人民大学出版社，2012，第100页。

②E.赫尔普曼：《理解全球贸易》，田丰译，中国人民大学出版社，2012，第90页。

链被切割、生产布局全球化的内容，于是离岸外包成为外包所在国加工贸易发展的又一个原因。

跨国公司之所以选择离岸外包，除了因为离岸生产的区位具有生产要素之差异，可以获取经济效率之外，还因为外包生产与企业内部附属企业的垂直一体化更具交易成本的优势。虽然跨国公司的内部垂直一体化可以避免市场不完善、信息不对称与契约执行的机会主义行为，但是，企业行为的内部化必须付出很高的管理成本和内部成本。由此，外包的市场成本与企业内部化成本的比较，最终决定了跨国公司的选择。一般情况下，涉及高生产率、高新技术和专业化资本的生产，跨国公司会倾向于内部的垂直一体化，即公司内部的离岸生产，而属于较低生产率的部分则倾向于离岸外包。

由此可见，跨国公司主导的内部离岸生产与外部市场的离岸外包（offshore-outsourcing），双轨推进了全球生产的分节化布局，二者均是切割价值链的一种具体体现，它们不仅使全球生产过程地理分散化，生产过程分节化，与此同时还催生了一种新的国际贸易形式，即加工贸易。这对于跨国公司来说，是离岸与外包，而对于承接离岸生产和外包的东道国来说，就是加工贸易。实质上，加工贸易本身就是全球制造业离岸生产与外包的产物。

可以说，20世纪80年代国际直接投资的飞速发展和跨国公司主导的全球生产垂直一体化的跨境布局最终形成的全球价值链，不仅扩张了全球贸易，而且还根本性地改变了国际贸易的本质。在全球切割价值链和离岸外包的情况下，各企业之间和各国之间的生产过程碎片化比以往任何时期都更盛行。在国际直接投资作为引导商贸的主要手段，加入对外贸易之中时，国际贸易更多的是中间产品和投入物的交换。同时跨国公司的企业内贸易、外包产生的加工贸易占据了国际贸易的很大比重。这是产品内国际分工的反映，由此也决定了这个时期国际贸易的主导交换方式——加工贸易，以及贸易流向——以中间产品交易为主要特征。

当企业以国际直接投资而非商品的跨境流动，也即以资本、生产要素的跨境流动来组织全球生产之时，则表明企业的国际生产组织方式的重构，其具体表现为制造业的国际转移。由此，国际直接投资快速增长，意味着跨境流动的生产阶段和功能快于商品的流动，产业的国际转移的加快。1980—1990年间，国际直接投资流量的增速是国际贸易增速的3倍以上，是世界产出增速的4倍，这一时期也正是全球生产和全球价值链的加速形成期。由此，与国际贸易相比，跨国公司主导的国际直接投资在经济全球化中发挥着越来越大的作用。

与国际贸易依据的各国比较优势理论不同，跨国公司的国际直接投资，其依据是企业的绝对优势。跨国公司离岸生产和外包组成的全球价值链，是依据企业利润最大化做出的安排。从跨国公司的每一条价值链的分割来看，这是全球生产组合中的绝对优势，而非相对优势。由此，用以往传统的国际贸易中的比较优势理论去诠释绝对优势上的全球价值链，以及这条价值链中产生的国际贸易，显然是不合适的。

在离岸生产和外包成为切割价值链的主要体现之时，加工贸易必然成为产品内分工的主要贸易形式。鉴于离岸与外包是一种生产活动的跨境移动，因此，这种国际贸易流动的主体已经不再是传统贸易理论所关注的商品，而是生产活动不同制造阶段的移动。

三、从智能手机的全球生产网络看价值链切割

目前，智能手机的全球生产和加工链条，其地理分布主要集中在亚洲的韩国、日本、中国台湾和中国大陆，欧洲的德国与北美的美国。中国大陆虽然为智能手机产业的最晚参与者，但却是全球智能手机的最大组装生产基地，也是加工贸易比重最大的国家。随着2007年全球金融海啸之后中国进行的经济转型和中国市场的崛起，利用智能手机产业配套在中国的优势，中国企业生产的智能手机，如华为、小米、OPPO等，首先出现在中国本土市场，随即大量进入亚洲、非洲等低发展国家，形成了苹果、三星等处于高端与中国品牌商处于中、低端的全球手机市场格局。

中国品牌商手机目前主要在本国制造，产品以一般贸易形式出口到中低端市场的发展中国家。但是一些中国品牌手机的制造，已经开始落地发展中国家。例如小米在印度市场上具有绝对占有率，大部分产品已经在印度生产。这种海外布局属于市场指向的水平型投资，也即是在低发展中经济体设立子公司和制造厂，其投资形态以进入当地市场的水平型为主，而非追求效率、离岸外包向海外转移生产线和制造环节的垂直型投资，即在当地进口—

加工—出口的加工贸易投资类型。也就是说，到目前为止，中国品牌商产品虽然已经进入国际市场，但是仍然没有形成切割价值链的全球生产网络和全球价值链。因此，在考察智能手机的全球价值链时，我们主要以苹果、三星等国际品牌商为主。图1-1就是以国际品牌商为主导的企业的全球价值链的地理分布和价值链切割情况。

从图1-1可以看出，苹果作为全球高端手机的品牌商，在整条价值链中主要处于两端的价值链高端，即前端的研发、设计和下游的品牌与销售，同时也部分参与零部件环节，属于全球价值链的主导企业。主导企业苹果公司，以原始设计制造（ODM）方式，离岸外包给全球最大的电子制造服务商（EMS）——中国台湾的富士康（Foxconn）公司，富士康采用外购方式（outsourcing）分别在美国、德国、日本、韩国、中国台湾采购零部件，采用原始设备制造（OEM）方式，又一次把最终组装离岸外包到中国大陆。随着手机零部件供应商（尤其是韩国、中国台湾）追随生产过程进入中国大陆，再加上中国加工贸易的升级，智能手机的生产链条在中国已经延伸至零

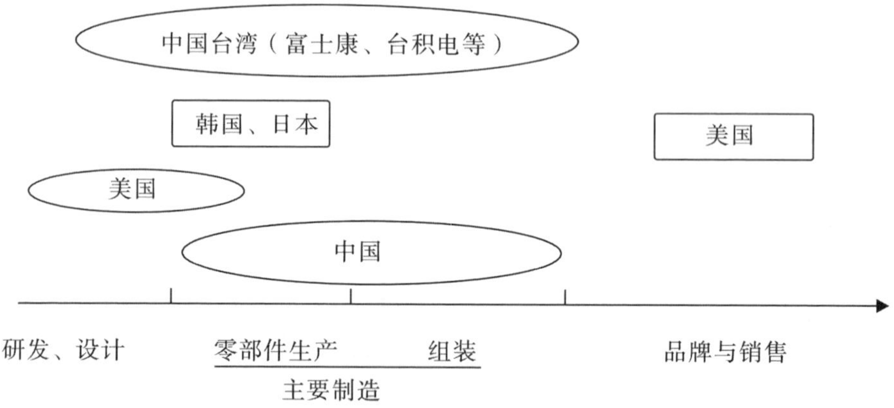

图1-1 苹果智能手机全球生产与价值链的地理分布与地位[①]

注：方框为处在单一价值链中，椭圆则为跨不同价值链。

①本图根据Joonkoo Lee，Jong-Cheol Kimb and Jinho Lim《Globalization and Divergent Paths of Industrial Development：Mobile Phone Manufacturing in China，Japan，South Korea and Taiwan》绘制，JOURNAL OF CONTEMPORARY ASIA，2016（46），2：222－246.

部件环节。但是，至今为止，智能手机的关键核心零部件仍然主要来自韩国、日本以及部分的美国产商。

中国台湾富士康作为全球最大的EMS，为美国的苹果、戴尔、惠普，日本的索尼等品牌商代工生产，外包已经从OEM进入了设计阶段即ODM（原始设计商），价值链也随之上升到前端部分。但是，囿于没有自己的品牌，因此，其外包代工所赚取的利润仅有十分之一。虽然2010年以后，富士康的销售总额已经高于苹果，也是其代工发包的许多品牌商的15倍，[①]但其获利水平远低于集品牌、销售、制造于一身的三星公司。而作为苹果手机的OEM生产基地，中国通过加工贸易介入了智能手机的全球生产网络和价值链，虽然目前已经开始从单纯的组装延伸至零部件生产，但是中国所在的价值链，决定了中国在这条全球价值链中处于低端地位，所赚取的仅是加工费。

第三节　跨国公司全球生产网络的配置和进展

在过去数十年的经济全球化进程中，发达国家的跨国公司以离岸生产或外包、发展中国家以加工贸易的形式，使经济体纳入全球生产网络，构成全球价值链（GVCs），成为国际分工和国际贸易发展的主要推力，而这个进程与国际直接投资的急速发展直接相关。发达国家制造业的大规模离岸外包与发展中国家加工贸易的兴起，使得发达国家和发展中国家共同构成了全球价值链不可或缺的组成部分。

一、全球生产网络的发展与发展中国家的参与度

全球生产网络和全球价值链的发展，尤其是切割价值链所体现的发达国家制造业的大规模离岸外包，为发展中国家提供了以加工贸易融入世界经济、提升制造能力的巨大机会。历史上，发展中国家一般出口未经加工的原

①彭慕兰、史蒂文·托皮克：《贸易打造的世界——1400年至今的社会、文化与世界经济》，黄中宪、吴莉苇译，上海人民出版社，2018，第484页。

材料，发达国家则出口工业制成品，相互形成产业间垂直分工和贸易的关系。这是因为发展中国家要在短期内具备完整产品的生产能力，是较为困难的。“如今，由于全球价值链的存在，发展中国家可以通过嵌入产品生产过程的某一个或某几个环节，从而成为工业制成品的出口国。全球价值链的发展无疑对发展中国家出口的多元化和迅速升级作出贡献。”①由此可见，全球价值链打破了传统的产品生产过程，使得不同的生产环节可以在不同的国家和地区进行。如其所述，这个生产过程在发达国家体现为制造环节的离岸生产和外包，在发展中国家表现为加工出口即加工贸易。全球价值链把发达国家和发展中国家统一在一个产品的生产过程之中。

20世纪70年代以后的资本主义新自由主义兴起，推动了以资本跨国界自由流动的经济全球化，形成了80年代至2007年金融海啸爆发前长达20多年的全球生产网络和全球价值链的迅速发展和扩张。离岸外包，经由跨越国境的生产和交易量大幅增长，其主要表现为国际贸易中的中间产品贸易流占据了国际贸易中的绝大比重。

为了很好地测量全球价值链在过去数十年的扩张，对于全球价值链的数量描绘十分重要。2018年由世界银行、世界贸易组织、经济合作发展组织、亚洲经济研究所和全球价值链研究中心联合组织策划、发布了《全球价值链发展报告（2017）》，首次对全球价值链做出数量的描绘，即“经由跨越国境的生产而创造增加值（体现在中间产品的贸易流中）就是全球价值链的生产”。并且根据跨越国境的次数，进一步划分了简单的和复杂的全球价值链生产活动。简单的价值增值指在生产阶段跨越一次国境，不涉及第三国的间接出口或者再出口/再进口。复杂的全球价值链则至少包含两次跨境活动。

由此观察，报告得出结论：总体而言，全球价值链生产在当今全球化的时代一直在增长，无论是简单的还是复杂的全球价值链。在1995—2016年的全球生产总值中，占比增长最快的是复杂的全球价值链的增加值，其次是简单的全球价值链的增加值。复杂的全球价值链名义增长率在这段时期超过纯

①杜大伟、若泽·吉勒尔梅·莱斯、王直：《全球价值链发展报告（2017）》，社会科学文献出版社，2018，第1页。

国内生产、传统贸易生产和简单的全球价值链所产生的增加值增长速度。尤其是2001年中国加入世界贸易组织之后，全球价值链的增加值增长率最高年度几达30%。虽然在2008—2009年间，因金融海啸的全球蔓延，全球价值链的增加值增速呈现放缓趋势，但是，在2012—2016年间，全球价值链从增加值的层面看，占全球贸易总额的比重仍然为60%~67%。①

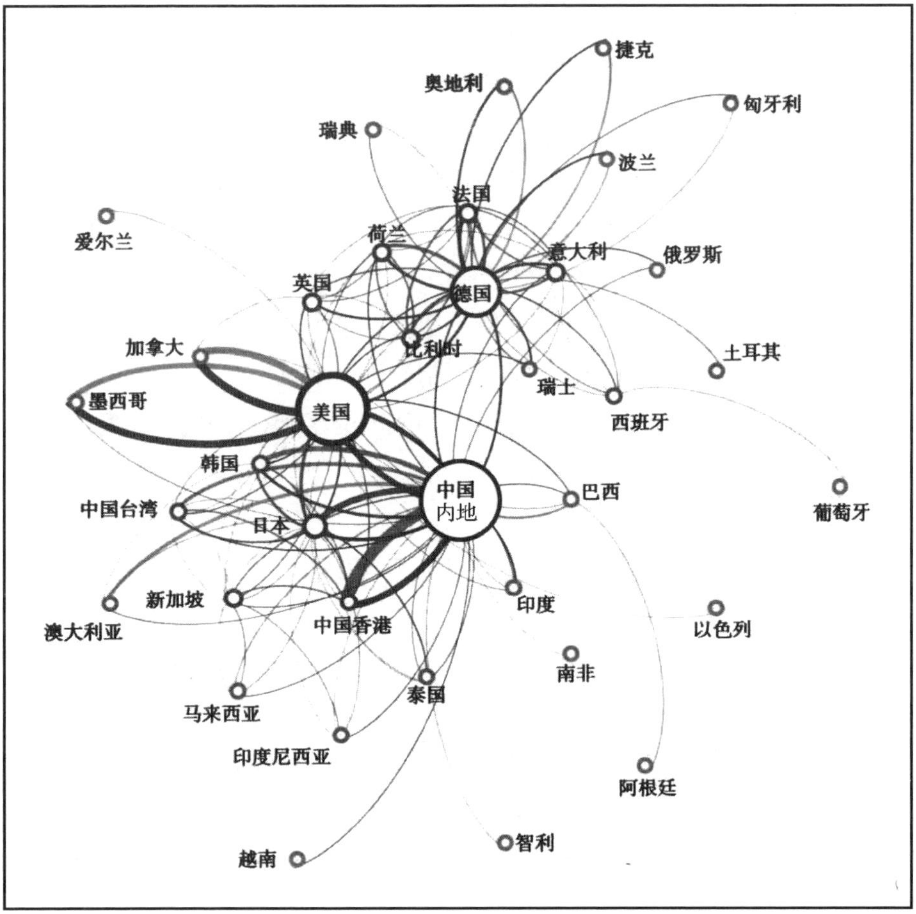

图1–2　零部件贸易显示的三个相互关联的生产中心

（资料来源：基于联合国商品贸易统计数据库的数据）

①杜大伟、若泽·吉勒尔梅·莱斯、王直：《全球价值链发展报告（2017）》，社会科学文献出版社，2018，第2–8页。

如果从中间产品的贸易流向考察，根据零部件大宗贸易的统计数据就可以发现，世界已经存在着三个互相关联的生产中心，地理上位于亚洲、美洲和欧洲。这三个中心分别是全球制造业排名第一位的中国、第二位的美国和第三位的德国。而中国是其中最大的生产中心，作为发展中国家，目前已经是全球最大的制造中心和生产采购基地（manufacturing hotspots），由此凸显了中国在全球价值链和制造加工中的重要地位。在图1–2中，深度参与全球价值链的国家和地区中，除了中国，大量的发展中经济体一般在外围，发展中国家对全球价值链的参与度呈十分不均衡状态，有的发展中国家几乎没有参与。

如果从中间产品的贸易流动看，三个生产中心形成的全球价值链，在发展层次上有着明显的区别。以美国为主的北美区域、德国为主的欧洲区域，其主要是以服务价值链为核心，而以中国为主的东亚区域，则是以制造价值链为核心。随着跨国公司的全球生产网络日益向服务活动发展，尤其是数字服务的发展，服务环节成了全球价值链中的高端增值链条，今天的制造业生产和出口更需要大量的服务业，服务型制造也就成为制造业的核心。由此，北美、欧洲的全球价值链与东亚的全球价值链的区别，在很大程度上反映了发展中国家参与全球价值链的深度和层次。

二、全球价值链的方式与加工贸易

全球价值链虽然把发展中国家作为离岸制造的海外基地纳入其中，但是，构筑价值链的是发达国家的跨国公司，其作为全球价值链的主导企业，是生产过程垂直或纵向整合的主导者。跨国公司主导企业根据市场情况、中间产品的专有性，以及合同执行的难易程度等因素，会选择参与价值链的方式和价值链中的参与者。这种选择就决定了全球价值链的类型，同时也最终决定了参与各方的价值链地位和价值分配。

全球价值链的类型，其实质就是全球价值链的治理方式。到目前为止存在着多种划分方式。其划分主要在于揭示价值分配机制，同时也涉及跨境生产和消费的组织结构之间的相互作用关系。

为使划分能更清晰地描绘全球价值链中的加工贸易，本部分采用最为简单和早期的划分框架，即美国学者在1994年总结和提出的两种最为基本的全球价值链方式，即买家驱动的全球价值链（采购商驱动链）与生产者驱动的全球价值链（生产商驱动链），见图1–3。

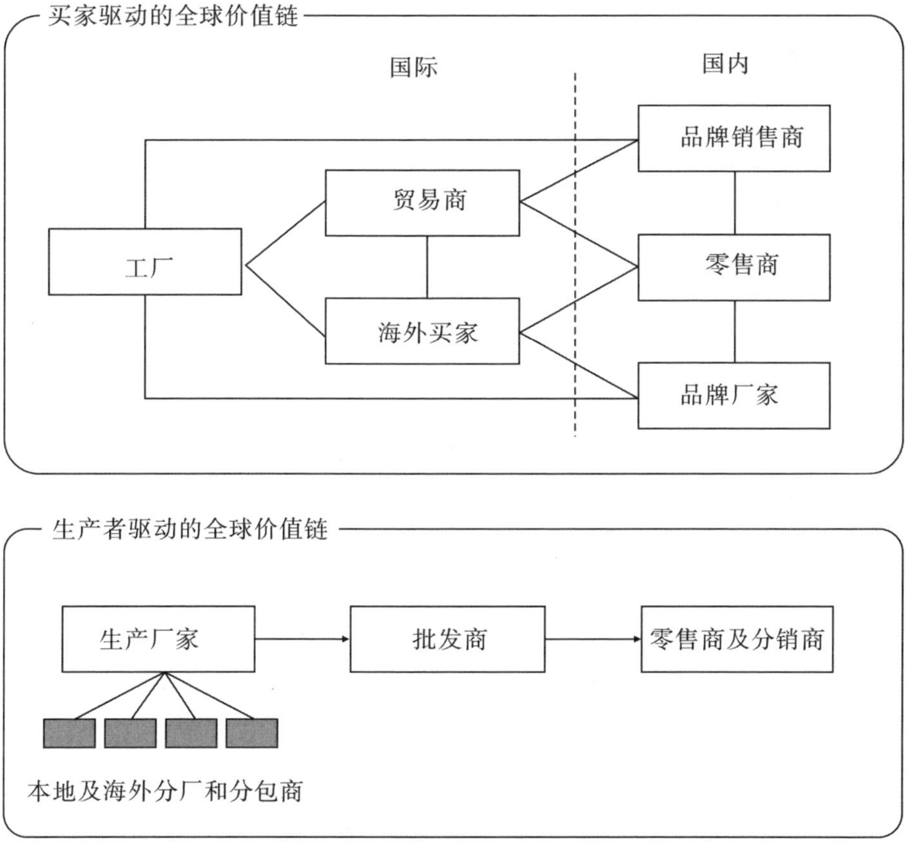

图1–3　全球价值链治理方式

［资料来源：G.Gereffi，Shifting Governance Structures in Global Commodity Chains，With Special Reference to the Internet，American Behavioral Scientist，44，No.10（2001）：1616–1637］

买家驱动的全球价值链是由品牌商作为买家下订单主导，这本身就是一种典型的加工贸易。买家决定整个产品的设计与生产周期。生产者只负责按订单要求进行加工生产，主要表现为OEM（原始设备制造商）方式。买家驱动的全球价值链主要集中于劳动密集型的传统产业。控制整条链条的主导企业大都为全球性的大型零售商、品牌经销商或制造商，它们以全球销售网络为其核心竞争力，通过要求接受海外订单生产的供应商遵循特定标准和协议来引领价值链的运行方式。OEM方式往往以发展中国家加工产品，向国际市场和发达国家出口劳动密集型的传统产品为主要特征。例如美国的大型零售商沃尔玛、运动品牌经销商NIKE等，它们自身的生产能力有限甚至不从事生产，而是通过下订单的方式，向海外制造商发出生产任务的合同，制造出自己品牌的产品。

生产者驱动的产业价值链中，主导企业即生产商主宰着整个价值链的运作，但同时肩负生产风险，包括产品开发、设计、工艺设备及具体生产。主导企业会以技术研发、标准控制作为其核心竞争力，即价值链上游的技术、标准控制下游的生产环节，从价值链末端的销售强化标准的执行，形成产业内垂直链条的一体化分工，利用的是一体化供应商在技术与规模上的优势。生产商驱动链往往发生于电子信息产业或技术密集度较高的产业。当高科技产品的成品组装工序也即劳动密集型加工工序以OEM方式分布于发展中国家之时（例如iPhone组装），这种分工产生了大量发展中国家向发达国家出口高科技成品的现象，却并没有改变发展中国家仍然位于价值链低端的事实。

而在高科技产业的生产商驱动链中，产生于美国、加拿大地区的EMS，作为生产商的分包企业，确立了其大型供应商的地位，从而在价值链中处于相对高位。这些大型供应商也会通过离岸外包在发展中国家发包生产，通过OEM获取规模经济和成本效益。EMS与OEM的最大区别在于其价值链条不仅在制造，而且也会为生产商提供服务环节，例如产品的设计、物流的控制等。美国苹果公司最大的海外生产承包商或供应商，就是兼具ODM功能的中国台湾的EMS公司——富士康公司。目前，世界电子制造能力的主要份额都掌握在若干最大的承包商手中，它们没有自己的品牌产品，而是为全球知名的品牌制造商提供专业的全球制造服务。全球承包制造商的工厂遍布全球，将高度模块化引入了价值链治理，为不同的主导企业提供了模块化网络。

无论是买家驱动还是生产者驱动的全球价值链，其生产过程中的OEM、ODM以及EMS等环节，制造的产品进入国际贸易的内涵都是加工贸易。主导企业由此将生产过程中的低技术、低附加值的制造环节转移到发展中国家完成，利用发展中国家的廉价劳动力降低生产成本，提高产品的国际竞争力。而发展中国家利用自身的劳动力优势，承接中间产品和零部件的制造、产品的加工组装等生产活动，不仅融入了国际分工体系，更带动了出口贸易的增长，这种贸易就是加工贸易。

第四节　加工贸易的本质与特点

如前所述，世界经济在过去数十年间发生了深刻的变化，国际直接投资推动的全球生产网络和全球价值链的发展，改变了国际贸易的性质。跨国公司将越来越多非核心的制造业务和服务业务离岸外包给海外企业来获取最大收益，这就导致了海外制造加工的日益增长。与此同时，海外加工制造直接导致了零部件和其他中间产品的贸易，在国际贸易中所占份额不断扩大。

从全球价值链的视角观察和界定加工贸易的内涵与本质，是本部分所论述的核心。

一、加工贸易的一般概念

离岸市场与外包加工是产品内国际分工产生的一种新现象，对应这一新现象，中国以“加工贸易”这一概念作为与一般贸易相对应的统计指标。而在其他国家的对外贸易统计中，均没有与我国提出的“加工贸易”相对应的概念和指标。至今为止，世界贸易组织也没有专门的加工贸易的统计。由此可见，“加工贸易”这个概念，是中国特色的统计指标，在对外贸易的统计中加以运用。

根据国家统计局和原外经贸部在1994年联合制定的《对外贸易业务统计制度》的解释，加工贸易为从境外保税进口全部或部分原辅材料、零部件、元器件等，经境内企业加工装配后，将制成品复出口的经营活动。1999年5月，原外经贸部颁发《加工贸易审批管理暂行办法》，将加工贸易界定为：从境外保税进口全部或部分原辅材料、零部件、元器件、包装物料（简称“料件”），经境内企业加工或装配后，将制成品复出口的经营活动，包括来料加工和进料加工。从这种经济活动的性质看，与国际上通常指的委托加工出口业务、对外加工装配业务或是国际生产通行的OEM相同。在中国台湾一般称之为“代工”，而在中国香港则被称为“生产的分包制”或“按订单生产制造”。

由此，加工贸易在中国被认为是对外贸易领域中的一种日益重要的贸易方式。如果企业参与国际分工，其进口原材料和零部件是为了将其加工成制成品（既可以是最终消费品，也可以是加工程度更高的零部件），用于再出口，那么这个由进口—加工—出口所构成的统一过程，就称为“加工贸易”。

从概念上看，加工贸易虽然作为中国贸易统计的一个指标，列在国际贸易范畴，但是，这种概念与统计，与其说是在定义这类经营活动，不如说是为了满足海关货物的监管需要。由于国家对来料加工装配贸易和进料加工装配贸易的活动实施减免关税的优惠措施，尤其是对这两种形式下的进出口货物进行海关保税监管。因而在海关业务中，一般将这两种贸易方式称为“加工贸易”。

按照上述解释，加工贸易可以分为两个相互连接的部分：一是外向型加工贸易，即企业将中间产品或零部件的生产安排在境外，进口加工后的成品或半成品在本国进行深加工或直接销售。一般通过外包合同将生产环节或部分生产环节转移到国外企业，或跨国公司的海外子公司，这种形式为境外加工贸易。二是内向型加工贸易，即先从境外进口原材料或中间产品，在本国企业生产加工后再出口，这就是中国定义与统计的加工贸易。外向型加工贸易和内向型加工贸易相互联系，构成完整的加工贸易循环体系。一般来说，发达经济体的跨国公司进行外向型加工贸易，而发展中经济体进行内向型加工贸易。

但是从中国加工贸易活动的发生来源和动力看，这种贸易活动因跨国公司的离岸生产与制造外包，也是跨国公司的海外直接投资进入中国的产物。从产业的全球布局看，这本身就是一种蕴含国际分工的制造产业转移；而从具体的经营活动看，这又是一种加工制造与贸易相结合的活动，而非单纯的贸易行为。国际贸易的相关理论本身也不存在这种加工贸易的分析与界定，由此，把加工贸易仅归纳为国际贸易的一种方式，即使是新兴的国际贸易方式，显然也是不能反映其内涵的。

中国政府界定的加工贸易概念，其实质与全球生产网络和全球价值链中的切割价值链、离岸生产及分包，生产过程分节化等概念密切相关，可以说是全球价值链中衍生的一个概念。“价值链的最基本形式是：技术与原材料、劳动力相结合，加工后被组装、销售和分配的过程。”[①]发达国家跨国公司把价值链中的非核心制造进行离岸生产与外包，可以被理解为境外加工贸易；而承接离岸外包的东道国，可以被视为异地加工贸易或内向型加工贸易。跨国公司是加工贸易的主导者和主要推动者，而加工贸易则是跨国公司构筑的全球价值链中的一个环节，是产品内国际分工所产生的，是以价值链为纽带的全球生产网络中的一个部分。随着全球产品内分工的深入发展，加工贸易的内容也不断深化，已经不再局限于加工装配环节。从价值链的角度看，从OEM走到ODM，并发展为OBM，已经成为加工贸易持续升级、扩展的方向。

但是中国特色的加工贸易概念，并非能够涵盖全球价值链切割、离岸与分包以及全球生产过程分节化发展的全部。一方面，从参与价值链的本土要素看，承接离岸生产、外包加工的生产者在不同链条上的变化和延伸，会使加工贸易的概念无法解释其价值链的变动。例如作为价值链的参与方，随着本土产业体系的配套，原材料、零部件逐步在本土采购而无须进口，生产者可以承接跨国公司的全部制造外包的订单，在本土采购、制造出订单所需的产品。例如全球服装业的生产网络属于采购商驱动链，而采购商大部分为大型零售商和品牌商，基本没有自己的生产工厂，却拥有广泛的全球外包网络，其制造链主要配置在发展中国家。在这个生产网络中，纺织面料是服装加工制造的最关键环节，也是最为重要的产业上游。中国目前的服装产业已经基本建立了产业上游的配套链条，其制造加工的物料已经基本无须进口就可以贴牌生产，实现了产品生产进程的全包模式。这条价值链中的全包模式就与加工贸易所涵盖的来料加工装配与进料加工装配相异。在贸易方式上应属于一般贸易的出口。但是，贴牌生产的出口仍然属于跨国公司全球离岸制造的价值链部分。也就是说，跨国公司的离岸外包，既涵盖加工贸易，也涉及一般贸易。

这就是过去10年来，中国加工贸易已经从劳动密集型的传统消费品产业

①加里·杰里菲等：《全球价值链和国际发展：理论框架、研究发现和政策分析》，曹文、李可译，上海人民出版社，2018，第85页。

走向以电子信息、机电产业为主的背后主要原因。也就是说，加工贸易集中在产品价值链的低端制造部分，加工制造的原料、辅料和零部件的主要部分必须通过进口，因为这些链条和环节并不在加工贸易的所在地。一旦加工贸易的所在地能够从低端制造向上游的零部件、原料、辅料环节延伸，不需要进口加工的物料，就意味着这种跨国公司的离岸外包已经不再是加工贸易，而是海外订单的全包制造，其出口就属于一般贸易。目前中国传统的消费品出口大多已经跨越了进口物料—加工制造—出口制成品的加工贸易范畴，而电子信息、机电产业则成为加工贸易的主体，原因就在于此。

另一方面，从跨国公司全球产业发展的全球要素看，随着全球价值链内容的不断深化，跨国公司目前离岸分包的不仅仅是制造，更主要的是服务分包，而且服务分包在全球价值链中日益占有更大的比重，更具扩张附加值的地位。而加工贸易的中国概念，仅涉及了制造的离岸分包的部分，并不涉及服务分包的范畴，中国对服务外包则另设了统计的概念和指标。虽然中国近10年来大力扶助和鼓励服务外包的发展，但是在贸易统计上，服务外包是一项专门统计，与加工贸易无关。因此，加工贸易不能完全等同于全球价值链的离岸分包和切割价值链的概念。后者所涉及的内容、范围和深度远超加工贸易。

综上所述，我们可以定义：中国的加工贸易的实质是跨国公司离岸外包活动中的低端制造链条，是全球价值链中的低端增值部分。

二、加工贸易的交易本质是生产增加值的贸易

综上所述，我们界定了中国特色的加工贸易内涵，就是中国参与跨国公司的离岸制造和外包中的一种形式。这种形式并非单纯的国际贸易，而是涵盖了进口—制造加工—“出口的生产+贸易活动”，属于内向型的加工贸易。因此，把加工贸易定义为产品内国际分工下的分节化阶段的生产和贸易方式，应该较为合乎客观实际。

那么，对应于加工贸易的国际交换的实体究竟是什么呢？从产品形态看，加工贸易所涉及的进出口大量地表现为中间产品，而非最终产品。这是由生产过程的全球分节化或价值链切割造成的。价值链是企业和劳动者将一

项产品从概念变成最终产品的整个过程和活动，包括研发、设计、生产、营销、分销和物流及售后服务等环节、链条。若由一家企业完成，则国际贸易的实体就是这家企业所在国的制成品打上“某国制造”的烙印。但是，在价值链分割的情况下，一旦所有的链条都是由处在不同国家的不同企业共同完成的，则每条链条相连、组合将成为必要。而这个相连的过程，虽然发生在不同的企业之间，但是必须通过跨境去完成，因而，全球价值链必然带来国际贸易的扩张，而且，只有经过多次的跨境贸易也即国际贸易，产品才能最终完成。最终产品是“世界制造”，而非“某国制造”。

那么，中间产品的交易，或是加工贸易的交易，其交换虽然表现为产品，即原材料、零部件、加工品、制成品的价格，但是，在每一个环节的交换中，实质是每个环节或链条的增加值的交换。就加工贸易来看，整个的过程由进口—加工制造—出口构成，企业出口的虽然是加工产品的全部价格，但是，这个价格中必须包括企业的进口成本，因此留在企业的就是出口价格减去进口价格的部分，这就是加工贸易的附加值，或称之为“工缴费”。由此，产品内国际分工下的中间产品贸易，或是全球价值链的国际贸易，其实质就是每个生产阶段的增加值贸易。

图1–4是一条最为简单的加工贸易显示的贸易链条。国家B为加工贸易国，通过向A国进口零部件，经加工后向C国出口产品。若按传统的贸易统计，则总的贸易出口量为210个货币单位。但是，这个产品的真实价值仅为110个货币单位，即增加值。也就是说，真实的货物价值是110个货币单位，而非210个货币单位。同时，C国作为进口国，对B国支付了110个货币单位，

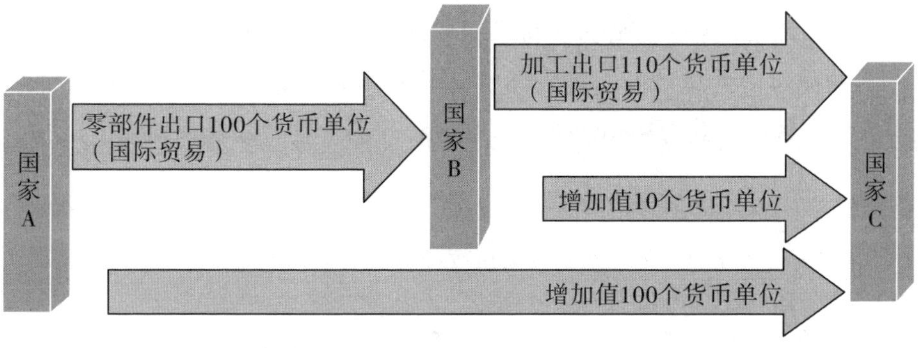

图1–4　加工贸易下的国际贸易与增加值贸易

显示了对B国的贸易账逆差，但是却掩盖了真正的逆差来源国A国。

由此，我们知道全球价值链正在改变着国际贸易的本质。传统的国际贸易关注的仅是最终产品的跨国流动，而全球价值链中的中间产品交易，代表着各种生产活动的工序或任务的流动，以及代表着这些任务所创造的增加值的跨国转移和流动。也就是说，加工贸易是一种集制造和贸易于一体的经济活动，不能仅从国际贸易的比较优势方面观察，这是传统的国际贸易理论所不能解释的。因而，我们会看到坚持经典国际贸易的学者会认为离岸外包不是国际贸易，而是跨国公司对发展中国家的劳动力套利。[①]这种套利就是通过制造业的大规模向海外转移实现的，其内涵是制造业的转移而非贸易。

针对全球价值链对国际贸易本质的根本改变，世界需要制定新的国际贸易的核算方法。很可惜的是，至今为止，国际贸易的统计仍然坚持传统的统计，这种国际贸易的统计往往会扭曲各国之间的贸易地位，尤其是贸易不平衡关系。中国商务部于2017年发表的《关于中美经贸关系的研究报告》中指出，全球价值链中，贸易顺差反映在中国，但利益顺差在美国，总体上双方互利共赢。据中方统计，中国货物贸易顺差的59%来自外资[②]企业，61%来自加工贸易。中国从加工贸易中只赚取少量加工费，而美国从设计、零部件供应、营销等环节获益巨大。例如美国苹果公司通过全球生产布局，将iPhone手机的组装和制造放在中国，降低了生产成本。中国企业虽然承接了几乎全部iPhone手机的制造，但从中获利有限。第三方机构调查显示，一台iPhone7最低售价为649美元，总成本大约为237.45美元，其中归于中国的加工成本仅约5.96美元；在价值153.88美元的核心电子元器件中，中国仅1家公司参与电池供应，价值约2.5美元。也就是说，中国企业加工和提供电池总共获得约8.5美元，而美国企业仅在提供核心元器件一项上就获得64美元。[③]

2016年中方统计的对美货物贸易顺差额为2540亿美元，美方统计的对华货物贸易逆差额为3660亿美元，双方统计的货物贸易金额相差了1120亿美

①保罗·克雷格·罗伯茨：《自由放任资本主义的失败》，秦伟译，生活·读书·新知三联书店，2014，第74页。

②本书中的外资包括香港、台湾、澳门资本，除非把香港、台湾、澳门专门列出。

③中国商务部网站，2017年8月23日。

元，造成这种状况的原因很复杂，包括统计差异、转口贸易、再出口等。中美两国商务部就统计差异进行的联合研究表明，美方统计的2008—2014年逆差数据平均被高估19%。按此推算并扣除中国加工贸易中的进口成分和美对华服务贸易顺差后，2016年美对华贸易总体逆差额将调减至1648亿美元，调降一半以上。①

事实已经说明，采用传统的贸易统计方法，无法科学地观察全球价值链进程中国际贸易的全貌。鉴于常规方法的局限性，目前通过投入—产出表描绘全球价值链的方法日益受到关注，并越来越普遍。出口中的进口含量成为全球生产的一个度量标准。在此基础上，不少学者开始用增加值衡量国家间的加工出口贸易。根据计量，2002年中国制造业出口的国外增加值含量超过50%。②也即中国制造业本土制造的增加值约为48%，在中国的出口的数值中，被夸大了1倍以上。随着中国加工贸易的转型升级，制造业本土的增加值逐步增加。但是，2012年中国出口的国家中，因加工贸易占比不同，实际被夸大的数额有较大差异（见表1-1）。

表1-1　2012年中国对部分国家的出口总值与增加值（亿美元）

项目	美国	欧盟	东盟	日本	韩国	印度
出口总值	3518	3340	2043	1516	877	477
出口增加值	2059	2107	1349	908	515	332
加工贸易在出口总值占比	52.5%	42.1%	30.4%	51.8%	52.6%	20.7%

（资料来源：商务部的《全球价值链与中国贸易增加值核算研究报告（2014年度）》）

从表1-1中可以看出，由于加工贸易所占比重不同，中国对上述国家的出口总值与实际的出口增加值数额有着较大差异。加工贸易占比较小的东盟、印度，其差异数额远低于加工贸易占比较高的国家和地区。尤其是美国，其增加值仅为统计口径的59%，而加工贸易占比较低的东盟为66%，印

①中国商务部：《关于中美经贸关系的研究报告》，中国商务部网站，2017年8月23日。

②杜大伟、若泽·吉勒尔梅·莱斯、王直：《全球价值链发展报告（2017）》，社会科学文献出版社，2018，第34页。

度则为70%。

以增加值作为加工贸易或全球价值链的贸易统计，应当可以正确地反映加工贸易的本质。加工贸易绝不仅仅是一种单纯的国际贸易方式，它的背后是产品内国际分工的体现，更主要的是资本、生产过程、劳动力在全球重新配置的结果。加工贸易主要是通过制造环节转移来实现的全球劳动力配置的一种方式。

三、加工贸易是发展中国家参与国际分工，融入全球价值链的重要方式

从国际分工的角度看，加工贸易是发达国家跨国公司在全球追求利益最大化的动机与发展中国家力求经济发展的愿望相互结合的产物。全球价值链把发达国家和发展中国家统合在全球生产和市场的网络之中。没有全球价值链，一个发展中国家就需要具备完整产品的生产能力，包括从劳动密集型产业到资本密集型产业，再到知识技术密集型产业，也即工业化发展的诸阶段。而每个阶段都需要经过本国的长期进口替代，最终通过大规模的标准化生产进入出口，即由本国市场走向国际市场。由此才能提升自己的发展能力。而全球价值链的存在，使发展中国家能够通过加工贸易嵌入产品生产过程中的制造加工环节，成为工业制成品的出口国，并且能够沿着价值链的不同环节逐步向上提升。因此，加工贸易是发展中国家加速本国工业化发展的一个重要方式。

在过去几乎长达半个世纪的经济全球化中，以加工贸易方式使经济体纳入全球生产网络，是亚太地区，尤其是东亚地区的主要特征。这种把国际生产分工与国际贸易连接的经济发展模式，首先在“亚洲四小龙”，即被我们称为“东亚新兴经济体”的地区兴起，然后由“亚洲四小龙”复制到东南亚与中国内地。之所以如此，一是亚洲地区长期存在生产多层分包体制，这种体制通过分包商而非企业内部的生产一体化组织，减少了跨国公司主导企业的资本与劳动成本，使生产布局具备灵活性。多层分包体制如果跨出国境，形成国际分包，具体的表现就是企业的离岸外包或海外代工。二是与加工贸易相联系的是东亚地区长期的出口导向战略。由于东亚各国、各地区的本土

市场很小，进口替代缺乏本土市场的容量，因此，从20世纪60年代开始，首先是“亚洲四小龙”，随后是东南亚地区都相继地转变了经济发展战略，以出口导向为发展战略。而发展中经济体无法依靠自己的力量，只能通过加工贸易进入跨国公司的全球生产网络，由此进入国际市场。因此，加工贸易不仅是发展中经济体参与国际分工、实现本国工业化起飞的主要路径，更是出口导向发展战略的具体体现。

“亚洲四小龙”和“东亚新兴经济体”通过加工贸易促进经济起飞，带动了本土经济的迅速发展，催生了“东亚经济奇迹”。加工贸易对这些经济体的增长推动作用，吸引了更多的发展中经济体积极参与加工贸易，形成了国际上加工贸易发展的潮流。

中国在40年前打开大门，实施改革开放的政策，复制“东亚新兴经济体”的出口导向战略和加工贸易，使跨国公司的离岸市场和分包在更为广阔的土地和规模巨大的劳动力上得以实现，这不仅极大地拓展了全球价值链的发展空间，更加速了中国进入全球经济的步伐，在过去40年的经济发展中创造了“中国经济奇迹”。实事求是地说，出口导向和加工贸易是中国经济复兴和崛起的一个重要步骤。今天中国已经成为全球制造第一大国、世界第一贸易大国以及以制造价值链为主的东亚区域的全球生产中心，成为全球价值链中的重要制造环节和制造链条，而作为中国经济起飞的主要步骤，加工贸易功不可没。

从“东亚经济奇迹”到“中国经济奇迹”，发展中国家的经济起飞、发展路径都是从加工贸易开始的。由此可见，加工贸易是发展中经济体参与国际分工、嵌入全球价值链、获取经济增长动力的一条主要途径。

第二章　中国加工贸易兴起的背景因素与基本特征

从40年前的起飞，到今天成为全球制造第一、贸易出口额第一的大国，以及东亚价值链中的核心、全球价值链中最大的制造价值链区域，中国在全球经济地位的提升与发展，与中国加工贸易的从无到有、由弱到强的高速增长同步。自加工贸易进入中国起，一直到2010年，加工贸易的出口一直以年均24%以上的速度飞速成长，是一般出口增长的2倍，成为中国在这个时期对外贸易的主导方式。1998年，加工贸易占中国出口总额的比重为53.4%，达到了历史的顶点。虽然2008年金融海啸之后，中国加工贸易的转型升级步伐加快，加工贸易在中国对外贸易中所占比重开始逐渐下降，但是，至今为止，中国的加工贸易在对外贸易中都占据着十分重要的地位。尤其是加工贸易具有天然的顺差贸易的特征，一直是中国贸易顺差的主要来源，其地位不可小觑。在2016年中国货物贸易的顺差中，加工贸易占了61%的比重。而在加工贸易迅猛发展的前30年，其顺差占比更高达80%，成为中国GDP快速增长的主要来源和动力。

中国加工贸易复制东亚的出口导向战略和加工贸易，使得中国成长为全球最大的加工贸易基地。即使金融海啸、转型升级使得加工贸易在中国对外贸易中的比重逐步下降，也仍然无法撼动其全球生产网络中最大的加工制造基地的地位。这个事实说明，加工贸易在中国的兴起与发展具有客观的外部大背景与深刻的内部原因。本章将就此展开分析。

第一节　英美市场和贸易自由化对世界经济的影响

从历史的角度看，1979—1980年可以视为世界经济史上的一个重大转折点。在全球范围内，发生了导致1980年以后新一轮经济全球化浪潮兴起的重大转变。首先，一个人口占世界1/5，实行经济管制的国家——中国朝向市场化转变的道路迈出了重要步伐。而大西洋彼岸的英国与太平洋彼岸的美国，在同一时期都启动了私有化、为资本松绑、国家退出社会供给领域等一系列的改革。

英国和美国的改革和实践，虽然发生在欧洲和美洲，国家治理的制度也有所区别，但是其共同特点是突破了过去的理论与观点的主流部分，把非主流理论变成了以后的主流理论。这就是兴起于20世纪70年代的新自由主义。新自由主义实质是19世纪自由放任资本主义在20世纪后期不同条件下的一种复苏。也就是说，1979—1980年英美两国开始的实践，使得新自由主义作为话语模式开始占据主流地位。其核心内容就是放松对资本的管制，推动市场和贸易的自由发展。

中国的市场化改革的目的，正是建立市场经济以推动经济发展。中国更在改革起步阶段，就以香港这个19世纪以来一直实施自由市场政策的自由港作为借鉴。英美主导的新自由主义，与中国开放市场的实践相结合，造就了过去几十年的新一轮经济全球化，不仅改变了全球资本主义的运作方式，而且还为中国实施出口导向的发展战略、大力推动加工贸易的发展提供了最为深远的历史大背景。

一、贸易自由化与资本的全球自由流动

马克思乃至当代的西方学者，都一致认为资本主义的本质就是资本的无限增值与积累。①追求最大限度的利润是资本的职能所在。资本主义作为目前主导的生产方式，资本的增值与积累本身就没有地理上的限制，由此，资本主义体制本身就不局限于一个国家，其建立之初就是一种世界体系。这个体系在经济上呈一种多等级不均衡的地理分布，即由资本主义的核心——半

①参见美国人罗伯特·L.海尔布隆纳的《资本主义的本质与逻辑》、伊曼纽尔·沃勒斯坦的《现代世界体系》以及法国人托马斯·皮凯蒂的《21世纪资本论》等著作。

边缘—边缘构成。[①]由此，资本的自由流动就是资本积累的客观内在要求。这就不难解释，自资本主义体制建立以来，在长达500年的发展进程中，自由放任资本主义为何在世界现代体系中长期占据着主流地位。

但是，资本主义经济的扩张和发展有着自身内在的矛盾，其发展进程经常表现为周期性的经济危机，危机的积累会导致世界经济的巨大失衡，所造成的国家间地缘政治变化使得局部与全局性战争不断发生。1929—1933年的全球性经济危机和长期的资本主义大萧条，不仅是第二次世界大战的经济根源，更极大地威胁着资本主义的秩序。由此，“二战”后资本主义的重建，就旨在防止大萧条的灾难状况以及威胁资本主义秩序的因素重现。

在国际层面，布雷顿森林体系建立了一种新的国际秩序，以美元和黄金挂钩的固定汇率作为资本自由流动的制度性基础和工具。而联合国、世界银行和国际货币基金组织等则成为稳定战后国际关系的主要机构。

在资本主义国家，国家干预经济，介入市场，以财政和货币政策抑制经济周期，确保合理的充分就业等，这些被冠以“凯恩斯主义”之称的宏观理论兴起，成为“二战”之后资本主义的主要特征。从自由放任走向节制资本，把资本积累镶嵌在一个框架之中，防止出现资本主义经济危机的周期性冲击。这种“镶嵌型自由主义”是资本主义发展的一个阶段。由此，资本家和劳工之间的“阶级妥协”大都得到支持，国家积极涉入产业政策，建立社会福利体系（医疗卫生、教育等），为社会工资制定标准。[②]

“二战”后资本主义的发展因为凯恩斯主义的宏观调控而使经济周期得到成功控制。1945年至20世纪60年代末，发达资本主义国家的经济高速增长。但是镶嵌型自由主义或是有管理的资本主义使得市场进程和企业活动处于社会和政治约束的网络之中，处于监管的环境之中，对资本自由流动的控制和某种程度的金融抑制，必然与资本主义的本质——资本无限制地积累和扩张，形成内在的矛盾。

由此，20世纪70年代整个10年之中，发达资本主义国家陷入了长期的滞胀，预示着资本积累的严重危机。布雷顿森林体系建立的固定汇率与必须受

①伊曼纽尔·沃勒斯坦：《现代世界体系》第三卷，社会科学文献出版社，2013。

②大卫·哈维：《新自由主义简史》，王钦译，上海译文出版社，2016，第10–13页。

到控制的资本自由流动无法兼容，资本借以穿越国际流动的缝隙，给固定汇率体系带来很大的压力。1971年美元与黄金间的固定汇率终于被放弃了，黄金不再充当国际货币的基础，美元作为国际货币在世界上开始泛滥。1945年以后为发达资本主义带来高增长率的镶嵌型自由主义显然已经穷途末路，于是，解放企业和商业权力，重建市场自由，使资本积累重新活跃的自由放任资本主义，在新的历史条件下重新出现。这就是70年代末期出现，直至90年代以“华盛顿共识”为代表的新自由主义。

新自由主义在90年代彻底掌控了资本主义的话语权，成为资本主义的主流形态。新自由主义的最大特征是放松对资本的管制，尤其是对金融资本的监管，实行自由市场原则重建资本无限积累与扩张的条件，“建立以资本跨国界自由流动为特色的全球市场”①。

由于新自由主义的阶级力量是代表资本力量的企业和商业组织，因此，国家和政府的职责不再是调节资本与劳工之间的矛盾，而是强调去监管化，创造良好的商业环境，为资本无限积累提供条件。而资本无限积累必然要求资本能够冲破地理的限制，跨境自由流动和扩张。由此，在国际层面，以跨国公司为核心，国际直接投资急速发展，去监管化的金融资本在全球自由流动，资本迅速向全球蔓延。“资本开始像贸易产品一样流动。事实上，资本的流动速度更快，它们几乎能以光速流动，而商品贸易还只能用船或者飞机运输。”②

推动资本自由跨境流动，实现资本积累的无限扩张，成了资本主义发展的又一个阶段——新自由主义的主要特征。在这种情况下，跨国公司在追求利润无限大的动机下，向海外转移低成本的制造环节，通过离岸生产和外包，构筑全球生产的网络，逐步形成全球价值链。1990年初的柏林墙倒塌，苏联的解体，WTO的建立，区域贸易协定的浪潮出现等，无疑为新自由主义下的资本全球自由流动、全球市场网络的构筑提供了扩展的条件。由此，造

①彭慕兰、史蒂文·托皮克：《贸易打造的世界——1400年至今的社会、文化与世界经济》，黄中宪、吴莉苇译，上海人民出版社，2018，第498页。

②保罗·克雷格·罗伯茨：《自由放任资本主义的失败》，秦伟译，生活·读书·新知三联书店，2014，第17页。

就了起步于80年代初，90年代飞速发展，并以美国为主导的新一轮全球化浪潮。但是，这轮经济全球化如果缺少了中国的参与，就无法正确地描绘其全貌。中国以加工贸易为楔子，卷入全球生产网络里，至今已经成为经济全球化中一个不可或缺的重要角色，这是中国经济崛起的一个进程。

二、中国的改革开放：历史机遇的同步

当资本主义的现代世界体系走到新自由主义的发展阶段，资本在全球跨境自由流动成为其主要特征之时，机缘巧合的事件发生了。1978年12月中国共产党十一届三中全会召开，作为中国历史的重大转折点，开启了我国走向市场经济的新征程。中国再次打开了面向世界的大门。中国共产党十一届三中全会，“是这个世界人口第一大国从贫穷萧条转变为世界上最富活力的市场经济的源头”“这一次，幸运之神将更眷顾中国”。[①]可以说，这个历史时刻成就了中国未来的卓越发展。事实充分证实了制度经济学创始人科斯的论断。

中国转向市场经济的改革，对外开放是整个过程中极其关键而不可或缺的部分。中国的开放政策，尤其是对西方世界的开放，贯穿至今，其每一步都在拉近中国与全球市场经济的距离。也就是说，中国正是通过参与世界经济，与西方世界的接触来学习、建立自己的市场经济体系，把西方的市场经济引入中国。因此，在中国的体制改革道路上，虽然偶有波折和停顿，但是，中国的对外开放却是始终如一的。

中国的对外开放，向西方世界和资本流动打开了大门。从资本跨境自由流动的国际层面看，这为跨国公司的全球生产网络的建立提供了规模巨大的人口和资本积累的广阔发展空间。而从中国国内层面看，经济对外开放的初期，中国虽然具有数量庞大、占据世界第一的劳力资源，但是却极度缺乏资本、技术与市场经济的知识、管理等生产要素。引入稀缺的生产要素，求得经济发展的主观愿望成为中国对外开放激发出的巨大需求，这种对资本和生

①罗纳德·哈里·科斯：《变革中国——市场经济的中国之路》，王宁译，中信出版社，2013，第63页。

产要素的巨大需求，是对外开放后大量外资流入中国的主要原因。而中国的对外开放与美国主导的新一轮经济全球化，以及跨国公司在海外构筑全球生产网络恰好同步，这个历史的机遇，使得中国以加工贸易的形式进入全球市场网络之中，开始逐步发展为这个网络中最大的生产基地，以及全球价值链中不可或缺的部分。

对于中国加工贸易在20世纪80年代以后飞速发展这一事实的解释，大量的文献指向了中国的低廉和规模巨大的劳动力。然而，低工资在所有的发展中经济体中普遍存在，而规模庞大的劳力市场也是不少发展中国家的主要特征，例如印度。但仅有中国在80年代紧随亚洲新兴经济体的脚步，大规模地进入了加工贸易的发展阶段。同时，逐步地通过卷入经济全球化的进程，使得中国经济更深度地加入了全球价值链，在今天更成为全球价值链的重要组成部分。因此，那种认为加工贸易起源于中国的劳动力以及其他资源的比较优势的观点，虽然有其客观性，但是并非这个进程的终极解释。

事实上，中国的实践已经证明，对于发展中经济体而言，融入全球价值链的最重要的一个阻碍就是贸易成本，也即交易成本，如关税、运输、保险，以及政府监管、许可等体制性因素。交通不便、清关效率低、官僚作风和行政手续繁杂等，都会阻碍一般贸易。对于需要零部件来回跨越国界的生产部门而言，影响最为严重。中国的改革开放最为重要的使命，是建立完善的市场经济体制，其发展方向就是向清除所有制约外来投资和国际贸易的制度成本努力。为此，中国在改革开放的初期就制定了促进加工贸易发展的政策和措施，在当时以国有企业为主的体制下，更为外资的进入提供了超国民待遇的一系列优惠政策，以减轻加工贸易的交易成本，由此促进以外资为主的加工贸易的发展。

更为重要的是，中国的改革开放是从设立四个经济特区开始的。经济特区仿照亚洲的出口加工区模式，具有便利的基础设施和便捷的通关手续。同时，中国在很短的时间内，将这些贸易便利化政策推广到全国的30多个沿海城市。城市之间的竞争，成为贸易成本不断降低的推进因素。

2001年中国加入WTO，最终表明了中国认可了世界市场的规则，而且要以这些规则为标准，在中国建成市场经济体制。这个制度性的迈进使中国经济按照国际市场的规则运转，为进一步降低贸易成本、深度参与经济全球化提供了更为健全的制度基础，由此加工贸易得以高速增长。尤其是外来投资与对外贸易的飞速成长，逐步地使中国成为经济全球化的主要角色。2001年以后，中国在全球直接投资和国际贸易上迅速地占据了前列位置，同时，中国开始崛起，成为世界第二大经济体。这个过程表明，中国正在逐步地从世界经济的边缘地带向经济发展的核心地区靠拢。

回顾中国经济卷入全球化，嵌入全球价值链的历史进程，出口导向的发展战略与加工贸易发挥了巨大的作用。由此，我们可以说，美国主导的经济全球化与中国改革开放的历史性巨变的相互碰撞，是中国加工贸易兴起并高速成长的终极性原因。

第二节　美国负债主导的全球化与中国的出口导向战略

跨国公司的海外直接投资、离岸生产与外包，是中国加工贸易兴起的主要推动力。而中国的市场化改革的推进以及实施的出口导向战略，是加工贸易能够成为中国嵌入全球价值链的内在原因。如前所述，出口导向战略和加工贸易作为发展中经济体纳入全球生产网络的嵌入器，并非中国的发明，而是东亚经济体的创造。中国的复制和实践，使加工贸易得以在更大区域、更大范围，以及更多经济资源配置上展开。在这个进程中，美国负债主导的经济全球化，为全球生产提供了巨大的消费市场。而美国跨国公司的海外离岸生产和外包，为实施出口导向战略的经济体提供了加工制造的发展空间。出口导向、加工贸易的好处是企业可以通过全球价值链进入美欧发达国家市场，而无须从事世界市场营销活动进行巨额投资。由此，出口导向战略和加工贸易，一方面使我国成为美欧市场的制造品提供者，另一方面也是使我国深度参与美国主导的经济全球化的主要推手。

出口导向和加工贸易，是东亚新兴经济体崛起的主要发展战略，这个发展战略配合着西方发达国家的资本输出和制造业转移，在东亚地区逐步构筑了区域性的生产网络，而这个网络的开放性和延展性，使得更多的东亚国家和经济体通过仿效，逐步地成为网络中的成员方，由此发展出网络中制造层次的高中低组合。

中国作为东亚地区最大的发展中经济体，作为出口导向战略和加工贸易的“新参者”，属于东亚区域性生产网络的第三层次，处于制造链条的低端。随着加工贸易的不断发展，中国以其制造的规模和长期的学习能力，不断提升其加工贸易的水平。而西方跨国公司，尤其是美日跨国公司的竞争，使得东亚的区域性制造网络不断重组，中国逐步地在网络重组中脱颖而出。在美国主导的这一轮经济全球化中，中国开始在东亚地区的全球价值链中扮演十分重要的角色，由此形成了美国负债消费、中国制造的经济全球化中的基本形态。

由此，中国所处的东亚地区，尤其是东亚经济发展路径的特殊性，也是中国加工贸易兴起及高速发展的主要原因。事实上，东亚新兴经济体的发展奇迹，为中国参与加工贸易提供了路径选择的启示，东亚新兴经济体更是中国参与加工贸易的引领者。

一、美国的制造业转移与东亚的生产分包网络

东亚地区自20世纪60年代起实施的出口导向战略，与美欧，尤其是美国制造业的转移紧密联系。实事求是地说，在“二战”后的几十年间，正是美国品牌商把制造环节持续地转向东亚地区而自己仅专注于设计和销售环节，使得今天的东亚地区成为世界上最大的制造区。

美国制造业向东亚地区的转移，最早出现在“二战”后重建的日本。50年代中期美国与日本在劳工工资上的差价，是美国大型自有品牌商放弃美国本土制造，向日本制造公司发出订单制造的原因之一。但是，最主要的原因是美国国内对制造业的保护政策。这是一段非常具有讽刺意义的历史——保护制造业的方案，带来的却是促使制造环节走出美国的反效果。美国在30年代就通过一个所谓的公平交易法案，其内容为制造商可以为自己的产品设定最低零售价，而零售商则被禁止。也就是说，零售商不能获得制造商的特别价格在市场上竞争，但是可以低价售卖自己的品牌产品，参与市场竞争。50年代以后美国零售业集中趋势凸显，出现了大规模消费的购物广场和百货公

司，市场竞争加剧。大型零售商为了可以在市场上低价竞争而又不违反美国的法令，就只能在国外寻找可以为自有品牌制造低价产品的供应商。例如梅西百货、西尔斯公司，以及后来出现的沃尔玛，等等。而当时向日本商社发出订单的，就出自美国著名的大型商场或连锁店。[①]

对于日本来说，这是一个黄金机遇。“二战”前日本公司的大多数消费品在生产上都没有竞争力，日本产品在西方市场上的品质名声很坏，要独立进入西方世界确实十分困难。而美国自有品牌商的合同提供的是世界最大市场的入场券，同时还不需要日本企业投入营销活动的巨额成本。美国人只知道购买的是美国品牌，而不知道是谁生产的。于是，日本企业通过接受美国品牌商的订单，抓住了了解世界市场、提高生产技术、扩大产品生产规模的千载难逢的机遇。美国品牌商在价格和质量控制方面条件苛刻，利润很薄。事实上，许多美国的订单大到没有一家日本制造商能够独立消化，于是，日本的大型商社只能把订单分包给多家公司。由此，就形成了东亚地区的由贸易商接订单，分包给制造商的多层分包体制。

随着时间的推移，许多日本公司培育了自己的品牌，开始用自己的名字砸开美国市场，而且日本人的工资上升到对美国品牌商的廉价合同失去了吸引力的水平。于是，20世纪60—70年代，日本公司开始把低廉的订单生产合同引入韩国、中国台湾等其他地区。70年代，以美欧为首的国际资本在亚洲地区范围的扩张，为资本主义的半边缘地区获得生产许可和分包生产奠定了基础。这种资本地理空间的流动，伴随着日本经济的复苏和兴起，尤其是日本制造业向上游链条的升级，为当时的“亚洲四小龙”提供了制造业所需的原材料，也为西方国家提供了日益增长的市场空间，由此构成了东亚地区特殊的出口加工型经济。

80年代日美贸易摩擦上升，在美国的压力下，1985年日元大幅升值，提高了日本资本投资海外的竞争力。大量日本企业包括中小企业进入东亚地区投资。为了减少与美国的贸易摩擦，日本采用迂回出口的方式，通过把终端组装制造环节转移到东亚地区的方法，把日本原有的对美贸易顺差，转变为

①彭慕兰、史蒂文·托皮克：《贸易打造的世界——1400年至今的社会、文化与世界经济》，黄中宪、吴莉苇译，上海人民出版社，2018，第481-483页。

东亚地区对美国的贸易顺差；同时东亚地区对日本的中间产品进口的剧增，致使东亚地区对日本的贸易处于逆差地位，而日本则处于贸易顺差地位。这种贸易顺差和逆差的地区性转移，让日本企业通过海外投资，利用在东亚地区的加工贸易达到迂回出口的目的。

由此可见，日本进入东亚地区投资制造业，主要利用的就是加工贸易或生产分包制。与西方大型跨国企业内部垂直分工的资本形态不同，分包制利用外部的合约形式雇用大量非核心区的劳工，可以达到节省资本的目的，同时也形成了东亚地区的当地化生产网络。这就是由跨国公司主导的东亚地区多层依附型生产许可与分包网络。

随着东亚新兴经济体的迅猛发展，其劳动工资水平持续提升。80年代以后，西方国家简单低廉的外包合同再一次在这些地区失去了吸引力。由此，大量的外包合同再一次地向东南亚地区转移，最后朝中国内地大规模转移。在东亚地区形成了以日本的技术密集型产业为头雁，“亚洲四小龙”为产业发展的第二梯队，中国内地与东南亚地区为最低度梯队的“雁阵”发展形态。东亚区域性的制造网络由此成形，这成为东亚地区后来发展形成全球价值链的基础。由此，美欧制造业的转移与东亚生产分包网络的发展，尤其是第二梯队“亚洲四小龙”的引领，是推动加工贸易在中国兴起的客观因素。

二、日本主导的“雁阵”在美国切割价值链下的破局

20世纪80年代日本制造业崛起，加剧了与美国制造业的竞争。美国制造业为了与日本制造业竞争，90年代以后，在整个东亚地区开始建立地区性的制造体系。与日本企业建立的、或多或少带有封闭性的制造体系不同，美国企业建立的制造网络对于中国台湾、韩国以及新加坡这些经济体的企业是非常开放的。事实上，美国企业的基本策略是将最高效的产品制造者联系起来，而不管其国籍如何。[①]也就是说，美国跨国公司采用的是开放式、全球生产布局的做法。由此，直接在亚洲建立海外加工贸易的体制，通过分割全

①约瑟夫·E.斯蒂格利茨、沙希德·尤素福：《东亚奇迹的反思》，中国人民大学出版社，2013，第300页。

球产业价值链，从而确立了加工贸易在国际生产分工及全球价值链中不可或缺的地位。

美国跨国公司在东亚地区的离岸生产外包，也即发展加工贸易的前提，是产业价值链在全球的分割，即工业制品的价值链被分解，将不同的制造工序按照不同地区的成本优势进行区域性的分工。由此推动劳动密集的组装等加工工序向发展中国家转移，主要通过OEM生产，即加工贸易嵌入美国企业的价值链内。美国在东亚地区首先建立的，就是所谓订单/买家驱动加工生产价值链。

随着改革开放的深入发展，中国开始加入东亚生产网络。美国公司越过日本，直接向“亚洲四小龙”，尤其是中国香港下订单。“亚洲四小龙”作为美国跨国公司外包商的角色，在中国香港接受美国采购商的订单，转包到中国内地展开加工贸易，从而形成了劳动密集型消费品的全球生产网络。中国由此逐步走上成为全球最大的消费品制造加工基地之路。

90年代，美国跨国公司分割价值链的进程并没有局限于传统产业，随着跨国公司高科技产品，尤其是电子信息产品的价值链分割，加工贸易作为电子信息或科技产业的低附加值链条，也延伸至生产者驱动全球产业价值链。80年代美国与中国台湾代工企业之间形成的电子信息产业分工链条，正是美国制造业战胜日本制造业的主要法宝。而日本公司在东亚地区竞争的压力之下，也把其制造环节直接向中国转移，致使东亚原有的制造网络三级梯度层次，即日本—“亚洲四小龙”—中国内地和东南亚的“雁阵”开始解体。

90年代以后，台商的个人计算机产业、日商的家电产业和以美商为主的EMS加工行业，以及2000年后美日韩的移动通信产业进入中国大陆，就是生产商驱动加工生产价值链在中国布局的体现。这也就是目前中国的加工贸易从以劳动密集型的传统产业为主，转向以电子信息产业、机电产业为加工贸易主导产业的背景。

最终，在90年代末期美国跨国公司主导的采购商驱动价值链和生产商驱动价值链集合中国大陆的大规模制造，打破了日本构造的东亚“雁阵”模式。尤其是以美国为世界市场，通过“亚洲四小龙”特别是通过中国香港介入世界市场网络，再通过中国台湾作为产业上游的链接，在中国大陆进行大规模的加工制造，创造出大中华的产业合作体系，最终使得日本“雁阵”破局，为后来的以中国为主的东亚制造价值链的形成奠定了基础。可以说，亚洲金融风暴打散了日本在东南亚的“雁阵”体系，令依托于欧美生产体系的中国厂商（包括港台）获得腾飞机遇。

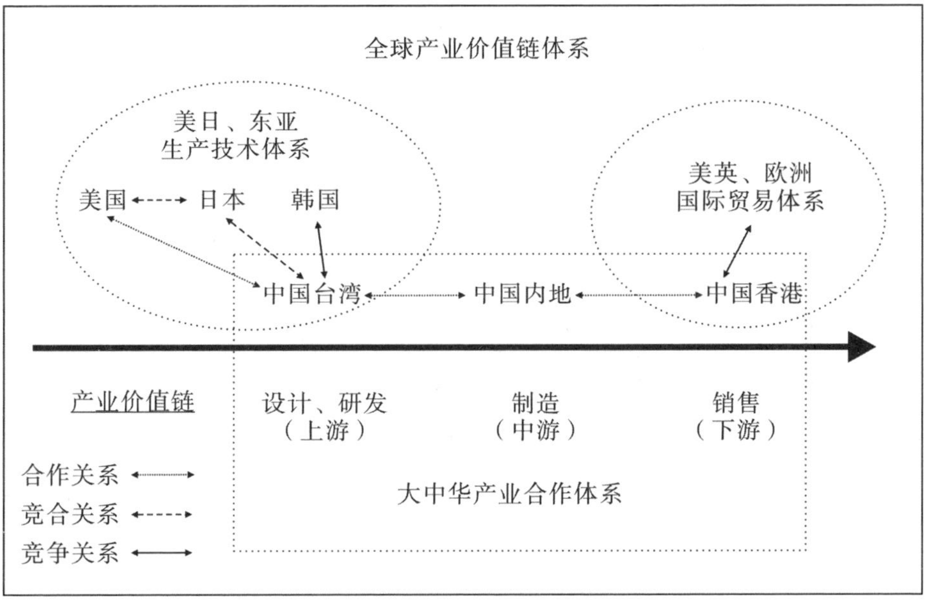

图2-1　大中华产业合作体系与全球产业价值链体系

实事求是地说，美国是依靠在东亚地区的全球价值链布局，以及中国的制造体系，最终打破了以日本为主的东亚制造网络的布局。90年代美国在东亚地区的全球价值链布局，是加工贸易在中国飞速发展，并进入以电子信息产业、机电产业为主的加工贸易链条的主要原因。

三、美元周期与中国的出口导向战略

上述的描绘仅仅是美国跨国公司与东亚区域性生产网络形成的历史表述，并没有涉及美国主导的经济全球化与东亚地区、中国加工贸易兴起发展的实质。美国跨国公司主导的经济全球化在20世纪90年代走向高潮，而在21世纪初期达到顶峰。而美国能够主导这一轮的经济全球化且东亚地区能够长期实施出口导向、加工贸易的根本原因，不仅仅是美国跨国公司的国际生产组织能力高，更为重要的是美国具有全球最大的消费市场。出口导向、加工贸易本质上都是以国际市场为主导的发展模式。其所依赖的不是本土市场，而是一个外向型的市场。而在过去数十年的全球经济发展中，能够提供一个规模巨大的外需市场的国家，只有美国。也就是说，东亚地区长期实施的出口导向、中国加工贸易的兴起与发展，所依赖的都是美国市场。

需求旺盛、商品吸纳能力庞大的世界市场是一种十分重要的资产。“二战”后美国能够占据世界经济的霸主地位，美国制造业与美国市场应当是主要原因。美国制造业显示的是美国的产业竞争力，而美国市场体现的是美国的经济实力。美国市场所体现的经济实力，其实质就是美元的地位与实力。美元的实力在很大程度上来自美元作为国际货币的地位。

“二战”后，美国的经济实力和全球竞争力达到了顶峰。美国的黄金贮备更是占据世界黄金储备的60%以上。这种无人能及的经济实力，奠定了美元作为国际货币的地位。布雷顿森林体系更是通过建立美元与黄金之间的固定汇率，使其他国家与美元形成一定的汇率关系，从而推进商品的自由流动和世界贸易的发展。

一国的货币一旦成为国际货币，这个国家就必须为国际贸易和各类经济流量的流动提供交易的现金流，也即一国的货币必须长期流出本国，为世界提供可交易的货币。而实际上，一国货币的长期流出，意味着这个国家的经常账户要长期处于逆差状况。经常账户的逆差，对于承担国际货币职能的国家来说，其意义在于必须长期为世界提供市场，这就要求本国的进口长期大于出口。因此，长期承担国际货币职能的国家，就是全球消费的主要市场、世界市场的所在地。

承担着国际货币职能的国家，必须具有十分雄厚的经济实力，能为世界发展提供市场；但是，长期的国际贸易逆差或经常账户逆差，实际上是本国经济竞争力持续走弱的体现。由此，必然会持续地消减国家的经济实力。在国际货币和贸易理论中的特里芬悖论，就是描绘这一矛盾的理论。因此，“二战”后建立的布雷顿森林体系随着美国贸易的长期逆差，黄金持续流出而无法维持，终于在70年代初期，美国单方面实行美元与黄金的脱钩，金本位汇率制宣告解体。但是，美元的国际货币地位并没有被动摇。各国货币由此与美元形成一定的汇率关系，美元仍然承担着世界储蓄货币和贸易、经济活动的结算货币的功能。

随着美国跨国公司的制造产业向海外转移，尤其是90年代美国跨国公司的离岸生产和外包日益活跃，跨国公司的实力得到大幅提升。但是与这个事实如影随形的，是美国的本土制造持续的空心化，这无疑使美国的消费市场增长乏力。美国跨国公司的全球价值链把制造业转移到海外，因此美国市场所需的制成品就必须从海外进口。作为全球价值链的商品制造脱离本土，而支撑这种制造品的消费主要依赖本土市场，这正是美元作为国际货币的周期性现象。

主导美国经济的一直是本国的消费，自美元成为国际货币之后，国际市场的扩张、国际贸易的增长与发展，主要依赖美国人的消费。也就是说，只有在美国人的收入持续提升、消费不断扩张的条件下，国际贸易的增长才能有市场的保证，美元也才能承担国际货币的职能。然而，经济全球化和美国制造业的转移，使得跨国公司的资本积累和利润直线上升，可并没有大幅提升美国普通人的收入，美国国内消费市场的扩张必然无法与世界贸易发展同步。一方面，经济的全球化和国际贸易的发展，要求更多的美元进入国际交易结算和支付；另一方面，美国国内的消费市场却无法保持同步扩张。在消费者实际收入缺乏的情况下，为了保持消费需求的持续增长，美联储在美国国内实施扩大消费信贷规模的措施，以负债刺激美国市场的增长；而在国际上则大肆举债，使得美元回流国内市场，扩张消费。这就是美国负债主导的经济全球化的实质。

图2-2正是对美国的美元周期与东亚地区的出口导向经济关系的解释。随着美国跨国公司的制造环节与链条转移至东亚地区，美国对东亚地区出口的仅是知识性产品，而东亚地区则对美国大量出口制造品。由此，美国作为世界最大的消费市场购买东亚地区的产品，使美元流出，成为东亚地区巨额的贸易盈余，而美国则维持着长期的贸易赤字。为使美元回流美国，支持美国作为世界市场的购买力，东亚国家开始购买美国国债。由此，东亚国家成为美国资本的最大债权国，处于资本账户盈余地位，而美国则成为资本债务国，处于资本账户的赤字地位。美国贸易和资本账户的双赤字，与东亚国家贸易、资本账户的双盈余，正是美国数十年向东亚地区转移制造业，形成强大的全球生产网络，反过来对美国长期的出口导向的结果。

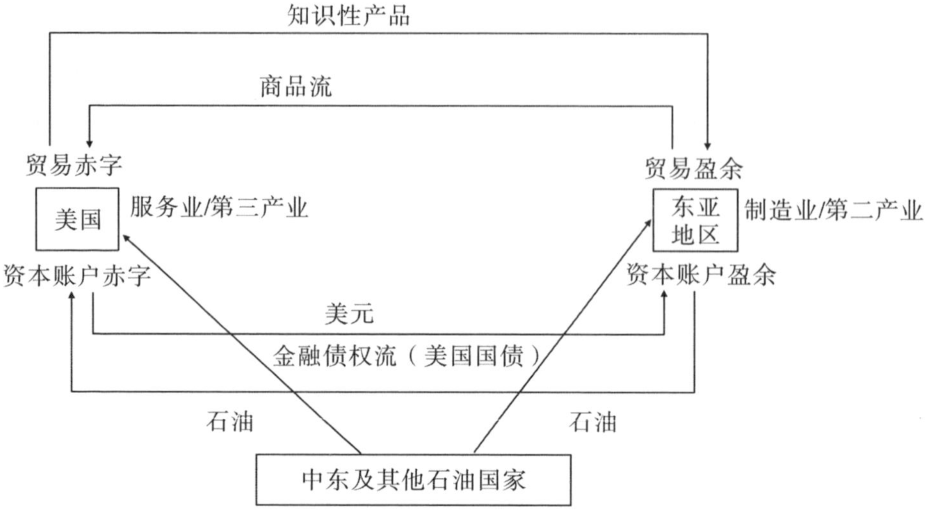

图2-2　美元周期与东亚地区的出口导向经济关系

由此可见，美元作为国际货币，对美国来说是一把双刃剑。一方面，美元作为单一的国际货币，极大地促进了资本的跨境自由流动，尤其是跨国公司为追求最大利润的全球布局所推进的全球价值链扩张。这种单一货币使今天的经济全球化达到了历史所无法企及的水平。另一方面，国际货币的职能由一国货币承担，实质就是这个国家的市场必须成为全球市场，其结果必然是一国无法承受之重。

今天美国的负债经济表明：美国经济的发展动力已经不是消费者实际收入的增长，而是消费信贷的扩张，对外则体现为美国的国债扩张。美元周期已经建立在美国负债经济的基础之上。这种依靠负债支撑的世界市场，正是东亚地区和中国加工贸易兴起及发展的最深刻因素。事实上，没有美国的负债主导的经济全球化进程，东亚地区和中国的加工贸易就没有大规模出口的基础，也就不会有加工贸易飞速兴旺发展的进程。美国负债消费与“中国制造”，成为美国主导的经济全球化的两大主要特征。

美国消费之所以能够超过产出，借贷之所以能够超过储蓄，就是因为美元是国际储备货币。但是，美国负债主导的经济全球化不仅导致了世界经济严重失衡，更为2007—2008年全球金融海啸的发生埋下伏笔。全球金融海啸发生的导火线正是美国依靠信贷刺激消费的产品——房地产次按产品资金断裂所致。此次金融海啸宣告了美国负债主导的经济全球化终结，全球经济由此进入了结构性的重大调整期，而中国的加工贸易也进入了转型升级的新阶段。

第三节　中国加工贸易的基本特征

中国作为东亚地区出口导向的后来者，是在改革开放的大潮中，由东亚加工贸易的先行者，主要是“亚洲四小龙”引领进入加工贸易的。虽然中国的加工贸易是东亚出口导向模式的复制，但是，在经济范畴和领域内，任何制度和经济模式的复制，都会受到本土因素即本土环境，包括经济发展阶段、要素资源状况、经济体制、市场主体、商业习惯，甚至文化等因素的影响。产生在本土因素基础上的复制，必然会使所复制的模式具有不同特点，或者变异。事实上，加工贸易在东亚地区、中国的兴起与发展，虽然都是产生于美国主导的经济全球化进程，但是中国的加工贸易作为出口导向工业化的主要手段，却具有与东亚模式不同的特点。从而形成中国加工贸易发展所特有的基本特征。

本节主要在与国外，尤其是东亚地区的加工贸易作出比较的基础上，探讨中国式加工贸易的基本特征。

一、加工贸易的主体特征

加工贸易在中国的起步，并非像在其他东亚地区那样：首先由日本大型企业或是美国跨国公司带动，通过其离岸外包来实现。这是“亚洲四小龙”所走的路径。由此，承担加工贸易业务的企业，就是“亚洲四小龙”本土的承包商和制造商。也就是说，东亚地区的加工贸易主体，基本上就是本土的市场主体和企业。

中国内地加工贸易的起步最早源于中国香港的加工装配制造转移，随后新加坡、中国台湾等国家和地区的企业开始加入。可以说，首先进入中国内地开展加工贸易的主要是“亚洲四小龙”的企业，尤其是中国香港的中小制造商。而中国内地的加工贸易深受中国香港贸易与制造体系的影响。

中国香港工业化起步就是出口导向型的。与韩国、中国台湾的工业化从进口替代转向出口导向不同，中国香港当时并没有完整的工业体系，十分依赖跨国资本的生产许可与分包制。这种由跨国公司主导的东亚地区多层依附型生产许可与分包网络，“在香港制造业部门结构中很明显：香港57%的出口产自不到50名雇工的当地公司，并通过1.4万个小的进出口商完成销售，这一当地化的生产网络，因香港具有的移民特征而得到强化，香港的移民大体都是家庭移民”①。也就是说，香港的加工贸易是通过本土的贸易商接单，分包给本土制造商完成的。

由此，香港在70年代后期生产成本和土地成本大幅上升的压力下，将制造业大规模地向内地转移之时，并非是香港贸易承包商向内地的制造商外包业务，而是香港制造商直接进入内地，承接贸易承包商的制造外包业务。这种转移的实质，就是香港制造商在本土的连根拔起，形成接单在香港、加工制造在内地的“前店后厂”模式。这种模式实质上是对加工贸易中的加工与贸易做了空间上的分割，将“在香港制造”转变成“由香港制造”。随后，台湾的中小制造商也采用这种模式。与香港制造商不同的是，台湾制造商把接单置于香港或台湾，而制造加工进入中国大陆。因此，中国加工贸易的主体，一开始就是来自境外资本的企业，也即外资企业。

加工贸易以外资为主体的特征，与当时的中国企业主要为国有企业、市场主体严重缺位相关。同时，加工与贸易的空间分工产生，也有中国自身的原因。在中国打开市场的初期，无论是中国自身的企业，还是掌控国际市场的西方跨国公司，都因中国的封闭而彼此十分陌生。由此，在中国和世界市场之间，香港的中介地位凸显。同时中国外贸体制正在起步，开展国际贸易的贸易成本仍居高位。为此，把贸易环节置于香港，港商可以得到极低的贸易成本之便利，把制造加工置于中国内地，则可以收获生产成本低廉之利。香港贸易商虽然不是跨国公司营销网络中的核心链条，而仅是其中的一个中介，但是无论是对开放市场之初的中国，还是对急于了解并进入中国的西方跨国公司而言，都是十分宝贵、不可或缺的财富。

①特伦斯·霍普金斯：《转型时代——世界体系的发展轨迹：1945—2025》，高等教育出版社，2002，第113页。

但是，香港制造商进入中国内地开展加工贸易，其主要方式是来料加工。来料加工主要通过委托加工合同进行。委托加工合同的实效是3~5年，到期后可以续签合同。这种委托加工属于劳务贸易关系。因此，港商虽然是委托加工过程的主导者，但是以非法人身份，即非本地企业存在。这种选择对港商最大的好处是避免了本地纳税人的身份。由此，在中国加工贸易的主体企业统计中，早期的统计无法显示以外资企业为主体这一特征。直至90年代中后期，港商制造业转移基本完成，中国台湾、新加坡、日本、韩国以及欧美资本，这些主要属于生产商驱动价值链的企业，大多采用以三资企业的身份进入中国从事加工贸易，才令外资企业作为加工贸易的主体特征凸显。1994年外资企业在加工贸易数额中所占比重首次超过一半，达到56%；2006年这一比重更高达85%，成为至今为止的最高纪录。其中内含大量港商由“三来一补”转为三资企业的部分。2007年，随着金融海啸的爆发和加工贸易的转型升级进程，加工贸易的增长受挫，但是，至今为止仍然保持着外资企业占据80%以上的比重的局面。

加工贸易以外资为主体的基本特征，不仅显示了中国市场主体发育的欠缺和加工贸易的植根性问题，同时还彰显了外资企业掌控国际贸易网络、中国被区隔在国际市场之外的事实。这个事实使得中国企业无法直接获取加工贸易的订单，与跨国公司的离岸外包业务产生直接联系，而只能借助外资企业与跨国公司的联系，得到委托加工业务。即使是中国加工贸易已经进入全球高端科技产业链条的今天，例如苹果手机的组装加工、大量机电产品的加工贸易，也是由中国加工贸易总值排在第一的台湾富士康公司直接从苹果公司接订单。或是美加大型的EMS从国际品牌商接单，在中国大陆组装加工完成。至今为止，中国加工贸易规模最大企业的前十名基本都是外资企业。

加工贸易以外资企业为主体，加工贸易的控制权在外资企业手中，这也表明了中国在全球价值链整合的博弈中缺乏议价能力、受制于他人的事实。由此，中国加工贸易的转型升级，必然内含加工贸易的市场主体逐步地转换。

二、加工贸易的供应链特点

中国大陆加工贸易主要集中在东南沿海地区的事实，主要源于地区的市场化发展程度、贸易成本和运输成本等因素。但是这个事实也突出反映了过去40年的中国大陆对外参与经济全球化、以加工贸易嵌入全球价值链的进程，主要集中在中国大陆东向的亚太地区。这个事实可以从中国大陆加工贸易的供应链网络，也即加工贸易的进出口国别与联系上得以证实。

根据国家商务部统计资料，中国加工贸易的供应链网络在2000年后基本定型，其加工贸易的主要进出口地区基本维持原状，没有很大变化。加工贸易进口主要为零部件和料件。其进口地区主要集中在中国台湾、韩国和日本、东盟地区，高端部件和设备则主要来自美国、欧洲地区；加工产品出口主要为终端消费品，集中在美国和欧洲地区。以2010年的数字看，加工贸易料件来自中国台湾、韩国、日本和东盟地区等，合计所占比重为61.6%；欧美地区（包括中国香港的转口）的进口为11.7%。而从出口看，高达50.6%的产品出口往美欧日市场，加上中国香港的转口部分，这个比重更高达72.3%。[①]由此可见，中国加工贸易的主要零部件来自亚洲地区，属于东亚区域内的生产网络；而加工产品主要输往区域外的美国、欧洲市场。整体的供应链横跨亚太地区，成为连接东亚、北美和欧洲的全球价值链的主要组成部分。

中国大陆加工贸易供应链如图2–3所示。中国是作为最终产品的组装加工链条进入东亚的全球生产网络，由此改变了中国与亚洲、美欧的贸易相互地位。作为东亚地区最大的零部件和料件进口国，中国大陆已经是亚洲，尤其是东亚经济体的贸易逆差国，其中对中国台湾和韩国的贸易逆差最甚；而作为对美欧的产品出口国，则一直维持着贸易顺差。其中对美国的贸易顺差，在2016年已经超过2000亿美元。东亚经济体已经通过在中国的加工贸易，成功地把对美欧国家的贸易顺差转为对中国的贸易顺差，把东亚地区与美欧的贸易摩擦压力集中转移到中国。

现阶段中国大陆的顺差大多是承接了过去日本、韩国、中国台湾等东亚

①数据来源：国家商务部。

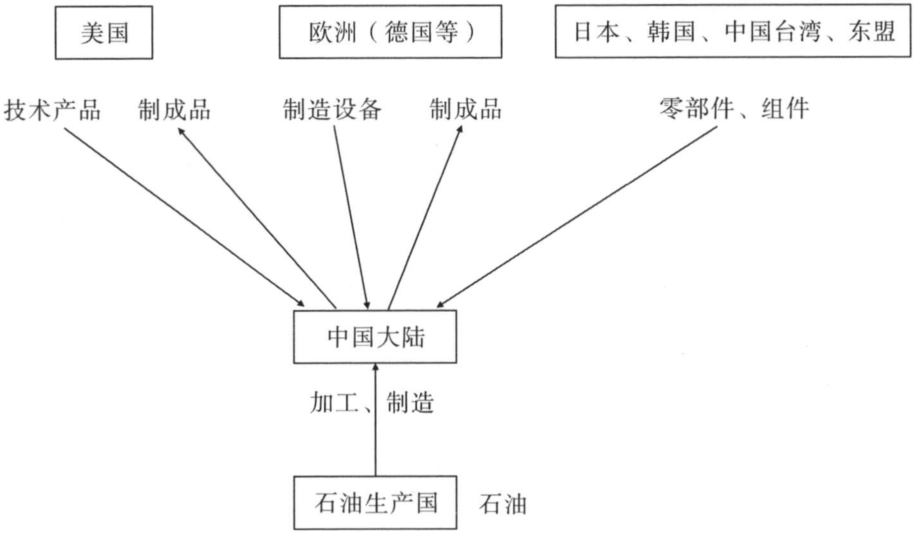

图2-3 中国大陆加工贸易供应链

其他国家和地区对美的贸易顺差转移。根据美方统计，美国对华贸易逆差占美逆差总额的比重从2001年的20%升至2016年的47%，但同期美国对日本、韩国、中国香港和中国台湾贸易逆差占比则从23%降至11%。中国与美国的贸易关系变化，实质体现的是各自在全球价值链中的不同地位。

中国对美欧的贸易顺差，是以最终产品的价格计算的，其中贸易顺差的60%来自加工贸易。由此，加工贸易使中国成为全球最大的贸易顺差国，成为全球经济和贸易失衡的关注焦点。但是这种计算，实际上扭曲了中国与美欧的实质竞争力水平，更无法揭示当今世界经济和贸易失衡的根本原因。如果说20世纪80—90年代日美之间的贸易摩擦是当年日本制造与美国制造之间的国际竞争力的真实反映的话，那么，今天的中国制造与美国制造之间的关系绝非如此。从加工贸易或全球价值链的角度看，中国对美国的贸易顺差，实质是东亚地区全部经济体的集合对美国制造的竞争力体现，是东亚经济体对美国的整体顺差的集中体现。

三、加工贸易的监管特点

加工贸易，在国际贸易上是特指以保税方式从国外进口原材料、零部件和中间产品，经加工为成品后再出口的贸易方式。由此，各国的海关对这种加工贸易必须实施保税监管。国际上有代表性的加工贸易监管模式主要分为两类：一是特定区域的封闭式监管模式，二是开放性的担保式监管模式。而中国的监管模式则是具有自身特点的开放的混合式监管模式。这是一种由上述两种模式混合而成的监管模式，是在中国加工贸易监管实践中，不断完善以适应中国加工贸易发展的产物。

封闭式监管模式，是指保税加工的活动只能在海关设定的地域或封闭区域内进行，也即“境内关外”的区域，只有进入区内的企业才能从事保税加工业务。例如发展中国家常见的出口加工区、自由贸易区、保税工厂和发达国家如美国的对外贸易区、日本的综合保税区等。保税进口的料件只能进入海关设定的封闭区域，在这个区域中进行加工。海关通过围网措施，有效地防止保税进口的货物流入国内市场；而加工贸易企业则可以进行便利的货物通关，减少通关成本，享受加工贸易的优惠政策。

开放性的担保式监管模式，是指对于保税进口的料件不设定特殊的监管区域，所有地域的企业都可以进行保税加工业务，海关只是通过健全的信息化监管网络、银行保证金台账制度和先征后退的管理方式，或是担保保税等，对加工贸易企业实施保税监管。开放性的担保式监管模式往往在发达国家采用，因为这种海关监管一方面需要企业的自觉与自律，以及信息化监管网络的建立和健全，另一方面则是本国的关税率和加工贸易企业享受的优惠程度较低，走私和偷税漏税不会带来很大的收益，反而具有很高的法律惩治成本。

中国的加工贸易实行的是开放的混合式监管模式。这种开放性的混合式监管模式，是在中国加工贸易实践中逐步形成的。中国加工贸易在起步和初期发展阶段，最早实施的就是开放式的监管模式，在地域上没有特殊的限定。无论加工贸易所在地是否设有海关，所有类型的企业均可向指定海关申请加工贸易备案手续，承接对外加工出口业务，并享受有关优惠政策。这种开放式的监管模式在实践中很难保障海关对漫山遍野、放羊式的保税加工行为进行有效的监管。由此在加工贸易的业务活动中，走私和偷税漏税的行为时有发生。尤其是最早开展加工贸易的广东地区，由于当时中国还没有实行农村的土地承包制，加工贸易大多以村为单位展开，形成村村点火，处处冒烟的局面，这为海关监管带来极大的困难。

有鉴于此，从1996年开始，中国吸取国外的经验，在全国开始推行加工贸易保证金台账制度，1999年更对加工贸易企业实行银行保证金台账的分类管理。这意味着中国的加工贸易监管开始转变为一定程度的开放的担保式监管。

中国“入世”以后，在探讨有效的保税监管模式方面，更多地吸取各国的经验，推动加工贸易的监管模式向着既符合中国国情又适应国际惯例的方向发展。这致使中国的海关监管向两个方向发展，形成相对集中监管和担保制度相结合的监管模式：一是积极引导享受加工贸易优惠政策的企业向特定地区如保税区、出口加工区集中，实施集中监管；二是对非特定地区，以建立保税工厂、保税集团等定点企业为经营主体的给予优惠政策，实施先征后退或担保免税。这充分表明了中国的加工贸易监管模式已经是一种开放的、兼具集中与担保的混合型管理模式。

随着现代科技的发展，计算机联网监管模式作为当下一种科学的开放式监管模式，在中国的对外贸易和加工贸易中得到大力推广。2007年开始海关对加工贸易企业实施联网监管。对大型企业建立电子账册，以企业为单元进行管理，执行银行保障金台账制度；对中小企业则建立电子手账，以合同为单元，执行银行保证金台账制度。使加工贸易活动从备案、进口、出口到核销等，全部通过计算机进行。这种开放式的监管方式，不仅使得海关管理更加科学严密，而且令企业通关高效便捷，已经是今后中国加工贸易监管的主导型模式。2017年海关更以海关担保事项，取消加工贸易银行保证金台账制度，进一步降低了加工贸易企业的经营成本。

四、加工贸易的地区分布特点

中国利用加工贸易参与全球生产网络，其参与度在区域分布上并非均衡发展的。事实上，中国加工贸易呈十分不均衡的区域分布特征。中国东南沿海地区占据着加工贸易的绝大比重。尤其是珠江三角洲地区的广东和长江三角洲地区的江苏两省，长期占据着加工贸易的半壁江山。其中起步最早的广东在全国的占比曾经高达40%，2017年占比仍然在30%以上。而整体的东南沿海地区占比为80%~90%。这种状况说明，中国内部各地区对全球生产网络的参与度，与发展中经济体一样，存在着严重的地区不平衡。

造成这种状况的原因，首先在于中国开放市场的渐进性。如前所述，发展中经济体对全球生产网络的参与度，也即跨国公司进入发展中经济体投资的主要诱因，是贸易成本的降低和通关的便利化。尤其是在劳工成本差异很小的情况下，贸易成本的高低将是决定参与度高低的关键因素。而贸易成本则取决于开放、完善的市场体制。中国的市场开放是从沿海地区开始，即从广东、福建的4个经济特区起步，到沿海的14个开放城市，然后是整个东南沿海地区，最后才是中西部地区和东北地区。这个渐进的进程持续了相当长的时期，造成了在相当长的时间内，中国的市场化进程呈现东南沿海地区较快，而中西部和东北地区一直处于较为封闭的状态。

与中国的对外经济开放同步的，是中国的先行市场化地区。首先，对外资采取的特殊优惠政策和启动的通关便利化措施，无疑都极大地降低了对外贸易的交易成本。上述因素必然使得加工贸易的主体企业——外资企业得以利用这个地区提供的特殊政策和经营环境，先行在沿海地区集结。

其次，在吸引外资进入的进程中，文化因素的影响也不可低估。中国加工贸易的最早参与者，是中国香港、中国台湾和东南亚的华人资本。这些华人大多来自广东、福建地区。血缘、语言与文化的同根同源，是降低华人资本在沿海地区的交易成本的主要因素，由此，大量华人资本会把广东、福建作为投资的首选地区。

更为重要的是，对于全球生产网络的每一个环节来说，高效链接是供应链能够顺利运转的必要条件。作为其中的一个环节，加工贸易的订单业务极大地依赖时间成本，及时生产准时交货是加工贸易能够运转的基础性生存条件。这不仅需要便利的通关条件和较低的交易成本，更需要高效及时的交通运输等完善的基础设施。加工贸易的生存条件决定了其区位选择的重要性。因此，对外贸易的港口、机场等基础设施完善的地方，必然具备战略性的区位优势。

中国东南沿海地区本身就靠近国际市场，又是港口的密集区，交通运输基础设施远比中西部和东北地区完善，因而，外资企业选择大量集聚于东南沿海地区有其积极的合理性。

由上可见，加工贸易存在与发展的区位选择条件，包括市场化程度、交易成本或贸易成本的高低，在交易成本因素中，也内含了地区基础设施的完善。这就是中国加工贸易集聚在东南沿海地区的主要原因。

但是，即使是在东南沿海地区，加工贸易的布局也呈非均衡分布状态。例如在最早起步、加工贸易数量最大的广东省内，98%以上的加工贸易业务集中在珠三角地区。而珠三角地区的加工贸易业务主要集中于东岸，尤以东莞为最；珠三角的中心与西部地区则一直是以进口替代的工业化为主体，出口导向的加工贸易并非这个地区的主要特征。之所以出现这种分布，部分是由于东岸地区与加工贸易的主要投资来源地——香港地理相连，这是日后香港和珠三角东岸形成港、深、莞的东部制造业走廊的原因之一。但是，终极性的原因是珠三角地区的东岸与西部的经济发展和工业化水平存在差异。

以广州为中心，西部的佛山（包括南海、顺德地区）是中国商品化和现代工业最早发源的地区。农业主要以经济作物为主，桑基鱼塘是其主要特征，种桑养蚕养鱼，发展丝绸生产，佛山陶瓷更是远近闻名，由此推动了丝绸纺织、陶瓷制造业在中国明代的起步和发展。家庭手工业、乡镇工业的密集不仅推动了佛山、九江等城镇的兴起，更使广州成为中国古代丝绸之路的重镇。而珠三角东岸地区一直是广东的大粮仓，以典型的传统农业为主。经济作物以甘蔗种植为主，除了制糖业外，工业基本为空白。

工业积累和工业化发展水平的不同，引出了两条截然不同的发展路径。改革开放之后，珠江三角洲东部、中西部同时以加工贸易起步，但是中西部地区对加工贸易采取的策略是以工缴费抵缴保税进口的生产设备，一般3年合同期满后不再续约，外商把设备留下后撤出。当地企业利用留下的设备，自主地进行生产，并迅速地发展进口替代的产品，创建自己的品牌。以顺德为例，其从简单的电风扇加工装配起步，扩展到空调、洗衣机、电冰箱，到20世纪90年代，顺德企业的家电品牌已经在中国市场雄霸一方，随之更走向了世界市场。由此，加工贸易在珠江中西部地区存在的时间很短，而且数量较少。而珠三角东部地区的工业化，其明显特征是农民洗脚上田，在没有任何技术和工业化积累的情况下，东部地区只能从加工贸易起步，工缴费在很长时间内不能形成本地工业化的积累，也就造成了外资成为东岸资金的主要来源的结果。由此，珠三角东部成为中国加工贸易长期密集的地区。而加工贸易的兴起和发展，不仅推动了东部地区的工业化发展，也推动了东部地区从农村走向城市化。

珠江三角洲地区东部、中西部的加工贸易分布差异，充分说明了加工贸易的实质是跨国公司离岸外包中最低端的制造部分，因而是发展中经济体从初级的农业经济起步，通过纳入全球生产网络中的低端链条，推动地区工业化起飞、发展的最为适宜的一个战略选择，但并非适用于处于较高工业化发展阶段的所有地区。这个事实也解释了为何中国的加工贸易是以农民工为雇佣劳动的主体，为何加工贸易并没有成为东南沿海地区的上海、广州、南京等大城市的主要工业化发展战略，而大面积地密集于原来主要的农业地区，例如广东的东莞、江苏的苏州。

中国政府在21世纪开始制定鼓励加工贸易向中西部地区转移，作为区域发展平衡的一个战略。2000年以后，富士康等大型EMS，以及韩国、日本企业开始进入中西部地区，包括西南部的成都、中部的郑州以及西北部的西安，展开加工贸易业务。与加工贸易发展初期的港台中小企业主要进入农村地区不同，后期进入中国的这类规模巨大的外资加工贸易企业开始进入中西部城市。但是，中国开发大西北的基础设施建设历经多年，至今为止仍然不能根本改变加工贸易分布不平衡的状况。

中国加工贸易密集于东南沿海地区的分布，也与中国经济对外开放的主要贸易通道和供应链重心是东向的亚太地区相关。2014年以后，在历经数十年的对外经济联系和贸易通道一直以东向的亚太区域为主的基础上，中国提出“一带一路”倡议，开始打通西向的欧亚非之间的新供应链和贸易通道。西北大开发所建成的基础设施，也最终为欧亚间的经济、货物联系提供了跨境加工的条件。未来随着中欧班列的持续开通和大发展，加工贸易向西、向北移动的趋势应可以预期。

第三章　中国加工贸易的演进进程

中国加工贸易起步于1978年，早于1978年12月召开的党的十一届三中全会。党的十一届三中全会作为中国经济重大转型和改革开放的标志性起点，已经是全球之共识。但是，如果没有党的十一届三中全会之前中国共产党对中国经济发展道路的深刻反思、对世界经济发展趋势的重新认识，以及对外经济联系的初步实践和摸索，就不可能产生党的十一届三中全会的公报。可以说，中国的对外开放实践和摸索先于党的十一届三中全会，而党的十一届三中全会则是对改革开放、市场化转型作出的全局性路线转变的历史性时刻。由此，加工贸易是党的十一届三中全会之前，中国就提前起步的一个摸索和实践；而党的十一届三中全会，则成为加工贸易在中国兴起和大发展的关键性时点。

1978年7月，中国国务院颁布了《开展对外加工装配业务试行办法》，同年的8月工商注册编号为粤001的中国第一家“三来一补”企业——东莞太平手袋厂成立。中国的第一家外资企业珠海毛纺厂也于同期建立。这两个项目的资金均来源于香港。东莞太平手袋厂由港商投资几十万元，引入简单的加工设备，每制成一个手袋都交由港商出口，当地只拿一毛钱加工费。就是这样一家十分简陋的小规模工厂，率先揭开了中国加工贸易的序幕。也由此，中国开始登上全球经济发展的大舞台，步入国际经济的角力场。

第一节　加工贸易推进的主要阶段

至今为止，中国加工贸易已经走过了整整40年的历史，经历了从无到有、从弱到强、从兴盛到转型升级的演进和发展阶段。在中国经济持续发展的历史进程中，中国制造业从全球价值链中的一条低端制造链条插入，到今天不少产业已经可以覆盖全产业的价值链条，成为全球最大的产业。其中加工贸易功不可没。本章节的主要内容就是通过回顾加工贸易在中国的演进发展，从中窥视加工贸易的历史进程。

一、从封闭式的进口替代走向出口导向的工业化

实事求是地说，加工贸易在中国兴起，跨国公司的国际投资与贸易推动的经济全球化的浪潮，以及中国的改革开放和市场化的转型，是其主要的背景因素和基本原因。加工贸易这一现象在1978年出现于中国，且早于党的十一届三中全会，有其背后的偶然原因。但是历史的规律，往往是通过偶然的现象来表现的。事实上，加工贸易的产生，其背后内含着中国经济的起飞战略从进口替代走向出口导向的战略性转型这一内在因素。

自1949年以来，西方国家的经济封锁和贸易禁运使得中国的国际经济联系一直处于很低水平。除了苏联的经济援助，中国一直只能靠自己的内部积累建立起自己独立的工业体系。这种不依赖国际分工和国际贸易的发展道路，可以称为“封闭式的进口替代战略”，即完全依靠自己的力量建立完整的工业产品生产体系。

在全球的发展中经济体中，“二战”以后，拉美国家实施的就是进口替代战略。然而，实施进口替代战略的国家，需要依靠自己的力量建立本国的工业体系，替代西方国家进口的工业产品。一国工业化的推进最重要的是积累资金，而资本短缺往往成为发展中国家工业化的瓶颈。为此，举债就成为当时拉美国家的解决方法之一。20世纪70—80年代，不断发生的债务危机与拉美国家全面的进口替代战略如影随形，拖累了拉美工业化的发展。与此相反，“二战”之后的东亚地区的发展中经济体依靠美国市场和日本的产业转移，实施出口导向的发展战略，迅速地创造了经济发展的奇迹。通过参与国际分工，承接发达国家产业的梯度转移，这些经济体逐步地建立了自己的工业体系，实现了工业化的发展。

拉美国家与东亚地区不同发展路径的实践，证明了国际分工与国际贸易对发展中经济体的工业化具有十分重要的推进作用。发展中经济体仅依靠自

己的力量，很难在短时间内从原材料、初级产品的生产中发展出完整系统的产品生产能力。而在产品内国际分工出现、垂直一体化的生产方式之下，发展中经济体可以利用跨国公司的国际直接投资，通过参与国际分工，嵌入全球生产网络内的产品生产过程中的某一条链条，成为工业制成品的出口国，由此获取外汇收入，积累资金和经验，推动本土的工业化发展。从产品生产的低端链条向工业生产的上、下游链条延伸，以至于覆盖全生产链，从而具备完整的产品生产能力。由此可见，产品内国际分工，“使得发展中国家工业化的道路由产业或产品的升级，转变为沿产品价值链进行攀升，由一般装配向中间产品，研发产品攀升”[①]。东亚国家出口导向工业化的历史就证实了这一点。即在经济起飞的初期，通过出口导向战略，加入跨国公司的垂直一体化的生产链条，不仅能解决资金短缺、外汇短缺的问题，更是实现工业化的一条捷径。

中国在1978年之前发展战略的闭关自守，使得长期以来其经济建设存在着双缺口现象，即资金缺口和外汇缺口。虽然中国并不完全地排斥国际融资，但是举债融资作为一种债务，只能通过出口创汇弥补。中国的进出口总额在1950年仅为11亿美元，出口总额为5.5亿美元，且持续多年为逆差。直至1978年进出口总额才突破200亿美元，出口总额为98亿美元，但仍然维系着赤字。有鉴于此，中国政府曾经在20世纪60年代实施“以进养出”的贸易形式，即企业先进口原材料，然后加工成制成品出口，以扩大外汇收入。这种“以进养出”的贸易方式实际就是加工贸易中的进料加工贸易。但是这种贸易方式没能持续，为“文革”所打断。

加工贸易在1978年重新出现，1978年7月在国务院展开的经济研讨会上，中国政府第一次解除了对外资的禁令；同月则由国务院颁布了《开展对外加工装配业务试行办法》；8月第一家外商投资的企业就出现了。而之后的党的十一届三中全会则从根本上确立了打开国门、参与国际分工推动工业化发展的道路，这就为加工贸易的大发展铺平了道路。

1978年的加工贸易兴起与60年代的“以进养出”的根本不同，就在于中

①杜晓英：《国际产品内分工下我国加工贸易转型升级问题研究》，知识产权出版社，2013，第22页。

国已经不再实施封闭式的全面进口替代战略，而是走向了开放式的出口导向战略。加工贸易正是这种出口导向战略的一种具体实施方式。

中国打开市场的前30年历史，正是中国参与国际分工、出口超速发展、带动经济增长的历史。1978年中国的出口总额仅为98亿美元，2008年则达到1.4万亿美元，增长了142倍，年均增长率为18%，超过这一时期中国GDP年均15%的增长率，更创造了震惊全球的出口奇迹。1978年出口总额占国内生产总值的比例不到5%，2006年则达到了34.5%，成为拉动经济增长的主要因素。

今天的中国，通过参与国际分工和出口导向的发展，已经成为全球120多个国家的最大贸易伙伴国。中国出口总额在世界的排位，从1978年的32位，用了30年时间，到2009年成为全球第一出口大国，占全球出口的比重从0.9%上升至9.6%，2016年则为13.1%，且持续保持着出口第一大国的地位。这充分证明了中国深度参与全球生产和国际分工，以及其举足轻重的地位。

2007—2008年全球金融海啸的爆发，标志着美国主导的经济全球化终结。中国依靠出口拉动经济发展的动力全面弱化，以出口导向为主的经济发展战略也宣告结束。随着中国的经济发展战略进入重大转型期，加工贸易则从过去的高速增长，进入一个全面转型升级的转折性历史阶段，这个阶段预示着中国制造已经从参与国际分工，尤其是产品内国际分工的低端制造链条开始走向完整的产品制造。也意味着中国开始在国际分工中，具有获取更多的附加价值的制造能力。由此，2008年以后中国对外贸易和出口的历史，就是一般贸易超越加工贸易的历史，也是加工贸易根本性转型升级的历史。

2008年之后，中国的出口，尤其是加工贸易的增长幅度开始大幅减弱。出口在中国国内生产总值中所占比例从2006年的35.4%直线下降到2016年的18.6%；而同期，加工贸易出口增长从2006年的22.5%降为2016年的-10.3%。2017年加工贸易进出口在中国对外贸易中的占比从最高年份1998年的53.4%下降到29%，显示了加工贸易已经从中国对外贸易的主导地位上退出。中国已经不再主要依靠加工贸易推动实施的出口导向战略来拉动经济的增长。

但是，在中国40年的出口高速成长进程中，加工贸易是出口增长的主力，这一客观事实不可否认。以1981—2017年的一般贸易出口与加工贸易出口增长数字看（见表3-1）：在这36年间，一般贸易出口增长了58.2倍，远低于同期整体出口102倍的增幅；一般贸易年均增长率12%，低于总出口年均增长接近14%的水平。而同期加工贸易的总增幅达到671倍，大大高于总出口的总增幅；其年均增长接近20%，也超越了总出口的年均增长速度。事实显示，过去40年，加工贸易是推动中国出口导向战略实施的主力，也是中国深度参与国际分工和国际贸易的主要方式。

表3-1　1981—2017年中国总出口额、一般贸易出口与加工贸易出口额增长状况

年度	1981年	2017年	年均增长率
总出口额	220.1 亿美元	22643.7 亿美元	13.7%
一般贸易出口额	208.0 亿美元	12306.2 亿美元	12.0%
加工贸易出口额	11.3 亿美元	7588.4 亿美元	19.8%

（资料来源：根据国家统计局的《中国贸易外经统计年鉴2017》数据计算，中国统计出版社）

二、加工贸易演化发展的几个主要阶段

中国加工贸易兴起、发展及走向转型的40年，演绎着加工贸易从起步到飞速发展，成为中国对外贸易的主导方式，随后进入转型升级，即沿着产品价值链攀升的蜕变进程。作为一个历史演化的周期，从40年的历史和现实数据看，其经历了一个马鞍形的发展进程。整个的周期走势，从1978年起，除了在1997—1998年的亚洲金融风暴中呈现出下降以外，至2008年的30年间，一直处于升势。而2008年的全球金融海啸之后，虽然2010年出现过短期的恢复增长，2017年其增长率转负为正，但是并没有根本性地改变向下的走势（见表3-2、图3-1）。

表3-2　1981—2017年中国加工贸易数额、所占比重及增长率

年份	加工贸易进出口			加工贸易出口			加工贸易进口		
	金额（亿美元）	比重（%）	增长率（%）	金额（亿美元）	比重（%）	增长率（%）	金额（亿美元）	比重（%）	增长率（%）
1981	26.35	5.98	—	11.31	5.14	—	15.04	6.83	—
1982	37.05	8.90	40.61	15.77	7.07	39.40	21.28	11.03	41.50
1983	44.02	10.09	18.81	20.01	9.00	26.90	24.01	11.22	12.80
1984	60.76	11.35	38.03	29.29	11.21	46.40	31.47	11.48	31.10
1985	75.90	10.91	24.92	33.16	12.12	13.20	42.48	10.12	35.80

（续表）

年份	加工贸易进出口			加工贸易出口			加工贸易进口		
	金额（亿美元）	比重（%）	增长率（%）	金额（亿美元）	比重（%）	增长率（%）	金额（亿美元）	比重（%）	增长率（%）
1986	115.31	15.61	51.92	51.41	16.62	55.00	63.90	14.89	49.50
1987	176.40	21.34	52.98	81.38	20.63	58.30	95.02	21.99	48.70
1988	265.79	25.86	50.67	128.33	27.01	57.70	137.46	24.87	44.70
1989	344.82	30.88	29.73	188.04	35.79	46.50	156.78	26.51	14.10
1990	441.80	38.27	28.12	254.20	40.94	35.20	187.60	35.16	19.70
1991	574.60	42.34	30.06	324.30	45.10	27.60	250.30	39.24	33.40
1992	711.21	42.97	23.77	396.07	46.63	22.10	315.14	39.10	25.90
1993	805.96	41.18	13.32	442.36	48.22	11.70	363.60	34.97	15.40
1994	1045.50	44.18	29.72	569.80	47.09	28.80	475.70	41.15	30.80
1995	1320.77	47.03	26.33	737.18	49.55	29.40	583.59	44.18	22.70
1996	1466.02	50.57	11.00	843.27	55.83	14.40	622.75	44.86	6.70
1997	1698.08	52.22	15.83	996.02	54.49	18.10	702.06	49.31	12.70
1998	1730.53	53.42	1.91	1044.54	56.86	4.90	685.99	48.92	–2.30
1999	1844.60	51.15	6.59	1108.82	56.88	6.20	735.78	44.40	7.30
2000	2302.10	48.54	24.80	1376.52	55.24	24.10	925.58	41.12	25.80
2001	2414.08	47.37	4.86	1474.34	55.41	7.10	939.74	38.59	1.50
2002	3021.27	48.67	25.15	1799.27	55.26	22.00	1222.00	41.40	30.00
2003	4047.84	47.57	33.98	2418.49	55.19	34.40	1629.35	39.47	33.30
2004	5496.65	47.61	35.79	3279.70	55.28	35.60	2216.95	39.50	36.10
2005	6904.79	48.56	25.62	4164.67	54.66	27.00	2740.12	41.52	23.60
2006	8318.27	47.25	20.47	5103.35	52.67	22.50	3214.72	40.62	17.30
2007	9860.35	45.36	18.54	6175.60	50.71	21.00	3684.74	38.55	14.60
2008	10534.91	41.10	6.84	6751.14	47.19	9.30	3783.77	33.41	2.70
2009	9091.53	41.18	–13.70	5868.62	48.84	–13.10	3222.91	32.04	–14.80
2010	11576.61	38.93	27.33	7402.79	46.92	26.10	4174.82	29.89	29.50
2011	13052.20	35.84	12.75	8352.84	44.00	12.80	4697.56	26.95	12.50
2012	13439.52	34.75	2.97	8626.77	43.10	3.30	4812.75	26.47	2.50
2013	13567.02	32.62	0.95	8600.40	38.93	–0.30	4966.62	25.47	3.20
2014	14083.03	32.74	3.80	8842.18	37.75	2.80	5240.85	26.77	5.50
2015	12441.14	31.47	–11.66	7975.30	35.08	–9.80	4466.10	26.59	–14.80
2016	11117.69	30.17	–10.64	7153.31	34.10	–10.30	3964.38	24.97	–11.20
2017	11897.84	28.99	7.02	7588.35	33.51	6.10	4309.49	23.42	8.70

（资料来源：根据《中华人民共和国海关统计年鉴》各年号计算）

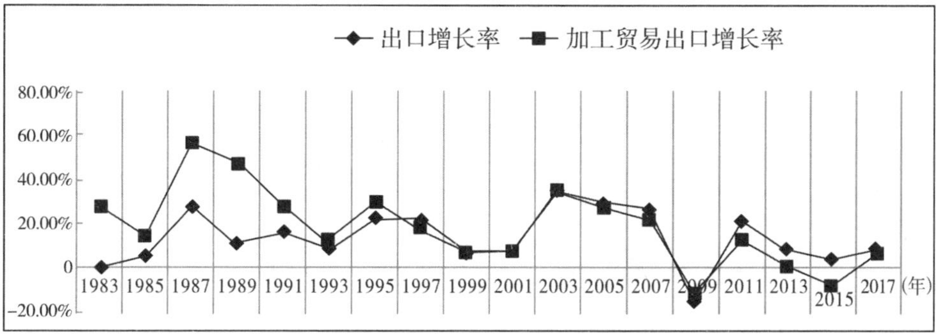

图3-1　1983—2017年中国出口增长与加工贸易出口增长状况

从加工贸易在中国对外贸易中所占比重的变化看，自1978年加工贸易起步，至1995年期间，加工贸易经历了高速的成长，在中国对外贸易中的比重从零开始，1995年首次成长为第一大比重，成为中国对外贸易的主导方式。1998年加工贸易在中国对外贸易中的占比达到顶峰之后，开始逐步下降。加工贸易维系着中国对外贸易的主导方式之地位，一直延续到2007年。但是，作为中国第一大出口方式的地位，则维系到2010年，自此以后，无论是加工贸易的出口比重，还是其总量比重，都进入了一个下降的周期，虽然在绝对值上仍然维持着总体增长的势头，但是高速成长的时期业已结束。2008年之后，一般贸易与加工贸易的地位开始逆转，出现一般贸易增长持续高出加工贸易的走势，2017年加工贸易在中国对外贸易中的比重下降至30%以下（见图3-2）。

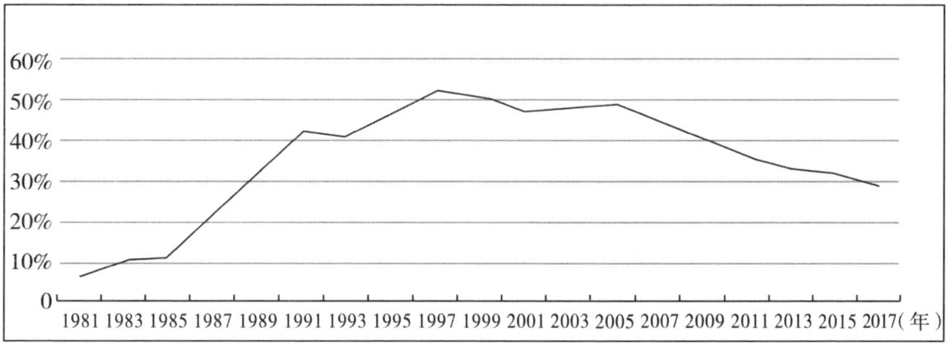

图3-2　1981—2017年加工贸易额占进出口总额比重变化

根据加工贸易40年来整体周期中不同时期的发展速度，以及在中国对外贸易所占地位的变化，加工贸易在中国的演进大体上可以划分为3个发展阶段。

1. 第一阶段是1978—1995年的起步与高速发展阶段

这个阶段从1978年的第一个加工贸易项目开始，经过了17年的超常规、超高速、跨越式发展。从数字看，加工贸易出口是在1979年以2.35亿美元开始起步的。1981年加工贸易总额占中国对外贸易的比重仅为6%，总额为26亿美元，而出口更是微不足道的11亿美元。经过10多年的发展后，加工贸易的出口在1993年曾经超过一般贸易出口的基础上，到1995年，其出口总值已经达到737亿美元，在总出口中已经占有接近50%的比重，超越当年一般贸易出口的713.7亿美元。自此之后，加工贸易的出口就成为中国对外出口的主力，这种状况一直持续到2010年。

而加工贸易总额在1995年达到了1320.8亿美元，在中国对外贸易中占据了首位，比重超过了47%（见表3–3）。一般贸易同期为1147.4亿美元，在中国对外贸易中的比重则下降到41%；出口则在总出口中占比为47%。由此，1995年作为加工贸易超越一般贸易成为第一大贸易方式的跨越式年份，是奠定加工贸易直至2008年为止占据中国贸易半壁江山的开创之年。

表3–3　1981—1995年中国进出口总额、出口额增长状况

年度	1981年	1995年	年均增长率
进出口总额	440.2 亿美元	2808.6 亿美元	14.2%
一般贸易进出口额	411.7 亿美元	1147.4 亿美元	7.6%
加工贸易进出口额	26.4 亿美元	1320.8 亿美元	32.2%
出口总额	220.1 亿美元	1487.8 亿美元	14.6%
一般贸易出口额	208.0 亿美元	713.7 亿美元	9.2%
加工贸易出口额	11.3 亿美元	737.2 亿美元	34.8%

（资料来源：根据国家统计局《中国贸易外经统计年鉴2017》数据计算，中国统计出版社）

加工贸易能够在1995年成为跨越式的年份，原因就在于1978—1995年期间的超高速成长。以1981—1995年期间的中国对外贸易增长情况看，在这14

年间，加工贸易出口总增幅超过64倍，年均增长率达到了34.8%；而同期一般贸易出口增幅仅为3.4倍，年均增长率为9.2%。1981—1995年加工贸易进出口总量增幅为49倍，年均增长率为32.2%；而一般贸易进出口总量增幅仅为1.8倍，年均增长率为7.6%。如果我们以1979年的2.35亿美元的加工贸易出口计算，则1995年加工贸易出口增幅为惊人的313倍，年均增长率高达43.2%。

从现实的加工贸易方式看，加工贸易是从承接中国香港及中国台湾的劳动密集型产业的转移起步。其主要的加工贸易方式为“三来一补”，即来料加工、来样加工、来件加工和补偿贸易，简称“来料加工装配业务”。这是一种劳务贸易的方式。20世纪70年代末期，“亚洲四小龙”，尤其是中国香港地区面对着劳工成本上升、贸易摩擦加剧的严峻挑战。在中国对外开放且在广东、福建推行开放先行先试、创办4个经济特区以及逐步开放东南沿海城市的政策安排下，与中国其他地区不同的“准自由贸易小环境”形成了。由此，来料加工装配业务首先在广东、福建，继而在东南沿海城市迅速展开。据统计，到1987年底，来料加工的加工厂店已经达到了3万家，签订的合同达到84061份。1978—1987年，全国来料加工进口额从13.3亿美元增加到116.7亿美元，占全国对外贸易总额的比重从1980年的3.4%上升到1987年的14.1%。其中，1981年来料加工贸易额为19.48亿美元，1985年达到52亿美元，占整体加工贸易的70%。①

1987年在国家加工贸易和对外资政策逐步完善的情况下，进料加工开始超越来料加工，进入了大发展的时期。来料加工作为加工贸易的一种形式，只是一种初级阶段的劳务贸易。加工方只能赚取加工费，产品从原料进口到制成品出口都由外方负责，外方与加工方是一种委托和被委托的关系，加工方并无实际意义的自主经营，由此不仅所得的附加值很低，而且不能以企业法人的地位在中国展开独立自主的经营活动。而进料加工则是由加工企业自己独立地采购境外原料、物料，并将制成品出口。因此进料加工企业必须是独立的企业法人，具有自主经营的权利。对于企业来说，进料加工虽然要企业自负盈亏，承担风险，但比来料加工所获取的附加值更高。因此，进料加

①曲建、王子先：《基于全球价值链角度的中国加工贸易转型升级》，中国经济出版社，2013，第13–15页。

工属于更高级的加工贸易方式。

1987年以后，“亚洲四小龙”以及东南亚的华侨资本进入中国内地，注册为三资企业展开进料加工业务，随着中国开放的大门敞开和向市场化的改革持续推进，1992年，中国成为全球吸引外国直接投资总额仅次于美国的第二大东道国，欧美的跨国公司进入中国的投资直线上升，成为加工贸易中最为活跃的部分。外商投资企业的大量进入，使得进料加工贸易发展迅速。1980年外商投资企业出口仅为824万美元，在中国对外贸易出口中所占比重仅为0.04%，1987年则上升至12.1亿美元，占中国对外贸易出口的3.5%；1995年这一数字更达到486.8亿美元，占比高达31.5%。1980—1995年期间，外商投资企业的出口以年均78.4%的速度飞速发展，出现了5907倍的惊人增长幅度。

1989年进料加工的进出口额达到了192.5亿美元，首次超过来料加工的进出口额。其在对外贸易进出口总额中的比重由1987年的9.1%，上升到1989年的17.2%，占加工贸易额的53.1%，1995年这一比例更达到72%。为此，中国的加工贸易完成了从以来料加工为主向以进料加工为主的转变，进料加工在加工贸易中占据了主导地位，而外商投资企业也逐步成为中国加工贸易的主体。

2. 第二阶段是1996—2008年的由盛转缓发展阶段

自1995年加工贸易取代一般贸易成为中国的第一大贸易方式之后，加工贸易已经开始从广东、福建等地区向全国展开。局限于珠三角地区和东南沿海某些地区的“准自由贸易小环境”，开始向全国延伸。有鉴于此，国家开始对加工贸易进行规范调整。1995年底和1999年国务院对加工贸易实施的政策走向完善，加工贸易开始走上规范管理、健康发展的道路，这使得加工贸易进入了全盛的发展时期。加工贸易出口占据中国对外出口总额的比重一直保持在50%以上，其中1999年最高达57%。而加工贸易在中国对外贸易中的比重也在1998年超过53%。也就是说，这是加工贸易的全盛发展阶段。

2001年中国加入世界贸易组织，预示着中国经济最终走向与国际市场接轨的建立现代市场经济的道路。这个历史性的巨变为中国更加深度地参与国际分工、卷入经济全球化奠定了制度性和规范性的基础。这种制度红利使得中国的对外贸易在短短几年的时间里实现了三级跳，成为中国经济复兴的主要动力。2008年，中国在改革开放30年之后，进入了全球出口第一大国的行列。与此同时，中国的一般贸易也开始发劲成长，与加工贸易之间的差距开始逐步缩小。

2003年，国家开始实施加工贸易的转型升级战略，根据产业政策、环境保护政策等，对加工贸易的发展进行调整。加工贸易的转型升级必然导致原有的一些加工贸易企业由低端制造向全产业链延伸，由此从加工贸易企业变为一般贸易企业。这种状况造成加工贸易发展势头逐步放缓，而一般贸易开始超越加工贸易。尤其是自2005年起，一般贸易的出口增长速度保持在23%~32%之间，4年来一直超越加工贸易的出口增长速度。一般贸易的进出口更以年均21%的速度增长，终于在2008年重新超越加工贸易。但是，直到2008年，在出口方面加工贸易仍然保持着第一的地位。

1996—2008年间，在中国对外贸易大幅增长、一般贸易强劲增长的这段时间里，加工贸易的出口仍然以年均18.9%的速度持续增长，其出口总额从1996年的843.3亿美元上升至2008年的6751.1亿美元，增长了7倍（见表3–4）。在绝对值上，依然超越一般贸易的出口总额。但是在中国对外贸易中，其占比从最高年份1998年的53%下降至2008年的41%。也就是说，加工贸易在中国对外贸易中的主导地位，自1995年起到2007年结束，共维持了12年。

加工贸易在这一阶段发展的最大特征，与20世纪90年代中后期全球出现的IT产业发展和全球生产网络的推进相关。这次的产业国际转移，其规模和范围是前一阶段因“亚洲四小龙”的产业转移引致的中国加工贸易的兴起和发展所不可比拟的。

表3–4　1996—2008年中国进出口总额、出口额增长状况

年度	1996年	2008年	年均增长率
进出口总额	2898.8 亿美元	25632.6 亿美元	19.9%
一般贸易进出口总额	1021.9 亿美元	12349.6 亿美元	23.1%
加工贸易进出口总额	1466.0 亿美元	10534.9 亿美元	17.9%
出口额	1510.5 亿美元	14306.9 亿美元	20.6%
一般贸易出口额	628.2 亿美元	6628.6 亿美元	21.7%
加工贸易出口额	843.3 亿美元	6751.1 亿美元	18.9%

（资料来源：根据国家统计局的《中国贸易外经统计年鉴2017》数据计算，中国统计出版社）

20世纪90年代中后期，香港制造业向内地的转移逐步完结，早期由香港制造业主导的传统制造业领域的加工贸易，即纺织服装、玩具、家用电器等行业的加工装配基本结束。1995年之后，由于全球高新技术产业的大发展和国际转移，以计算机、通信设备为代表的IT领域加工贸易兴起，尤其是中国台湾、韩国、日本和美国的大型跨国公司开始进入中国大陆布局，随之带来了高新技术产业的加工贸易业务的空前发展，预示着中国的加工贸易从以传统的制造业为主向着以高新技术产业为主转变。虽然从加工贸易的角度看，中国从事的仍然是产业价值链中的加工装配环节，但是这种加工贸易的产业结构优化，使得中国能够在全球高新技术产业发展的兴起阶段就嵌入了其产业进程，这为中国整体的产业结构提升带来了极大的发展机遇。

3. 第三阶段是2009—2017年的根本性转型升级阶段

自2003年起，国家就实施加工贸易转型升级战略，整体的政策环境开始从宽松趋向收紧，加工贸易政策开始纳入国家的产业政策，国家政策的重心不再是对加工贸易全盘鼓励，而是针对不同的产业实施鼓励与限制相结合的政策，力求通过加工贸易转型升级的政策，淘汰低附加值、高耗能、高污染的产业，加快跨国公司新兴产业进入中国的步伐。但是囿于当时的国际经济和贸易大环境，全球生产网络的持续发展，国际贸易和需求的兴旺，都使得加工贸易整体的转型升级，尤其是以外商企业为主体的转型升级面临着较大阻力，使其进展不能尽如人意。

形势比人强。2007—2008年发源于美国，席卷全球的金融海啸，终于使美国长期主导的经济全球化进入了尾声。全球经济的大衰退和国际市场的萎缩，对于中国经济和中国加工贸易形成巨大的冲击。过去长期形成的“美国消费、中国制造”的经济循环周期崩盘，使得中国经济进入全面的战略调整和转型期。调整和转型的主要内容涵盖了中国经济从以出口导向为主的发展战略转向内需、投资与出口平衡发展的主要战略。中国开始逐步替代美国，成为全球价值链中的一个重要世界市场，开始了从“中国制造”走向“中国市场”；中国的经济成长则从高速增长全面进入了一个经济发展的新常态时期。《中国制造2025》规划性纲领的提出，更加速推动加工贸易彻底地进入了一个脱胎换骨、极其艰巨的根本性转折进程。

加工贸易转型升级产生了两种影响，直接造成了加工贸易在中国对外贸易中地位的持续下降，以及全球价值链在中国的变化。

一是大量进口的中间产品转为国内生产，延伸了中国产业的本土价值链条。国内集聚性的零部件供应基地向价值链的高端转移，促使中国开始向全球中间产品的国际采购基地转变，中国转变为全球价值链中的中低端技术零部件产品的供应市场。

二是加工贸易企业不断地打造自己的品牌，从OEM走向OBM，这预示着产品制造的全产业链在中国加速形成。基于中国本土供应商、制造商的总包生产网络，取代了跨国公司在发展中国家原有的分散性组装生产网络。中国庞大的生产能力使其成为全球诸多产业中地位重要的出口者，例如服装、鞋类、消费类电子产品等。

两种影响的直接结果，就是变加工贸易为一般贸易。中国制造的提升和在全球价值链中的升级，使得一般贸易即使在2009—2017年国际市场十分不景气的情况下，进出口总额仍然保持着年均10.2%的高速增长率，而加工贸易在这一时期的年均增长率下降至3.4%（见表3-5）。2017年国际经济开始复苏向好，中国整体对外贸易从连续两年的负增长转为正增长。但是，加工贸易的出口增长为6.1%，仍然低于一般贸易8.8%的增长步伐。这种趋势充分表明，随着中国在全球价值链中的持续升级，中国正在改写2008年金融海啸之后的全球生产和市场格局，加工贸易已经不再是中国介入全球价值链的主要形式，其在中国经济中地位的下降不可避免。

表3-5　2009—2017年中国进出口总额、出口额增长状况

年度	2009年	2017年	年均增长率
进出口总额	22075.4 亿美元	41044.7 亿美元	8.1%
一般贸易进出口总额	10642.8 亿美元	23131.6 亿美元	10.2%
加工贸易进出口总额	9091.5 亿美元	11897.8 亿美元	3.4%
出口额	14360.9 亿美元	22643.7 亿美元	5.9%
一般贸易出口额	5298.1 亿美元	12306.2 亿美元	11.1%
加工贸易出口额	5868.6 亿美元	7588.4 亿美元	3.3%

（资料来源：根据中国海关数据和国家统计局的《中国贸易外经统计年鉴2017》数据计算，中国统计出版社）

加工贸易的大幅减缓与2010年以后全球价值链的生产链条长度变短相适应，也就是说，这种状态是全球价值链在金融海啸后收缩的表现。从因果关系看，由于中国在全球价值链中占有十分重要的地位，因此，与其说是全球价值链的生产链条长度变短，使得中国加工贸易减少，不如说是中国产业升级和加工贸易的减少，影响了全球生产链条的长度延伸。中国过去用接近40年的时间融入全球价值链，以巨大的规模经济和经济体量，成为全球价值链中日益具有重要影响力的一股力量，通过价值链低端的加工贸易转型升级，使全球经济的组织形式进入了一个新阶段，价值链进入了一个重要的转折点。

在全球金融海啸的冲击下，大量中小型加工贸易企业破产退出，2009年加工贸易出现了30年来的第一次负增长，其降幅接近14%（见表3-2）。在中国政府给予出口紧急扶持、重新放松加工贸易的政策环境下，2010—2011年加工贸易一度出现了反弹。但是，全球市场持续萎缩、经济全球化出现逆势反转，全球产业竞争格局进入深度调整的基本格局并未根本改变。2010—2016年期间，全球GDP年均成长从过去长期稳定的4%，大幅下滑且稳定在2.5%左右，预示着全球经济进入一个持续成长放缓的阶段。

在国际经济和市场十分严峻的形势下，加工贸易面临着双重压力。一方面，中国加工贸易的生存环境有了根本性转变：劳工短缺、企业生产成本大幅上升，传统竞争优势逐渐削弱。这些因素促使跨国公司的加工贸易从中国转移到其他国家和地区，加工贸易开始了新一轮的国际转移。中国承接国际产业转移放慢，产业和订单转出海外尤其是东南亚地区加快。另一方面，美国主导的经济全球化终结，直接造成跨境经济活动大为缩减，全球价值链的生产链条长度呈现全面缩短的局势。与这种局势相一致，中国产业升级的进程和加工贸易的减少相伴而行，最终使得加工贸易在2013—2016年期间，出现连续4年的增长颓势和负增长。

在加工贸易转移、转型升级与全球价值链收缩的叠加影响下，加工贸易在中国对外贸易中所占比重从2008年的41%直线下降到2017年的29%；而一般贸易则从2008年的48%提升至2017年的56%。重新夯实了一般贸易在中国对外贸易中的主导地位。

2016年中国政府为应对因全球价值链收缩，加工贸易大量向海外转移，增长持续走低的局面，也即加工贸易发展的低潮期，颁布了稳定加工贸易的长期发展预期，创新加工贸易发展模式的政策性文件。重申加工贸易作为中国对外开放的一个重要举措，是中国对外贸易和开放型经济的重要组成部分。新政策要求鼓励加工贸易企业在中国落地生根，长期发展。尤其是在转型升级的基础上，不断创新加工贸易的发展模式，激励加工贸易向全球价值链的中高端攀升。由此，在加工贸易已经退出中国对外贸易的主导地位，增长乏力，全球价值链收缩，贸易保护主义抬头之际，中国政府坚持对外经济开放、贸易自由化的举措，坚持经济全球化的大方向。此次颁布的加工贸易最新政策，与过去加工贸易的基本政策相一致，充分肯定了加工贸易作为中国参与全球价值链的一种方式和中国经济发展战略的一个组成部分，是必须长期坚持的基本战略思路选择。

第二节　加工贸易40年演进的基本判断

加工贸易在中国历经40年的发展演进，经历了3个主要的变化阶段，即从高速的成长走向鼎盛的发展，随后进入增长相对缓慢的阶段，现在是转型升级阶段。同时，加工贸易在中国对外贸易中，完成了从微不足道起步急速成长为主导方式，最终退出主导地位，回落到一般贸易之后，成为中国对外贸易中的一个组成部分的这样一个历史发展周期。

针对加工贸易40年的历史进程和演化中所蕴含的发展趋向和规律，可以作出几个判断。

一、中国实践打破了加工贸易的国际转移周期规律

加工贸易作为跨国公司全球价值链中的加工组装环节和低端链条，体现的是发展中国家在全球生产的垂直一体化体系中，所具有的加工制造价值链片段上的要素禀赋优势。加工贸易的国际转移是跨国公司全球战略布局的一部分。这种全球战略布局表现为跨国公司将产品的研发、销售、核心材料和部件生产等工序安排在发达国家，产品的主要零部件制造工序转移至应用技

术方面存在竞争优势的新兴工业化国家，辅助零配件制造、组装生产工序则主要放在劳动力具有竞争优势的发展中国家。产品内国际分工由此产生。这种分工不再是技术产品与成熟产品的分工，而是一种产品内的低附加值与高附加值环节的分工。国际分工的边界由产业、产品转变为同一产品的不同工序、不同任务，即价值链。

跨国公司通过产品价值链的分割，在全球范围内整合资源，将价值链中的每个环节置于最有利于获得竞争优势的区位，从而实现全球利润的最大化。从跨国公司的全球价值链布局看，追求全球竞争优势是跨国公司的终极目标，为此，跨国公司的全球布局，是根据每个不同区位的要素禀赋差异展开的。各国的要素禀赋不同，在产品价值链上就具有不同的比较优势，由此，各国会根据自己在产品价值链上的比较优势参与国际分工。加工贸易的国际转移，正是遵循着这个准则进行的。

但是，比较优势不是静态的，而是动态发展的。随着一国经济的发展，资本的积累，技术的进步，人力资本素质的不断提升，以及人民收入的增长，一国的要素禀赋和技术结构就会发生变化，从而在全球价值链上的要素优势也会发生变化。由此，引发跨国公司对全球价值链的要素配置结构的调整和重构，最终催生国际分工格局的变动和加工贸易的国际转移。因为全球价值链中的各国要素禀赋差异是处于动态发展之中的，所以，加工贸易的国际转移也是动态的。

加工贸易的国际转移模式，即生产环节的国际转移，大体上遵循从劳动密集型环节到资本密集型环节，再到知识技术密集型环节的模式。从价值链角度看，加工贸易转移体现“微笑曲线”从价值链的低附加值环节逐渐向高附加值环节转移。各环节的生命周期和转移的时间受各国比较优势的动态调整的影响。[①]

跨国公司的加工贸易转移，与其追求的全球竞争优势的目标一致，在离岸跨境布局时，属于效率和成本导向型。这与市场导向型的跨境布局有着极大的区别。劳动密集型环节的加工贸易转移，最为注重的是当地劳动力的数量，而非技能。低廉的成本优势是这个环节转移的首要因素。而中国的加工

①戚晓曜、邱志珊：《中国加工贸易研究》，中国经济出版社，2011，第27页。

贸易就是在劳动密集型环节上起步的。

中国的加工贸易转移，首先承接的是亚洲新兴经济体的制造业转移。这是加工贸易在亚洲的第二波转移。以“亚洲四小龙”为代表的新兴经济体，在20世纪70年代，承接了西方发达国家尤其是美国以及日本劳动密集型生产环节的转移。10年之后的80年代，在新兴经济体经济成长的带动下，劳力短缺催生了人工成本的上升，成本优势不再，由此引发了“亚洲四小龙”首先向中国大陆（内地）的加工贸易转移。

根据亚洲新兴经济体的经验，劳动密集型环节加工贸易在发展中国家的生命周期一般是8~10年。而韩国和中国台湾为加工出口设立的出口加工区，因为区内的优惠政策，则大约持续了15年，此后就进入了加工贸易的转移阶段。研究表明，加工贸易寿命周期的决定因素包括：①法律上提供的优惠待遇，如税收优惠；②低工资的维持时间；③汇率水平。这三个因素都必然会影响加工贸易的加工、出口成本，以及企业的实际所得。这三个因素的同时逆转，即优惠待遇到期、低工资不再、汇率大幅提升，其时间段在亚洲新兴经济体中约为10年。10年之后，加工贸易转移就会发生。

中国的加工贸易以劳动密集型环节起步，其持续的时间之长，完全打破了上述实证提供的加工贸易转移周期规律。从1981年开始，大量的农村劳动力向东部沿海地区流动，为加工贸易提供了极其庞大的劳工供给，加上长期的加工贸易优惠政策，使得加工贸易在中国得到超常规的发展。2005年人民币开始升值，同期中国的劳工短缺出现，加工贸易在东南沿海地区首次出现了劳工荒。此时已经过去了24年。即使在2005年以后，加工贸易的出口仍然大幅攀升，大规模的国际转移并没有发生。加工贸易出口持续增长的势头，最终在2009年为全球金融海啸所打断。虽然其后加工贸易增长乏力，但是，至今为止，加工贸易在中国的发展已然接近40个年头。

2009年以后，加工贸易从中国向东南亚国家和地区的转移加快，加工贸易出口开始呈下降走势。在劳动密集型加工贸易大量迁移之际，很多外资加工贸易企业提出和实践“中国+1”发展战略。即把低技能的劳动密集型环节持续转移到海外作为其发展战略之一，同时提升在中国的加工贸易制造环节中的技术、技能水平，保留中国的生产基地。加工贸易的转移和就地提升并举，是外资加工贸易企业在中国同时实施的企业发展策略，这就是至今为止加工贸易仍然是中国对外出口主要组成部分的原因。

中国加工贸易接近40年的历史，虽然没有打破加工贸易国际转移规律，即随着各国价值链环节上的要素优势之丧失，转移必然发生，但是却完全打破了实证提供的加工贸易转移寿命周期。其主要的原因应当有以下几点：

一是中国拥有数量庞大、勤劳刻苦和具有相当素质的劳动力，使得在一段相当长的时间内，劳工供给曲线的弹性无限大，低工资的维持时间很长。中国的低工资维持时间实际是亚洲新兴经济体的2倍以上。2005年中国劳动力薪金持续走高，但是优异的劳动力素质和单位劳动力成本（劳动力工资/人均GDP）在发展中国家的优势，仍然是加工贸易企业没有转移出去，连根拔起的原因。根据笔者2014年在珠三角地区的外资加工贸易问卷调查，在问卷样本企业中，存续时间10~20年的企业占比50%，20~30年的占比28%，总计为样本企业的78%。[①]事实显示，虽然加工贸易的企业主要是外资企业，但是，这些企业并没有因中国劳工荒引发的工资上升而转移他国，许多加工贸易企业已经长期扎根落地在中国。这反映了现阶段的加工贸易企业进入中国，并非注重低工资的优势，而是更注重单位劳工成本与劳工的素质。

二是加工贸易在中国出现的产业集聚，以及本土产业配套体系的完善。这两个因素极大地降低了加工贸易的交易成本，提升了加工企业的经济效益。加工贸易本身是一种“大进大出”形态，承接地往往具“飞地”性质，本土植根性以及与本土的经济联系不强。这是亚洲新兴经济体过去提供的经验。

但是加工贸易进入中国后高速扩张，其生产和出口的规模是亚洲新兴经济体所远不能比拟的。对规模经济和就地生产、降低供应成本的追求，使得原来在其他国家为加工贸易提供中间产品的供应商，包括很多的一级、二级供应商，大都采取跟随战略，把非核心的零部件加工环节也转进中国开展加工贸易，变境外供应为就地供应，这就是加工贸易中的深加工结转不断增长的原因。在珠三角地区的调查中，在加工企业的全部销售额里，深加工结转占比已达33%，即在1/3的企业销售中属于中间产品的本土生产。由此，拉长

①封小云：《经济新常态下东莞外资企业的现状与走势研究》，《当代港澳研究》，2015年第2辑。

了加工贸易的本土价值链链条。

不仅如此，加工贸易的大发展在中国沿海地区形成了高度集中的产业集聚区，尤其是珠三角地区、长三角地区和京津冀地区。例如珠三角地区的电子信息产业集聚区，这个地区现有的本土产业配套能力已经超过了95%。产业集聚与产业配套能力的持续提升，必然成为加工贸易企业留在本地的一个重要原因。因此，加工贸易在中国的寿命周期延长，内含着加工贸易价值链条的向上延伸。

三是加工贸易企业的产业结构优化与中国劳工技能的提升同步发展。加工贸易在中国的产业结构从传统产业的以加工为主起步，加工企业当时所注重的主要是中国低技能的劳动力优势，转移的产业也是劳动密集型产业。随着全球高新科技产业的兴起，跨国公司对发展中国家全球战略布局的重心向资本密集型产业、技术密集型产业的加工链条转移。20世纪90年代的中后期，中国加工贸易的产业重心也开始转变为新兴的电子信息产业的加工制造。虽然同样是属于加工装配的低附加值环节，但是，这种加工装配需要的劳工已经属于技能型。这个进程标志着中国在价值链上的要素优势已经动态地从非技能型劳工转向技能型劳工。

四是中国政府加工贸易的政策适时转变与调整，包括营造便利化的营商环境、努力降低贸易成本、重视对外贸易的硬件建设和劳工素质的培训等。尤其是在促进加工贸易转型升级方面，中国政府自2003年就开始制定一系列政策和措施，持续推进加工贸易的转型升级。并且有针对性地根据东南沿海地区的劳工成本提升，推动加工贸易向中国中西部地区转移。

若我们对上述的因素做出一个总的归纳，则加工贸易在中国能够超常规发展，加工贸易能够长期在中国扎根发展，外资加工贸易企业在中国的转移与转型升级能够同步并进，最为根本的原因是中国的大国优势。即一个面向全球开放的幅员辽阔的大国，一个具有全球公认的勤劳刻苦数量庞大的劳工，这样的劳工一旦与充沛的资本相结合就能够创造巨大经济体量的大国，一个极具进取精神的政府积极推动工业化和现代化进程的大国。这种在中国改革开放后形成的大国优势，正是打破加工贸易转移寿命周期的终极原因。

二、加工贸易是外资企业的密集领域

如前所述，加工贸易是中国改革开放最早的对外经济活动，也是中国最早开展的引进外资直接投资的活动。对于中国的改革开放，加工贸易具有历史性的意义。但是，加工贸易在起步阶段，因中国并不存在真正的市场主体，对外贸易更是由国有企业一统天下，由此，大量进入的香港、台湾中小企业是以“三来一补”方式展开加工贸易的，其委托加工的合同，由国家的外贸公司作为经营企业签字。这形成了经营企业为国有，实际加工企业为外资的状况，在统计口径上反映出以国有企业为主体的情况。港资、台资等企业，作为不具法人资格的加工企业，已经在实际上控制和主导着加工贸易的活动。由于来料加工活动属于国际劳务贸易，外资加工企业无须具备法人的身份。由此，这个事实掩盖了加工贸易活动从起步之初就是以外资企业为主导的。

以加工贸易起步最早的东莞为例，直至1992年底，全市的加工贸易企业为7229家，其中“三来一补”企业6086家，外资企业1143家。在东莞加工贸易的实际活动中，来料加工企业就被视为港资和台资企业，这才有2001年以后，东莞政府鼓励来料加工企业转为外资企业的过程。也就是说，在当时的统计口径上，外资企业虽然初期的比重不高，但是实际参与加工贸易的加工企业基本为境外的企业。只不过在当时中国的外贸体制下，统计口径并没有反映实际的状况。

随着中国对外贸易体制的改革，对外经营权开放给所有的企业，以及外资企业法规的逐步完善，中国的国际营商环境大为改观。20世纪90年代中后期，全球电子信息产业的兴起，推动了中国台湾、韩国、日本乃至欧美跨国公司以外资企业的身份大量进入中国，展开机电产品的加工贸易。在这个进程中，进料加工成为加工贸易的主导方式，虽然外资企业也可以从事来料加工的业务，可是，从外资企业的角度看，进料加工具备经营的独立性，更易于外资企业在中国与海外生产上进行自主布局，并且能获取更多收益。由此，外资企业成为加工贸易密集领域的事实，才开始被逐步真实地展现在统计资料之中。

2001年中国“入世”之后，开始加大对外资开放的力度。同时，中国政府也开始大力推动加工贸易的转型升级。在这个进程中，来料加工企业转为三资企业成为转型升级的一个推动措施。这个措施的实施使得大量过去没有独立法人身份的来料加工企业注册成了外资企业，从而在统计口径上，2001年以后，加工贸易中外资企业的占比高达80%，而国有企业的占比迅速大幅下滑。

表3-6、表3-7、表3-8分别体现了1995年、2008年和2016年各类企业在中国对外贸易中的占比。1995年进料加工在加工贸易中占比为72%，也就是说，28%的加工贸易仍然以来料加工方式进行，因此在企业统计口径上，外资企业占比为60%，其余的40%则被登记为国有企业。2008年，进料加工占全部加工贸易的比例升至84%，外资企业的占比也上升至84%。外资企业占加工贸易的比重在80%以上，一直持续至今，2016年的数据也证实了这一点。2017年来料加工在全部加工贸易中的占比更低至4%，预示着加工贸易中国有企业的占比会进一步下降。

外资企业自2001年至今，加工贸易一直占据8成以上的事实，揭示了外资企业进入中国对于加工贸易领域的优先选择与严重偏好。2008年以后，虽然一般贸易在中国对外贸易中的占比持续提升，并在2017年占据了对外贸易7成以上的比重，但是外资企业在一般贸易中的比重不仅没有上升，反而是处于相对下降的走势。这在2016年的数字中已经体现。加上加工贸易在中国对外贸易中的占比也有下降的走势，2008年以后，外资企业在中国对外贸易中所占比重呈相对下降的势头。2016年与2008年相比，外资企业在中国总出口中的比重从55%下降至44%。

与此同时，国有企业占比的下降与私人企业占比的倍增形成强烈的反差。2008年私人企业已经成为一般贸易的主力，至2016年所占比重更上升至出口的6成。无论是一般贸易还是整体的对外贸易，私人企业作为未来中国对外经济的主力，是可以预期的。这是中国市场经济发展、市场主体走向成熟的标志。

表3-6　1995年各类企业在中国对外贸易中的占比（%）

企业类形	进出口		一般贸易		加工贸易	
	出口	进口	出口	进口	出口	进口
国有企业	66.7	49.0	92.0	85.7	41.9	35.5
外资企业	31.5	47.0	6.1	12.2	56.8	63.3
集体企业	1.5	1.2	1.7	1.2	1.2	0.9
私人企业	0.01	0.1	0.02	0.06	0	0.05
其他	0.09	2.7	0.18	0.84	0.1	0.25

（资料来源：根据《中华人民共和国海关统计年鉴1996》数据计算）

表3-7　2008年各类企业在中国对外贸易中的占比（%）

企业类形	进出口		一般贸易		加工贸易	
	出口	进口	出口	进口	出口	进口
国有企业	18.0	31.2	24.6	48.9	9.0	9.6
外资企业	55.3	54.5	29.1	32.2	84.7	84.1
集体企业	3.8	2.6	6.2	3.7	1.7	1.5
私人企业	22.8	11.0	39.8	14.8	4.6	4.5
其他	0.1	0.7	0.3	0.3	0	0.3

（资料来源：根据《中华人民共和国海关统计年鉴2009》数据计算）

表3-8　2016年各类企业在中国对外贸易中的占比（%）

企业类形	进出口		一般贸易		加工贸易	
	出口	进口	出口	进口	出口	进口
国有企业	10.3	22.7	10.9	31.0	6.2	8.5
外资企业	43.7	48.5	23.5	37.1	83.0	81.0
私人企业	43.6	26.3	61.8	29.6	10.0	10.2
其他	2.4	2.4	3.7	2.4	0.7	0.4

（资料来源：根据《中国商务年鉴2017》数据计算）

加工贸易成为外资企业的主要密集领域，必然引申出下面的一个基本的判断。

三、加工贸易以海外接单为主，销售渠道受制于人

加工贸易是中国经济发展40年进程中的一个长期战略选择，但是中国加工贸易的主体是外资企业的特征，这必然带来一个十分凸显的问题，即中国加工贸易销售渠道主要控制在海外接单人和中间商之手。加工贸易的订单并非在中国本土签订，而是由掌控国际市场销售渠道的外商在海外接单，转到中国生产。这种把国内加工与海外市场区隔开的特点，不仅使得加工贸易企业的利润空间变窄，而且还带来加工贸易的植根性问题，即加工贸易在中国扎根留下的问题。

内地的加工贸易的起步是从承接香港制造业的转移开始的，由港资贸易商接单，外发给制造商生产，这种多层的分包制，是香港制造业发展的一个特点。而在香港制造业向内地转移之时，形成了“前店后厂”的产业空间分工模式。“前店”意味着接单地，意味着销售市场的渠道，而“后厂”则意味着内地仅是生产的车间。由此，内地的加工贸易一直是通过香港的转口贸易出口的，这意味着在加工贸易的价值分配中，香港转口商获取了超过内地的加工企业的利益。香港转口商的毛利率水平一直高于内地的加工贸易附加值，这本身就是中间商掌握接单权的体现。

随着内地沿海港口，特别是珠江三角洲港口的逐步完善，香港转口贸易地位逐步丧失，加工贸易已经可以从全国各地的港口直接出口。但是这并没有改变香港中间商接单的地位，香港更是从转口贸易成为中国最大离岸贸易中心。香港贸易商接单后在内地安排加工生产，然后在加工地的港口直接发运，而无须通过香港港口转口。2014年香港的离岸贸易已经为香港转口贸易的1.4倍，获取的纯收益高达2800多亿港元。①如果我们观察香港的主要贸易商构成，那么可以看到，负责离岸贸易的中间商就是跨国公司在香港设立的地区总部。它们是供应链控制者，仅在香港从事商业代理和中介活动，而把实物的生产加工、交易、运输放在他地进行，也就是说，香港不再是一个实体的贸易与物流中心，而仅是贸易与物流营运的利润中心，并且日益向全球贸易营运与管理中心转移。

---

①香港特区政府统计处：《服务业统计摘要》，2016。

随着全球电子信息产业，尤其是高新技术产业的加工链条进入中国内地。美欧日等的跨国公司除了在中国香港设立地区的贸易总部之外，更把订单直接发给海外的大型制造加工服务商。例如中国台湾的富士康公司、美国的伟创力等企业。它们作为接单者，在中国内地开展加工贸易业务。由此可见，中国的加工贸易至今为止仍然依靠海外中间商接单，反映了中国本土企业在全球供应链和销售渠道方面仍然处于弱势地位。

在加工贸易销售渠道直接掌控在海外中间商手中的情况下，加工贸易的加工地实际上就具有“飞地”的性质。由此，订单的转移就可能瞬间发生。2008年金融海啸之后，随着全球市场的萎缩、中国劳工成本的持续提升、加工贸易政策的变化，大量加工贸易订单转移到海外，这就是目前加工贸易在中国对外贸易中比重大幅下降的原因之一。

总体而言，加工贸易作为全球生产价值链中的低端链条，廉价加工是其集聚的区域特点。当一个区域的廉价生产条件丧失之时，价值链中的主导企业必然会把链条转移到其他廉价生产的区域。由此，加工贸易的“飞地”性质，决定了这条链条天生具备逐水草而生的游牧特质。因此，如何使以外资企业为主体的加工贸易真正在中国落地扎根，就是中国加工贸易转型升级面临的一个巨大挑战。

四、加工贸易附加值呈走高至平稳趋势

从数据看，40年加工贸易的附加值呈现持续走高，转而平稳的基本走势。虽然加工贸易是全球价值链中低端制造的环节，在价值分配中必然处于最低水平，但是，中国的加工贸易从来料加工的工缴费起步，其附加值从负值开始一直向上攀升，反映了中国在全球价值链价值分配的博弈中，不断提升自己的议价能力的进程。

加工贸易的附加值，我们可以用附加值率（或增值率），或是增值系数来表示。前者反映的是在进口基础上的出口净值水平，后者反映的则是进口1个单位产品所对应出口的产出水平，实际上体现的是加工贸易所在国从跨国公司的全球价值链中所得到的价值分配。

首先，附加值是衡量加工贸易的发展水平，以及所在国经济收入的最重

要指标之一。同时，附加值的高低更是加工贸易所在国的单位劳动生产率、产业所处发展阶段的判断指标之一。当加工贸易仅停留在产业价值链的最简单的加工组装环节上时，意味着产业发展处于最初的阶段；而当加工贸易从低端的加工组装环节向产业链的全过程延伸时，表示所在国的产业走向高度发展阶段，附加值则涵盖全产业链条。这个时期也就是加工贸易退出，走向一般贸易之时。

其次，加工贸易是全球价值链中的一个环节或链条，因而从全球价值链的角度看，附加值体现的是一种全球价值链中分配过程的博弈，即加工贸易所在国与跨国公司之间的分配关系。由此，加工贸易的附加值是一个全面性、综合性的指标。

加工贸易本质上作为全球价值链中的低端加工组装链条，其附加值的走高，一是源于从“大进大出”，即零部件、物料包括生产设备全部进口，本土仅是加工组装逐步走向本土采购，发展出加工组装的上游供应链，也即加工贸易从简单加工走向深加工，延长其加工链条。从更高的链条上获取附加值，这个进程实际上就是加工贸易企业通过深加工结转、本地的外发加工，对零部件、原材料实行进口替代的过程。也就是说，加工贸易虽然是一个出口导向的发展战略，但是本土产业配套体系和供应链的不断完善，离不开进口替代的作用。替代零部件、原材料的进口，是在跨国公司主导的全球价值链分配博弈中，提升加工贸易所在国的议价能力，使得附加值走高的一个进程。

二是附加值的提升也源于加工贸易的产业结构转换。通过加工贸易的产业转换，即产业结构的优化，从劳动密集型的传统消费品产业，走向高新技术产业、资本密集型产业。作为高新技术产业的加工组装，即使与传统的制造业相同，仍然处于产业链的加工组装低端，但是与传统的消费品产业相比，这种加工组装本身需要技能较高的劳动力，即单位劳动生产率的提升。由此，相对于传统的制造业，高新技术产业的加工贸易附加值水平会高于原有的传统加工贸易产业。

从图3–3看，中国的加工贸易附加值在2008年以前出现持续走高趋势，而之后则呈现稳定在70%以上的状态。附加值持续走高的走势背后，实际上内含了上述所提及的两个提升因素的变化。加工贸易是从传统制造业起步，以“大进大出”开始。因设备进口和物料进口值大于出口值，由此呈现的是净出口的负值。其附加值在1978—1988年的10年间一直为负。这10年间，来料加工工缴费一般只有7%~10%，进料加工的出口增值也只有15%~20%①，不足以抵消加工设备进口和物料进口部分。

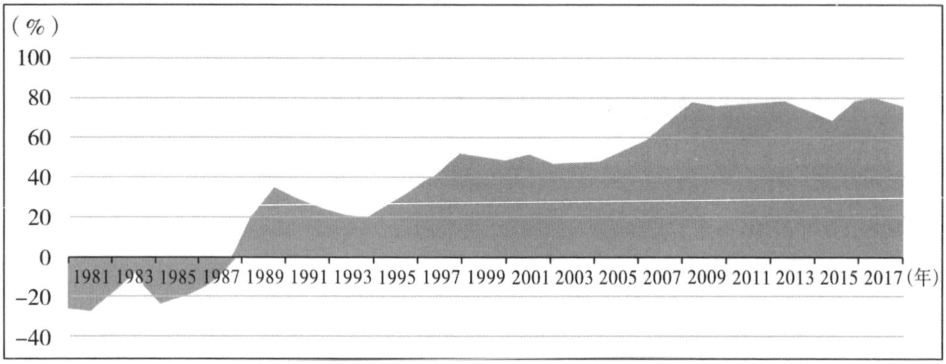

图3-3　1981—2017年加工贸易附加值增长走势

（资料来源：根据中国海关数据和国家统计局的《中国贸易外经统计年鉴2017》数据计算，中国统计出版社）

1989年加工贸易附加值首次转为正值，随着加工贸易的进口料件在国内加工工序的增多，深加工结转大量出现，加工链条逐步延长，附加值开始逐步上升，1995年达到接近30%的水平。1995年后，加工贸易随着跨国公司的高新技术产业的进入，开始了产业结构的转换。随着加工贸易的产业结构完成了从传统制造向高新技术制造的转变，机电产品成为加工贸易的主力，而加工贸易更成为中国高新技术产品出口的主力。由此，再一次推高了加工贸易附加值。2008年加工贸易附加值首次突破70%的关口，此后的10年一直在70%~80%之间徘徊。

由此可见，40年的加工贸易附加值持续提高走势，实际上也就是加工贸易在中国不断升级的一个体现。其中通过进口替代完善本土供应配套体系，推动产业结构的优化，应该是附加值走高的两个主要原因。

①崔伟：《加工贸易与中国经济增长——产品内分工视角的研究》，经济科学出版社，2010，第82页。

五、加工贸易的产业转换速度领先全国

如前所述，加工贸易的产业结构转变和提升，是其附加值提升的一个主要原因。加工贸易作为发展中国家嵌入全球价值链和全球生产网络的手段之一，其产业结构的变化，必然会紧随着国际产业发展、技术进步的潮流。跨国公司的高新产业离岸外包，使得发展中国家能够与发达国家同步进入世界的技术领先产业，这是产品内国际分工为发展中国家提供的机遇。发展中国家的工业化追赶战略可以从高新技术产业的链条延伸开始，而非如同过去产业国际分工的阶段，发达国家的产业、产品只有在进入成熟周期之后，才会向发展中国家进行梯度的转移。

由此，加工贸易在中国的发展进程必然出现产业结构的转换速度加快、高新技术产业领先于全国水平的趋势。事实上，加工贸易在中国的产业结构已经发生了数次的转换，并且成为中国产业结构持续升级的一个主要阶梯。40年来加工贸易的商品结构在中国已经经历了多次跳跃性转换，从最早的服装、玩具等轻型消费品开始，随之转向具有耐用消费品性质的家用电器，最后走向高新技术产业。据海关统计，1992年以前，加工贸易出口前五位的商品分别是纺织、机电、鞋帽、杂项制品（家具、玩具等）和皮革。

在20世纪90年代中后期的全球电子信息产业发展的高潮中，中国的加工贸易承接了欧美国家的大量加工组装生产环节，成为全球电子信息产业的加工基地。1995年起加工贸易的商品结构从以纺织产品为主，转向了以电子、机电产品为主；2000年，电子、机电产品的比重已经攀升到43%，纺织产品的比重下降至15%。加工贸易以电子、机电产品为主的局面已经形成。从全球角度看，2000年之后，中国已经成为新一代的电子信息产业全球密集加工区，其中智能手机的生产加工更占据了全球产出的50%以上。

中国加工贸易的发展经历了两波历史性高潮。第一波为1980—1995年，主要为采购者驱动的全球价值链，加工贸易的主要商品为终端消费品，属于劳动密集型产品。以港台厂商为主体，作为全球采购商的订单承接者，外包到中国大陆（内地）进行加工制造。第二波则从20世纪90年代后期开始，主要为生产者驱动的全球价值链，加工贸易的商品为电脑、电子信息和通信产品，属于技术密集型产品。初期以生产电脑的中国台商为主体，然后扩展到

日本、韩国、美国、加拿大电子制造服务商和品牌制造商。自2000年起，移动通信产品逐步做大，2010年之后，中国成为全球最大的智能手机制造地，其主导的产业链仍然属于生产者驱动价值链。

表3-9 生产者、采购者驱动产业价值链的特征

性质	生产者驱动产业价值链	采购者驱动产业价值链
产业类型	电脑、通信产品、消费类电子	服饰、鞋、玩具、家用电器
驱动力量	工业资本、技术资本	商业资本
产业生产要素密集	资本密集、技术密集	劳动密集
产业网络连接	技术导向	贸易导向
产业价值链长度	较长，涉及大量原料供应、中间产品、市场管理和服务	较短，从制造商到零售商
主导企业核心能力	以技术开发为核心竞争力	以建立销售网络为核心竞争力
主要生产制造商	发达国家的跨国企业和散布全球的协作生产企业	发展中国家的地方企业
贸易模式	产业间贸易、产品内贸易	产品内贸易
产业分工模式	全球产业分工体系、发达地区产业分工体系	全球、国家、地方产业分工体系
中国加工贸易厂商	20世纪90年代中、后期进入的中国台湾、日本和国际资讯电子厂商	20世纪80—90年代初期进入中国，生产劳动密集型产品的港台厂商

［资料来源：Gerefii、Gary，“International trade and upgrading in the apparel commodity chain，” *Journal of International Economics* 48（1999）：37-70］

表3-10 2016年中国货物贸易前六大出口商品金额与比重

商品类别	总出口		一般贸易出口		加工贸易出口	
	金额（亿美元）	占比（%）	金额（亿美元）	占比（%）	金额（亿美元）	占比（%）
出口总额	20976.3	100	11313.69	100	7153.31	100
电子、机电类16★	8969.75	42.8	3308.68	29.2	4617.45	64.5
纺织服装类11	2532.63	12.1	1954.33	17.3	275.76	3.9
钢铁、金属类15	1544.12	7.4	1212.68	10.7	—	—
家具、家用产品、玩具等类20	1460.61	7.0	965.47	8.5	304.63	4.3
化学与相关产品类6	993.18	4.7	843.45	7.5	—	—

（续表）

商品类别	总出口		一般贸易出口		加工贸易出口	
	金额（亿美元）	占比（%）	金额（亿美元）	占比（%）	金额（亿美元）	占比（%）
车辆、航空器、运输设备类17	928.87	4.4	498.58	4.4	365.9	5.1
光学、医疗仪器、精密仪器等类18	—	—	—	—	389.8	5.5
塑料、橡胶制品类7	—	—	—	—	288.81	4.0

注：“★”数字代表商品分类类别。

（资料来源：根据国家统计局的《中国贸易外经统计年鉴2017》数据计算，中国统计出版社）

加工贸易能够使发展中国家与发达国家共同处于世界最新技术产品的生产链中，为发展中国家提供沿着产品的价值链条升级的新工业化路径。过去40年中国加工贸易的发展证实了这个规律。从表3-10可见，在2016年中国出口的前六大产品中，无论是总出口、一般贸易出口还是加工贸易出口，都已经进入了以技术密集型、资金密集型产品出口为主的商品体系。劳动密集型的商品只有纺织服装及家具、家用产品、玩具两种，虽然这两个大类也在前六大出口商品之中，但是比重却远低于其他4种商品大类之总和。在总出口中，两种劳动密集型产品占比约为19%，一般贸易出口接近26%，而加工贸易出口则仅剩下了8.2%。这也凸显了加工贸易出口更侧重技术密集型产品和资金密集型产品的特点。

此外，对外贸易总出口与一般贸易出口的商品种类、排位呈现出完全的一致性，而与加工贸易出口却有着较大的差异。虽然三者中电子、机电商品出口都排在总量的第一位，但是加工贸易出口的商品种类和后面的排位却明显不同。从总出口和一般贸易出口的商品种类和排位看，分别为机电（第16类），纺织服装（第11类），钢铁与金属（第15类），家具、家用产品、玩具等（第20类），化学产品与相关产品（第6类）和运输设备（第17类），而且电子、机电与纺织服装都是出口的主力。

而在加工贸易出口中，仅电子、机电一项就占据了出口比重的64.5%。其他的产品比重则呈碎片化。更为重要的是，加工贸易的前六大出口商品中，其种类也有较为突出的区别，排位也根本不同。新兴的光学、医疗仪器、精密仪器等不断提升，排在第二位；第三位的则是车辆、航空器、运输设备。而2008年排位第二的纺织服装，在2016年却落在了最后。出口商品的种类，比重的排位与总出口和一般贸易出口相比，显示了极大的差异性。

由此，加工贸易出口的商品结构，与总出口、一般贸易出口的商品结构相比，更具技术密集、资金密集和新兴产业的领先优势。这种领先优势最终会通过加工贸易产业链条的延伸，以及向全产业链的发展，对中国的出口商品结构不断优化和提升发挥推进的作用。我们只要看中国第一大出口的电子、机电产品，其比重达到了42.8%，而加工贸易是背后的主要推动力，就可以明白这一点。在电子、机电产品总出口值8969.75亿美元中，加工贸易出口值就达到了4617.45亿美元，占比为51.5%。由此，我们可以推论，中国当下形成以电子、机电产品出口为主导的产品出口结构，与加工贸易的发展具有极大的正相关关系。

六、加工贸易拉动的国内增加值仍然处于低位

加工贸易对过去40年的中国对外贸易，尤其是出口拉动贡献巨大。虽然近10年加工贸易的增长势头已经放缓，但是从40年的年均增长率看，加工贸易仍然高于中国货物贸易和一般贸易的年均增长率，而且在一段时间内成为中国货物贸易的主导方式。可以说，在短短40年的历史中，加工贸易的急速发展，是中国成为全球出口第一大国，中国制造占据世界第一地位背后的原因之一。

但是，加工贸易作为中国参与全球价值链的主要方式，其嵌入的加工生产链条，本身就处于产业价值链的低端。过去40年由于中国大量劳动力参与了全球产业的加工制造，中国制造为世界市场提供了大量低廉的消费品，这是世界市场和西方国家在数十年来能够保持物价稳定的关键因素。与此同时，大量发展中国家积极参与全球价值链，更加剧了各国在劳动密集的低端加工制造链条上的竞争，这使得跨国公司在全球价值链的价值分配博弈中更占优势。发达国家的主导企业在全球价值链中，更为密集地集聚在价值链的前后端，通过服务链条的专业化和科技化发展，不断提升所在链条的增加值。

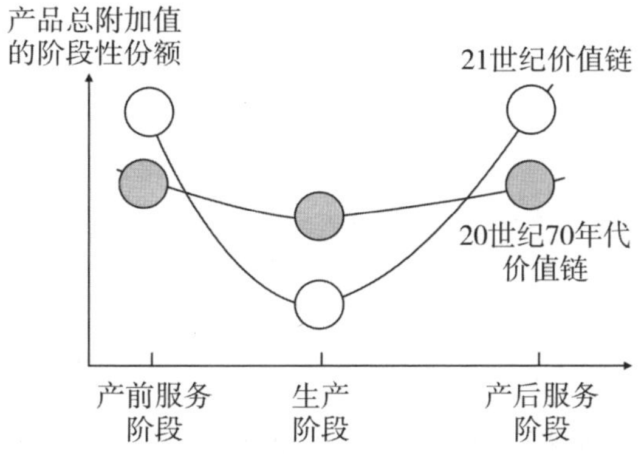

图3-4　20世纪70年代与21世纪的全球价值链曲线

（资料来源：Deborah K.Elms “Patrick Low Global value chains in a changing world” WTO，Fung Global Institute，2013）

这种状况在过去数十年的经济全球化发展中，极大地改变了全球价值链的分配结构，使得价值链的“微笑曲线”底部不仅没有向上提升，反而产生了令底部更加向下的拉力，制造前端和后端的服务链条却持续向上提升。这种状况充分说明了，价值链中的服务链条越发具有增值能力，而单纯的制造链条附加值不是更高而是更低。图3-4就是世界贸易组织和冯氏全球研究机构在2013年委托学者做的全球价值链变动研究报告中的观察。从图中可见，21世纪的全球价值链比20世纪70年代的全球价值链具有更大的斜率，其生产阶段的底部更低，而产前、产后的服务阶段则向上提升得更高。

由此可见，虽然中国加工贸易的附加值在过去40年有所提升，但是加工贸易在全球价值链中的地位，决定了加工贸易本身拉动的国内增加值必然处于低位。

根据商务部联合研究课题组在2014年应用投入产出方法和数学模型中的核算，可以得出加工贸易出口拉动的国内增加值处于低位的结论。2012年中国整体出口拉动的国内增加值，以每出口1000美元单位所拉动的增加值为640美元，其中加工贸易仅为386美元，为最低水平。一般贸易为792美元，服务贸易则最高，达到848美元。也就是说，一般贸易是加工贸易的2.1倍，而服务贸易则为加工贸易的2.2倍。正是因为加工贸易所需的中间产品大多为进口，并不在本土生产，无法通过本土采购促进国内的中间产品产业的发展，因而拉动国内增加值的数额大大低于一般贸易和服务贸易。对应当年加工贸易出口数值的8626.7亿美元，所拉动的国内增加值为3327.4亿美元，仅为出口数值的39%，而一般贸易的这个比重高达53%。由此，加工贸易成为整体拉低中国出口的国内增加值的主要因素，是显而易见的（见表3-11）。

表3-11　2012年中国货物和服务出口拉动的国内增加值

项目	总出口	货物出口			服务出口
		总出口	加工贸易出口	一般贸易出口✶	
每1000美元出口拉动增加值（美元）	640	621	386	792	848
总出口（亿美元）	22391.5	20487.1	8626.7	11860.5	1904.4
占比（%）	100	91.50	38.53	53.00	8.50
国内增加值（亿美元）	14335.8	12720.7	3327.4	9393.3	1615.1
占比（%）	100	88.73	23.21	65.52	11.27

注："✶"处把加工贸易之外的所有贸易方式都算为一般贸易。

（资料来源：商务部，《全球价值链与我国贸易增加值核算报告》，2014年12月）

若我们进一步考察主要产业的出口拉动的国内增加值，则更可以看到，各个产业的增加值水平实际上是由各产业中的加工贸易出口占比决定的。从2012年的数字看，一般贸易出口集中在食品、纺织等劳动密集型产业，以及通用设备、专用设备制造业，而加工贸易则高度集中于电子、通信产业。由于一般贸易的增加值明显地高于加工贸易，尤其是在劳动密集型产业中，因此加工贸易出口占比较大的产业拉低整体出口增加值的趋势凸显（见表3-12）。

表3-12　部分产业每1000美元出口的国内增加值

产业	加工贸易出口（美元）	一般贸易出口（美元）	总出口（美元）	加工贸易出口占比（%）
木材加工及家具	592	822	792	13.2
食品及酒精饮料	241	861	731	21.0
纺织服装及鞋帽	565	890	815	22.9
通用设备制造业	299	739	637	23.2
专用设备制造业	333	753	635	28.2
电气设备制造业	171	754	502	43.2
仪器仪表制造业	276	742	441	64.6
通信设备及雷达制造业	523	781	597	71.1
电子计算机制造业	308	600	342	88.3

（资料来源：商务部，《全球价值链与我国贸易增加值核算报告》，2014年12月）

加工贸易与一般贸易的国内增加值的差别，实际上是产业价值链的低端制造与全价值链制造的差别。加工贸易演进的40年，正是中国制造不断地从产业价值链的制造低端向上延伸的进程。一旦这种延伸完成，则加工贸易就会蜕变升级为一般贸易，这也意味着一个完整的产品制造过程已经在中国形成，以及产品内国际分工程度降低。加工贸易在演进过程中不断地通过产业价值链的延伸退出早期的纺织服装、家具玩具产业，中期的家用电器等产业，最后进入高新技术产业，正是中国加工贸易持续转型升级的一个必然结果。从这个角度看，加工贸易应该是中国工业化和现代化进程中一个长期的发展战略选择，而非短期的权宜之计。

第三节　中国加工贸易政策的演化

一国加工贸易的兴起与发展，与一国政府的加工贸易政策所创造的经济环境密切相关。加工贸易虽然表面上看似乎属于一国的贸易政策，但是，对于发展中国家来说，加工贸易并非单纯的贸易行为和贸易方式，其背后的产业才是核心。加工贸易作为一国参与国际分工与全球产业价值链的主要途径，最终成为影响发展中国家政府在做工业化路径选择时所必须面对的主要政策议题。因此，从中国加工贸易的发展实践看，加工贸易政策是涉及贸易政策、财税政策、外资政策、产业政策和区域均衡发展战略等内容的一个综合性的经济政策体系。

中国40年的加工贸易发展走势，成长速度的快慢，以及在对外贸易中的地位变化，在实践中均取决于中国政府对加工贸易走向、目标的优先选择，以及在这些基础上制定的政策。从中国向世界打开大门的那个时刻起，中国规模巨大与低廉的人力资源禀赋就存在着发展加工贸易的潜在市场需求，但是，要把这种需求变为加工贸易发展的客观事实，必须在供给侧方面由政府提供所需的政策和制度环境。

从中国政府在不同阶段对加工贸易政策的优先选择看，对应各个不同时期的经济发展需要，加工贸易的政策重心经历了扶持、鼓励，制度确立与秩序规范，优化调整及转型升级，长期稳定4个阶段。

一、“准自由贸易安排”的政策环境（1978—1995年）

在1978年加工贸易的起步期，中国虽然已经确立了改革开放的基本国策，但是，当时的整体经营环境仍然处于计划经济体制之中。在市场经济仍然没有建立的状况下，要大力引进境外企业发展加工贸易，必须对加工贸易活动和外资企业在海关管理、关税减免以及各种优惠政策方面做出一系列的规定，以创造一个“准自由贸易安排”的政策环境，扶持、鼓励加工贸易的发展及外资企业的进入。

1978年7月，国务院颁布了《开展对外加工装配业务试行办法》，1979年颁布了《发展对外加工装配和中小型补偿贸易办法》《以进养出试行办法》，这三份文件首先是决定在广东、福建、上海等地实行国际贸易特殊政策，允许加工贸易所需原材料、零部件、设备的进口一律免征关税、工商税；其次是打破了计划经济时期的外贸管制的体制障碍，对加工贸易实行了特殊的海关监管。也就是在这一年，中国政府开始启动了以扩大地方和企业外贸自主权为内容的外贸体制改革。

1980年，国务院更在《关于〈广东、福建两省会议纪要〉的批示》中，规定海关的管理和关税的减免，在保证中央集中统一的前提下，应给予两省一定的灵活性。由此，在当时的历史条件下，为加工贸易的兴起创造了特殊的政策环境。

1988年，在继1980年批准建立4个经济特区、1984年开放14个沿海城市、1985年扩大沿海城市开放之后，国家决定实施沿海地区经济发展战略，大力发展外向型经济。为此，国务院出台了一系列鼓励“大进大出，两头在外”的政策和措施，包括1988年发布的《关于加强综合管理促进对外加工装配业务发展的通知》《中华人民共和国海关对进料加工进出口货物管理办法》等。中国开始逐步形成了包括来料加工装配和进料加工的“大加工贸易”概念，海关统计体系也由此建立。

尤其是1988年海关总署颁布的《中华人民共和国海关对进料加工进出口货物管理办法》，标志着加工贸易保税制度的正式建立。此份文件规定了加工贸易的保税加工性质，对加工出口的进口料件免征进口关税、产品税（增值税），对加工出口的产品免征出口关税。“加工贸易保税制度的完善，允许出口加工采用世界市场价格，免除关税或国内价格扭曲的影响，使其作为自由贸易的小环境全面优化，焕发出新的活力并刺激了加工贸易的新一轮发展。”①

与此同时，国家完善了三资企业立法，推出了对外资企业进入中国展开加工贸易和对外贸易活动，在加工贸易保税加工的基础上所得税三年免税、其后两年减半征收的优惠措施。外资企业的所得税税率为15%。

在中国市场经济体制仍然没有建立的历史条件下，在加工贸易领域中实施的一系列以扶持、鼓励为重心的海关管理和保税政策，以及对加工贸易主体外资企业实施的超国民待遇，使得加工贸易活动先行与国际市场接轨，确实营造了“准自由贸易小环境”。尤其是海关税收方面的“免、抵、退”政策，使得加工贸易享受高于一般贸易的优惠。这就是1995年以前，中国加工贸易超高速成长的主要原因。

二、开放式的加工贸易担保体制建立与完善准入管理（1996—2004年）

1992年，中国共产党第十四次全国代表大会召开，最终确立了社会主义市场经济体制的改革目标。围绕着市场经济体制的建立，中国的对外贸易体制改革以“建立适应国际经济通行规则的运行机制”为目标加快进度。1994年5月颁布了第一部《中华人民共和国对外贸易法》，表明中国开始进入系统完善对外贸易领域的法律法规的改革阶段，标志着中国开启了从政策性开放向制度性开放转变的进程。加工贸易发展前期的、通过政策性开放创建的“准自由贸易小环境”要迈向制度性、规范性的市场体制建立。

制度性开放营造的“准自由贸易小环境”在当时高关税和进出口双重管制的外贸体制下，使外资企业从事加工贸易基本上摆脱了关税和贸易管制的限制，具有一般贸易无法企及的优势和便利。这种政策待遇上的不平等，为加工贸易企业提供了合法的套利机会，也极易诱发走私违法行为。因此，在

①曲建、王子先：《基于全球价值链角度的中国加工贸易转型升级》，中国经济出版社，2013，第16页。

建立市场经济体制的基础上，1995年为了规范加工贸易的市场，国务院发出了109号文件，对加工贸易进口料件试行银行保证金台账制度，并于1996年全面实施。这个制度的核心就是建立规范的、平等有序的对外贸易市场体制，加强对加工贸易的监管力度。

加工贸易银行保证金台账制度的出台，标志着国家对加工贸易政策的优先选择和政策重心，从以扶持、鼓励为主，转变为以调整结构、规范秩序、加快综合监管为主。规定了加工贸易企业凭海关核准的手续，按合同备案料件额向指定的银行申请设立加工贸易进口料件保证金台账，加工产品在规定的加工期限内全部出口，经海关核销后，由银行核销保证金台账。该管理办法实质上将加工贸易保税制度变成了“先征后退”制度。

加工贸易保证金台账制度虽然对加工贸易的违法企业的监管确实发挥了积极作用，但是在实践中增加了生产经营企业的资金成本。由此，1999年，国务院下发了《国务院办公厅转发国家经贸委等部门关于进一步完善加工贸易银行保证金台账制度意见的通知》，对台账管理实行企业分类管理、商品分类管理。加工贸易企业分为A、B、C、D四类；进口商品则划分为禁止类、限制类和允许类。对生产不同类型商品的不同类型企业，在银行保证金台账方面给予补贴。大部分守法企业可以实行台账“空转”，只有极少数信用较差的企业实行台账“实转”。

2001年中国加入世界贸易组织，启动了中国全面融入世界经济、建立与世界市场接轨的市场经济体制的进程。此后，中国按照WTO规则全面开放市场，转变政府职能，清理不符合市场经济的法律法规。2004年，国务院公布了修改后的《中华人民共和国对外贸易法》，以建立符合WTO的外贸体制和政策体系为目标，提升外贸管理体制和政策的统一性和透明度，提升贸易自由化、便利化程度。中国政府推行的一系列经济体制改革，使得市场经济体制的框架得以基本建立。2004年，海关总署公布了《中华人民共和国海关对加工贸易货物监管办法》，使加工贸易的监管和市场准入制度趋于完善。

与此同时，对外资企业实施多年的超国民待遇也适时取消，外资企业与中国本土企业的所得税税率待遇一致。税收优惠从企业的性质转向产业政策的统一鼓励。而“入世”后中国商品关税率的持续下降，使享受保税加工优惠的加工贸易与一般贸易的市场待遇的差别也在持续缩小，逐步为外贸市场的公平竞争创造了环境和条件。

由此，1995年起，加工贸易一直持续稳定增长。1995年加工贸易超过一般贸易，成为中国对外贸易的主导方式，这个地位一直保持到2007年。

三、加工贸易转型升级的重大战略与政策安排（2005—2015年）

2002年中国共产党第十六次全国代表大会召开，明确地提出了中国要走新型工业化的道路。在这个方针和思想的指导下，2003年10月，在党的十六届三中全会及中央经济工作会议上，第一次提出了“引导加工贸易向产业链高端发展，促进加工贸易转型升级”的要求。由此，2004年之后，加工贸易开始进入转型升级的新阶段。

国家再一次对加工贸易政策目标和优先选择地进行调整。这次调整转变的政策重心在于:“一是有针对性地改变以‘粗放增长’为主要特征的加工贸易发展方式，促进加工贸易产业优化升级；二是鼓励加工贸易向内陆转移，优化加工贸易的区域布局。”[①]在加工贸易的实践中，淘汰“两高一资”产业，促进高新技术产业的发展，加工贸易劳动密集型产业向中西部转移成为具体的行动目标。这就是这个时期加工贸易中传统产业急速下降、机电和高新技术产业持续走高的主要原因。2008年，传统产业在加工贸易出口中已经从1992年占比第一下降为占比第二；而到2016年则仅占8%的比重。电子、机电产业比重从2002年的四成以上提升至2016年的65%、占中国这类产品总出口的52%。

2006—2007年是国家集中式地推出转型升级政策的年度，这使得粗放增长的加工贸易首次面临收紧的压力。国家收紧加工贸易政策促进其转型升级的主要内容如下：

（1）调整出口退税率：改变出口退税率，推动劳动密集型加工的转型升级。2006年9月，中央部委发出《财政部、发展改革委、商务部、海关总

①曲建、王子先：《基于全球价值链角度的中国加工贸易转型升级》，中国经济出版社，2013，第56页。

署、国家税务局关于调整部分商品出口退税率和增补加工贸易禁止类商品目录的通知》（财税〔2006〕139号）、《财政部、海关总署、国家税务局关于调整部分商品出口退税率有关问题的补充通知》（财税〔2006〕145号），取消和降低资源性、高污染、高耗能（“两高一资”）及劳动密集型产品的出口退税率。中央通过降低出口退税率来调控加工贸易规模，鼓励加工企业采用内地产能过剩产业的产品，如钢铁原料。

（2）调整加工贸易商品目录：2007年，海关总署、商务部等部门新增大量商品列入加工贸易禁止类、限制类商品目录。加工贸易企业不能以保税形式进口禁止类商品，不能申请出口退税。对限制类商品实行银行保证金台账“实转”，形成企业资金的积压。2007年的新增限制类商品主要涉及塑料、纺织、家具、金属粗加工等劳动密集型行业。

（3）鼓励外资厂商转移至中西部地区：根据海关对加工贸易企业的分类，东部地区的A、B类企业，需按应缴关税和环节增值税的50%缴纳台账保证金。同类企业在中西部地区允许银行保证金台账“空转”管理。很多港台加工厂商是B类企业，内地运用东西部差别待遇的海关措施，鼓励外资厂商转移至中西部地区。

2007年商务部制定的《加工贸易企业联网管理办法》出台，预示着中国开始利用计算机联网的技术方式对加工贸易进行监管。

2008年之前，虽然国家的加工贸易转型升级政策不断出台，但在当时经济全球化不断高涨、世界市场尤其是美欧市场持续扩张、全球生产价值链体系发展迅速的情况下，作为中国制造组成部分的加工贸易，其调整进展不尽人意。

2009年中国的加工贸易在全球金融海啸的冲击下，第一次出现了负增长，而且下滑幅度十分惊人。为了稳定当时的出口形势，国家不得不重新调整前一阶段收紧的出口退税和限制类、禁止类目录，重新在政策上创造宽松的环境。

到了2010年，即使在后金融危机的世界市场衰退时期，中国政府仍然坚持加工贸易转型升级的政策目标和方向。2010年11月，商务部、人力资源和社会保障部、海关总署共同颁布了《关于在苏州、东莞开展加工贸易转型升级试点工作的通知》，通过在两地的试点，取得成功经验向全国铺开。2011

年12月，商务部、人力资源和社会保障部、海关总署发出了《关于促进加工贸易梯度转移重点承接地发展的指导意见》，提出要持续推进加工贸易的产业转移，提升加工贸易在中国中西部地区的出口比重。

2011年11月，在东莞、苏州加工贸易转型升级试点不断推进、取得经验的情况下，商务部、发展改革委、工业和信息化部、人力资源和社会保障部、海关总署、国家税务总局颁发了《关于促进加工贸易转型升级的指导意见》，提出加工贸易要达成7个方面的转型升级：劳动密集型产品出口效益提高；经营主体由单一向多元转变；产业链由短向长转变；生产模式由代加工向代设计、代加工一体化转变；市场结构从单一依赖国外向两个市场转变；人力资源持续升级；中西部地区占比不断提高。这为加工贸易转型升级提供了具体的实施措施和指导性意见。

2012年7月，商务部办公厅发布《关于举办中国加工贸易产品博览会的通知》，决定从2013年起，把每年在东莞举办的外资产品博览会（即外博会）改为加工贸易产品博览会，简称“加博会”，鼓励加工贸易企业的产品转向内销市场。由此，加工贸易转内销成为转型升级的一个主要发展方向，得到国家政策的大力支持。以东莞的数字看，2014年规模以上工业企业内销比重达51.6%，首次超过外销。

2014年，修改后的《中华人民共和国海关对加工贸易货物监管办法》在突出分类监管的原则下，进一步取消了加工贸易的6项行政许可事项，提高了加工贸易的便利化程度。

四、促进加工贸易创新发展的长期稳定政策（2016年至今）

随着世界经济进入后金融海啸的全球缓慢成长的时代，全球产业竞争格局深度调整，中国经济发展也进入了新常态。与之相随的则是全球逆自由贸易和保护主义大幅抬头，在这种压力下，全球价值链的发展相对停滞，中国加工贸易承接国际产业转移放慢，产业和订单转出加快，企业生产成本上升，传统竞争优势逐渐削弱。2015—2016年，加工贸易出现大幅下滑，直接拖慢了中国整体的出口增长速度。针对这一现象，国务院在2016年1月发布了《关于促进加工贸易创新发展的若干意见》（以下简称《意见》）。

《意见》中明确指出，“加工贸易是我国对外贸易和开放型经济的重要组成部分，对于推动产业升级、稳定就业发挥了重要作用”。由此，必须“全面贯彻党的十八大和十八届三中、四中、五中全会精神，按照党中央、国务院决策部署，牢固树立和贯彻落实创新、协调、绿色、开放、共享的发展理念，主动适应经济发展新常态，以创新驱动和扩大开放为动力，以国际产业分工深度调整和实施‘中国制造2025’为契机，立足我国国情，创新发展加工贸易。巩固传统优势，加快培育竞争新优势，逐步变‘大进大出’为‘优进优出’，在稳定经济增长和就业预期的同时，推动我国产业向全球价值链高端跃升，助力贸易大国向贸易强国转变，为构建开放型经济新体制作出更大贡献”。

由此，中国政府对加工贸易发展的目标和优先选择已经转向了稳中求进，即保证加工贸易政策的连续性，提供稳定发展的预期。鼓励加工贸易企业根植中国，长期发展。为此，政策的核心是营造创新发展环境，增强企业创新能力，提升国际竞争力。创新发展方式，促进加工贸易企业与新型商业模式和贸易业态相融合，增强发展内生动力，加快培育竞争新优势。

在继续深化加工贸易转型升级，进行产业的区域梯度转移的基础上，《意见》更指出，要谋划加工贸易境外合作布局，完善加工贸易国际合作机制，深化与“一带一路”沿线国家产业合作的方略，扩展中国加工贸易的发展空间和领域。

在2007年加工贸易企业已经实现联网监管的情况下，为更好地创造发展环境，为加工贸易企业降低经营成本，2017年8月，海关总署签发了2017年第62号公告，宣布取消从1996年起实施的加工贸易银行保证金台账制度，以海关担保事项代替。

由此可见，经历了接近40年的发展，中国对加工贸易作为参与国际分工，深度介入全球价值链的一种产品内分工、对外贸易的方式，给予了充分的肯定。加工贸易在中国经济发展中将成为一种长期的经济、贸易方式，而非短期的权宜之计，其获得了战略性的地位与认可，更通过政府的一系列创新鼓励政策，稳定了加工贸易的长期政策预期。也就是说，加工贸易将会在中国长期存在，并且通过不断地转型升级，巩固传统竞争优势，培育新竞争优势来不断创新加工贸易的发展格局。

第四章　中国加工贸易的经济效应分析

加工贸易在中国40年的发展，作为中国参与产品内国际分工的一种方式，经历了超高速增长期、中国对外贸易的主导期，以及转型升级的演变期。目前则进入一个稳定与创新发展期。在这40年的发展进程中，对于加工贸易的经济效应，目前已经积累的国内学者和研究文献的分析，既有正面的也有负面的。这种分析正是事物本身所具有两面性的客观反映。

从经济学的角度看，每一个经济行为都会同时产生收益与成本，当收益大于成本时经济行为就具其内在的经济合理性，若成本大于收益则反之。但是，经济行为在不同的时期和发展阶段所产生的收益与成本是呈动态发展，而且对比关系是可以相互转化的。经济行为是经济主体因应形势，与自身内部因素的变化而产生的。在经济行为产生的初期，收益会极大地大于成本，于是就会有经济行为的快速膨胀、发展，甚至是超常规的成长，以达到收益的最大化。但是，随着时间的推移，经济行为的超速发展走到了收益最大化的边际，收益递减随之产生。而随着客观形势以及经济主体内部因素的变化，成本或代价也会大幅增长，从而进入一个收益与成本对比关系的逆转时期。对经济行为进行修正以降低成本，获取新的收益增长的空间，就成为新阶段的主要内容。

加工贸易的40年进程，正是这种收益和成本在不同的客观形势下相互转化、不断修正的进程，反映在加工贸易的几个发展阶段上如下：初期的超高速增长，中期阶段的鼎盛和达到收益最大化后的增长减缓，以及持续地展开转型升级的努力，创新发展的新空间。加工贸易转型升级的实质，就是经济主体对经济行为的修正。这意味着加工贸易向更高的收益发展，除了沿着价值链环节的向上提升，也内含加工贸易的跨越，即从加工贸易转向更高收益的新经济行为。加工贸易的几个发展阶段，说明了加工贸易的增长走势放缓是一个必然趋势，而今天中国的加工贸易已经处于这个趋势之中。进一步提升加工贸易的质量，创新加工贸易的格局，将是中国加工贸易的未来走势。

但是，加工贸易作为国际分工的一种特殊生产、贸易方式，不仅大量存在于发展中经济体，而且在工业化成熟的发达国家也普遍存在。这个事实说明，加工贸易作为产品内国际分工的一种方式，无论对发展中国家还是发达国家，都具有普遍的意义。从发展经济学的角度看，融入全球价值链，对于发展中国家至少有三个方面的积极作用：一是发展中国家不再需要建立一个产品的所有生产环节的完整生产能力，只需要利用比较优势集中完成特定的生产环节，就可以比以往工业化时期更快地进入世界市场；二是可以创造更多的就业机会；三是通过技术转移和外溢，全球价值链能为发展中国家提供本地学习的机会。对于中国来说，更具参与国际分工、分享国际分工利益的长期战略意义，是中国开放型经济的重要组成部分。过去40年的历史已经证明，加工贸易对中国的经济发展具有极其正面的经济效应。

本部分对于加工贸易的经济效应评估并不采用理论和数理模型的推导，而是以加工贸易近40年的数据，以经验的方法做出证明。

第一节　加工贸易与经济增长效应

加工贸易对中国经济增长的作用主要是加工贸易与国内生产总值之间的相关关系，尤其是加工贸易对于国内生产总值的贡献与拉动作用。从理论和实践来看，国际贸易与一国的经济增长本身就存在着相互促进的关系。一般来说，国际贸易建立在国际分工的基础上，并且推动着国际分工的发展。而分工、生产的专业化本身就是经济增长的一种促进因素。这就是传统国际贸易理论提出的静态贸易利益。而新国际贸易理论则提出了贸易的动态效应，并将这种动态效应纳入了增长理论的框架。

新国际贸易理论对于产品内国际分工引发的贸易，即跨国公司主导的分割价值链而产生的国际贸易，已经达成了一种共识：产品内分工使资源得以优化配置，并产生新的技术扩散路径，能够促进经济的增长。产品内分工的边界不在产业，而在价值链，各国根据自己在价值链上的优势，参与国际产品内分工，对增加本国经济收入和福利具正向效应。

一、加工贸易净出口的收入增长效应

加工贸易的基本形态是进口—加工—出口，其最终产出就是出口。加工贸易属于中国外部经济大循环在中国的一个环节，与国内经济循环的联系较少。不同于一般贸易，一般贸易主要是国内经济循环，其投入产出会对国内生产和国民收入产生一系列连环性影响，从而以乘数增加国民收入。

加工贸易的产出作为全球价值链一个环节的最终结果，是以净出口直接影响国民收入，也即以国际贸易的形式列入国民收入。国际贸易作为影响国内生产总值的一个因素，其主要的环节并非出口，而是净出口。以国民收入恒等式可以推导出：国内生产总值=纯国内生产增加值+国际贸易增加值。也就是说，从生产的角度看，国际贸易增加值=出口-进口=净出口。由此，一国的净出口是一国国内生产总值的构成部分。一国的净出口水平越高，不仅代表一国的对外贸易竞争力越大，更代表其扩张本国国内生产总值的效应越大。加工贸易产生的国际贸易属于全球价值链GVC贸易，由此，上述等式可以改为：GDP=纯国内生产增加值+传统贸易生产增加值+GVC贸易增加值。

加工贸易属于GVC中的一个部分，GVC因本身隐含着外国的增加值部分，而与传统一般贸易相区别。但是，加工贸易出口含有的境外增加值部分与其他GVC活动不一样，可以有比较清楚的边界，即加工所需进口的原材料和零组件，也即进口部分。

与传统的一般贸易相比，加工贸易本身就具备净出口的特质，因为加工贸易的过程就是进口—加工—出口。虽然其处于价值链的低端，增值率很低，但是加工出口大于进口的净出口剩余本身就是加工贸易的特点。因此，出口—进口形成的贸易顺差或“净出口”，就是加工贸易对GDP的贡献。

从加工贸易40年的历史看，在加工贸易起步初期，因中间产品、设备大量进口，而且当时加工贸易以来料加工为主，工缴费很少，难以即期弥补中间产品，尤其是设备的进口而呈逆差。从1989年起至今，加工贸易都是中国对外贸易获取净出口额的最主要方式，加工贸易的净出口额更呈现逐年上升走势。2008年之后，金融海啸导致中国对外贸易出现整体负增长态势，加工贸易虽然也呈负增长走势，但是并没有改变其顺差贸易的特质。在2009年、2013年、2015年、2016年的加工贸易出口负增长期间，加工贸易仍然为中国对外贸易分别提供了2145.7亿美元、3633.8亿美元、3509.2亿美元和3188.9亿美元的净出口（见表4-4），以对外贸易的增加值作为国民收入，列入中国的国内生产总值之中。

事实上，中国国内生产总值中的净出口部分，基本上是由加工贸易的净出口构成的。一般贸易在过去的几十年中有相当年度为负的净出口。服务贸易至今为止仍然为逆差。加工贸易作为中国最主要的贸易顺差提供者，成为国民收入扩张的一部分。

从表4-1可见，在1995—2016年的22年中，加工贸易一直作为中国净出口的主力，在一些年度甚至占据了中国全部进出口顺差的3.3倍（见2004年数据）。也就是说，中国除加工贸易外的总出口，在过去的22年中有14年是逆差，其中一般贸易有8年为出口的赤字。这些逆差和赤字是通过加工贸易的净出口来弥补的。从2010年起，加工贸易的净出口总额突破了3000亿美元大关，2012年更高达3800亿美元。至今为止，加工贸易净出口一直维系在3000亿美元以上。

从加工贸易净出口在国内生产总值的占比看，2007年加工贸易净出口在国内生产总值中的占比最高，为7.4%。也即100元人民币的国内生产总值中，就有7.4元为加工贸易的贡献。

以净出口衡量加工贸易对国民收入的贡献，是一种最为简单的方法。但是，加工贸易作为一种增加值贸易，最为准确的计量应当是以投入产出法进行核算，即计算贸易出口拉动的国内增加值。2014年商务部运用这种核算方式，对2012年中国贸易出口所拉动的国内增加值进行核算，表明每1000美元的出口中，加工贸易拉动的国内增加值为386美元，为所有出口方式中最低（见表3-11）。因为加工贸易出口中含有大量的中间产品进口，其经济活动与国内经济的联系度很低。按这种核算方法，则2012年加工贸易出口实际为8626.7亿美元，拉动的国内增加值为3327.4亿美元，略低于加工贸易当年的出口—进口的净出口值3814亿美元；在当年的国内生产总值中所占比重是3.9%，与表4-1中2012年加工贸易净出口在国内生产总值中所占比重4.2%有

0.3个百分点的差异。由此可见，以净出口计算的加工贸易对国民收入的贡献会有夸大的成分。但是其偏差不会很大，因为净出口已经减去了进口部分。因而，以净出口计量对国内生产总值的贡献，基本是可取的。而对一般贸易和服务贸易则会有很大的低估偏差，故此，在评估一般贸易与服务贸易之时，不能采用此种方法。

表4–1 1995—2016年加工贸易净出口占中国对外贸易顺差比重和国内生产总值比重（%）

年度	占进出口顺差比重	占当年国内生产总值比重
1995	91.9	2.1
1996	180.5	2.6
1997	72.2	3.1
1998	82.5	3.5
1999	127.6	3.4
2000	187.0	3.7
2001	237.0	4.0
2002	189.7	3.9
2003	309.8	4.8
2004	331.1	6.1
2005	139.7	7.1
2006	106.4	6.9
2007	99.4	7.4
2008	99.5	6.5
2009	109.6	5.2
2010	117.8	5.3
2011	236.0	4.9
2012	165.6	4.2
2013	140.3	3.8
2014	99.4	3.4
2015	59.1	2.9
2016	62.6	2.8

（资料来源：根据国家统计局的《中国贸易外经统计年鉴2017》数据计算）

二、加工贸易对经济增长的拉动效应

一国的国内生产总值由消费、投资和净出口三大需求构成。用国民收入恒等式可以表示如下：

$Y=C+I+(X-M)$

其中，Y表示国民收入，C 表示消费，I 表示投资，X 为出口，M 为进口。

由此，国内生产总值的增长必然表现为这三大需求的增量。一国经济增长的拉动也就表现为增量的拉动。增量表示的是每个需求部分对上年度的增加量。我们用 Y 表示一国的生产总值，则收入的增长可以表示如下：

$\Delta Y=\Delta C+\Delta I+\Delta NX$

本文采用《中国统计年鉴》的计算方法，评估加工贸易对中国经济增长的贡献率与拉动效应。即三大需求的增量与国内生产总值增量之比为其贡献率，而拉动则指国内生产总值增长率与贡献率的乘积。由此，计算加工贸易对国内生产总值的贡献率的公式为：$\Delta NX\div\Delta Y$，即加工贸易净出口的增量在国内生产总值增量中的比重。而$\Delta Y\div Y$（前一年的国内生产总值）则表示当年的国内生产总值增长率。加工贸易对国内生产总值增长的拉动则为：$(\Delta NX\div\Delta Y)\times(\Delta Y\div Y)$。即国内生产总值的增值率中，有几个百分比是由加工贸易拉动的。

表4-2就是加工贸易净出口和全部货物与服务净出口对中国经济的贡献率和拉动效应。1981—1987年期间加工贸易起步初期，总体处于逆差。因而其贡献率和拉动效应主要为负值。加工贸易对中国经济的贡献和拉动效应在1988年转为正值之后，至2008年的20年间，除1988年、1989年、1990年、1994年以外，一直维系着大于全部货物与服务净出口的贡献率和拉动效应的基本状态，成为中国对外贸易拉动经济增长的主要动力。从贡献率看，1990年的贡献率最高，达到13.12%，即中国国内生产总值增长的每100元人民币中，属于加工贸易的贡献超过13元。同期，加工贸易拉动国内生产总值整体增长了1.29%。

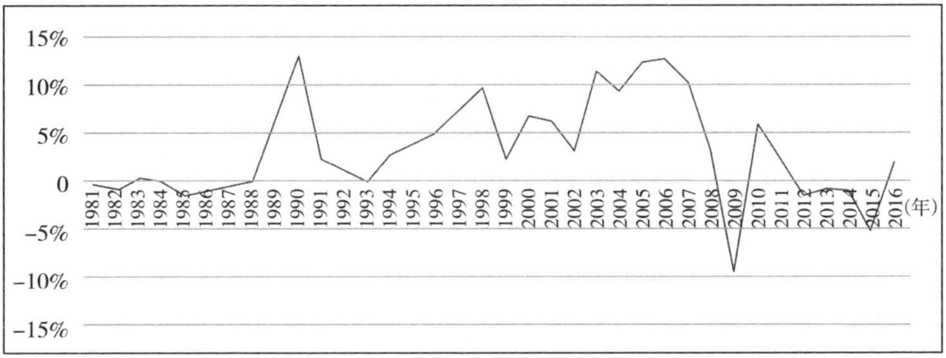

图4-1　1981—2016年加工贸易对中国GDP增长的贡献率

表4-2　中国加工贸易净出口和全部货物与服务净出口对国内生产总值增长的贡献率与拉动效应（%）

年份	加工贸易净出口		全部货物与服务净出口	
	贡献率	拉动效应	贡献率	拉动效应
1981	−0.31	−0.02	12.40	0.60
1982	−0.63	−0.06	20.60	1.80
1983	0.41	0.05	−8.00	−0.80
1984	0.11	0.02	−10.60	−1.70
1985	−1.28	−0.32	−51.00	−6.90
1986	−0.74	−0.10	34.10	3.00
1987	−0.40	−0.07	32.60	3.80
1988	0.19	0.05	0.90	0.10
1989	7.06	0.91	24.60	1.00
1990	13.12	1.29	73.20	2.80
1991	2.42	0.40	1.70	0.10
1992	1.00	0.24	−9.10	−1.20
1993	0.10	0.03	−13.50	−1.90
1994	2.77	1.01	30.10	4.00
1995	3.72	0.97	7.20	0.80
1996	5.33	0.91	3.80	0.80
1997	7.73	0.85	42.70	0.30
1998	9.79	0.67	6.60	4.00
1999	2.27	0.14	−9.80	0.50
2000	6.76	0.72	−0.50	−0.80
2001	6.37	0.67	−12.90	−1.10

（续表）

年份	加工贸易净出口		全部货物与服务净出口	
	贡献率	拉动效应	贡献率	拉动效应
2002	3.29	0.32	4.80	-1.00
2003	11.53	1.48	-5.40	-0.60
2004	9.40	1.67	-4.30	-0.40
2005	12.38	1.80	12.50	1.40
2006	12.87	1.85	15.10	1.50
2007	10.32	1.83	10.60	1.50
2008	3.45	0.63	2.60	0.30
2009	-9.36	-0.87	-42.60	-4.00
2010	5.99	1.11	-11.20	-1.30
2011	2.41	0.44	-8.10	-0.80
2012	-1.57	-0.17	1.70	0.20
2013	-0.68	-0.07	-2.30	-0.10
2014	-0.91	-0.07	4.30	0.30
2015	-5.01	-0.35	-1.30	-0.10
2016	2.09	0.17	-6.80	-0.40

（资料来源：1981—2007年加工贸易数据源自崔纬著的《加工贸易与中国经济增长——产品内分工视角的研究》。2008年以后加工贸易数据根据国家统计局的《中国贸易外经统计年鉴2017》数据以人民币直接计算，全部货物与服务净出口数据来源于《中国统计年鉴2017》）

2009年，受全球金融海啸的冲击，加工贸易呈现负增长走势，其净出口增量也急剧收缩，致使加工贸易净出口的贡献率和拉动效应也出现负数。但是和全部货物与服务净出口相比，加工贸易净出口所承受的冲击对中国经济增长率的向下拉低程度明显更小。这种情况一直维系至2013年。2014年之后，加工贸易从中国向东南亚地区转移的速度加快，订单转出势头加剧，规模与总量都呈现收缩状态。对中国经济增长的拉动效应明显下降。但是，2016年在以美元计价的净出口总量仍然走低的情况下，以人民币计价的加工贸易净出口增量却重新呈现正向拉动的走势。

近40年来，加工贸易对中国经济增长的贡献率和拉动效应从负转向正，并且在很长一段时间内维持着平稳上升的走势，对中国的经济增长的作用较为明显。但在2009年之后，加工贸易对经济增长的贡献率和拉动效应开始走低。加工贸易与经济增长之间的这种阶段性关系，正是过去40年加工贸易在中国发展进程中地位变化的反映。

以国民收入恒等式计量加工贸易对经济增长的贡献率与拉动效应，这种计量方法实际上计量的是加工贸易的直接经济效应。在现实的经济活动中，加工贸易的发展会通过上下游产业的供应链关系及劳动者就业收入的消费支出衍生出间接的经济效应，虽然这种效应与一般贸易相比较低。例如加工贸易出口增长带动的中间产品需求以及物流运输的增长，出口增长拉动的就业上升促进员工消费的增长，而消费的增长会直接促进国内消费品产业的生产，即消费品产业投资的增长；同时，加工贸易的设备投资或进口也会增长。对于加工贸易与经济增长之间的间接效应，也有很多学者进行了大量的研究。有的通过计量后对加工贸易的直接效应进行某些修正，有的则论证了加工贸易与一般贸易之间的相互促进关系。但是，这类间接经济效应的研究，其准确度取决于信息的大量收集。就目前文献中对间接经济效应建模所得到的各种结果看，仅从定性而非数量的角度看，所有的间接经济效应分析最终结论都以肯定和正面为主。

第二节　加工贸易与FDI效应

在中国的加工贸易活动中，外资企业占据了80%以上的比重。加工贸易是外资企业的密集领域这个特点，必然会带来外国直接投资即FDI效应。外国直接投资大量进入加工贸易，主导加工贸易的发展这个问题曾经在国内学术界和实业界引发过不少的争议。其争议的实质在于，对于一国的经济发展，培育本土企业及引进外资企业这两个选择究竟孰优孰劣？这种争议本身就十分有趣。有的学者更把本土企业当作自己的孩子，把外资企业当作领养的孩子，认为领养的孩子肯定不如自己的孩子。

可是，在自己的孩子和领养的孩子之间做出选择之前，人们往往忽视了这个问题提出的前提：人们为什么会领养孩子。一般情况下，如果不是父母缺乏生育能力，就不会领养孩子。因此，这个问题的关键不在于选择，而在于父母本身的生育能力。由此类推，我们就会明白，一个经济体要选择外资企业推动其经济的发展，不取决于这个经济体本身的意愿，而取决于这个经济体本身是否具有培育自己企业的能力。

在经济全球化的今天，没有一个经济体可以保证本国的经济发展和产业提升可以完全由本国企业承担。引进外资，填补自己国家经济发展的空缺，是每一个国家经济发展所不可或缺的。即使是全球经济最发达的美国，每年所流入的外国直接投资总额也排在全球的前列。对发达国家来说，引进外资不仅能填补本国的空缺，更是推动国内市场竞争，获取外资的竞争效应，激发本国企业提升的一个重要路径。对发展中国家来说，引进外资，在某个经济发展阶段，或在某种经济行为中让外资企业占据主导，正是其经济能力缺口的表现。这是发展中国家的客观现实，而非由自己的意愿决定的。

由此，我们就可以理解为什么中国的加工贸易处于全球价值链的低端——本身所获取的增加值不高，同时还要为外国资本、订单的海外中介人所瓜分。即使如此，中国对外资主导的加工贸易不仅在初期发展阶段采取鼓励的政策措施，今天也仍然提供稳定的政策预期，鼓励加工贸易的落地生根，长期发展。

事实上，在20世纪80年代中国经济起步初期，经济发展的最大瓶颈和稀缺资源就是资本。对外开放、鼓励外资的进入，成为加工贸易起步、兴起与快速发展的原因。从外资企业的角度看，当时加工贸易特殊政策所营造的贸易环境，也是其大量进入的主要诱因。进入21世纪，中国加入WTO，在世界贸易规则下，中国逐步成为世界贸易大国，也从资本稀缺国走向资本的债权国。今天的中国并不缺乏资本，但是却缺乏技术、知识，以及掌控世界市场网络的能力，缺乏经营、运作全球供应链的能力。这种能力缺口，尤其是高新技术产业发展的缺口，就是今天加工贸易仍然为外资企业所主导，本土企业不能替代的重要原因。

肯定外资企业主导的加工贸易存在的合理性，并非漠视中国企业40年的发育成长。随着本土企业的壮大成长，中国企业已经在一般贸易中占据了主导地位。加工贸易在中国对外贸易中的比重在2017年已经不到30%，这本身就代表了中国培育本土企业能力的极大提升。在中国企业逐步走向海外，电子商务蓬勃发展的当下，中国企业已经开始在海外布局市场销售网络。中国企业的发展，必然反映在中国对外贸易的主导方式的转变，即一般贸易成为主导的走势。

上述事实表明，中国企业的成长与外资企业的进入并不是相互对立的，中国需要引进外资，更需要促进自己的企业成长。养自己的孩子和领养孩子并不对立。在中国无法填补的经济能力缺口领域，“领养孩子”是必须的。虽然中国为此要付出一定的经济代价，但是从长远发展看，中国所获取的经济收益是正面的。

至今为止，对中国吸引外国直接投资FDI的经济效应研究，国际与国内学者一般都认可以下几个方面：一是就业创造，即FDI存量与就业的关联度；二是贸易扩张，即外资企业对中国出口的拉动；三是技术进步，即FDI在中国的技术扩散和溢出；四是增长促进，即FDI对中国GDP增长的促进。本部分的分析仅涉及加工贸易的FDI。由于就业与经济增长另有专节分析，因此，本部分的分析集中于贸易扩张与技术扩散和溢出效应。

一、加工贸易FDI的贸易扩张效应

加工贸易作为一种典型的出口导向活动，对中国的对外贸易扩张起着十分重要的作用。与寻求东道国市场的外资不同，加工贸易的外资进入是以产业的生产效率和成本为指向，而非本地市场。而中国对外资开放加工贸易的主旨，也是增加出口和净出口，让外资企业给中国带来贸易利益。

自中国改革开放以来，中国对外贸易得到了迅速发展。其中外资企业主导的加工贸易是中国对外贸易起飞、高速增长的主力。1981—2017年期间，由外资主导的加工贸易增长了670倍，进口增长了286倍，年均出口增长率为19.8%，进口增长率为17.0%，远远高于同期的总出口增长102倍和总进口增长83倍，以及总出口年均增长13.7%与总进口年均增长13.1%的水平。正是在外资的贸易扩张效应下，2009年中国在全球出口中的排名跃升为第一位，国际贸易在全球排名第二位，成为有影响力的国际贸易大国，而且这个地位一直维系到今天。

表4-3　1989—2017年外资主导的加工贸易对中国贸易的扩张效应

年度	出口总额增加值（亿美元）	加工贸易出口增加值（亿美元）	加工贸易对总出口的贡献率（%）
1989	50.2	59.71	118.90
1990	95.5	66.16	69.30
1991	97.5	70.10	71.90
1992	131.0	77.70	59.30
1993	68.0	46.29	68.10
1994	292.7	127.44	43.50
1995	277.7	167.38	60.30
1996	23.1	106.09	459.30
1997	317.4	152.75	48.10
1998	9.2	48.52	527.40
1999	112.2	64.28	57.30
2000	542.7	276.70	51.00
2001	169.0	98.00	58.00
2002	595.0	324.93	54.60
2003	1126.3	619.22	55.00
2004	1551.0	861.21	55.50
2005	1686.2	884.97	52.30
2006	2070.3	938.88	45.30
2007	2510.8	1072.75	42.70
2008	2106.3	575.54	27.30
2009	−2290.8	−882.52	−38.50
2010	3761.6	1534.17	40.80
2011	3206.3	950.05	25.30
2012	1503.3	273.93	18.20
2013	1602.9	−26.37	−1.60
2014	1332.9	−241.78	−18.10
2015	−688.2	−866.88	−126.00
2016	−1758.4	−821.99	−46.70
2017	1667.4	435.04	26.10

（资料来源：根据国家统计局的《中国贸易外经统计年鉴2017》数据计算）

外资企业的贸易扩张效应主要体现在加工贸易出口增加值对总出口增加值的贡献上。从1989年加工贸易净出口转负为正之后，其净出口数额的扩张一直持续至2012年，其间其总出口增长占比在2007年全球金融海啸以前，基本维系在50%以上，有的年份更达到5倍以上，这充分显示了加工贸易对中国出口的扩张效应。2009年以后，全球经济形势的变化和中国劳动力优势的逐步消减，致使加工贸易的订单外流境外成为一种趋势，加工贸易对中国贸易的扩张效应逐步下滑。同时，加工贸易下滑的背后，内含着转型升级的加快，以及本土企业对外贸易扩张能力的上升。这标志着中国以外资主导的对外贸易已经转为由中国企业所主导，加工贸易在中国对外贸易中的主导地位也已结束。

同时，我们可以把加工贸易，尤其是外资企业对中国对外贸易的扩张效应下滑看作是中国企业从没有海外销售的能力成长到可以进入大规模的海外销售，并逐步在中国外贸领域替代外资企业的结果。这是中国企业的进步。

表4-4　1989—2016年加工贸易对外汇储备的扩张效应

年度	贸易顺差总额（亿美元）	加工贸易顺差（亿美元）	当年末外汇储备增加值（亿美元）	加工贸易对外汇储备增加值的贡献率（%）
1989	-66.0	26.2	21.8	120.30
1990	87.4	66.6	55.4	120.20
1991	81.2	74.0	106.2	60.70
1992	43.5	80.8	-22.7	—
1993	-122.1	78.8	17.6	448.70
1994	54.0	94.1	304.2	30.90
1995	167.0	153.6	219.8	69.80
1996	122.2	220.5	314.3	70.20
1997	404.2	293.4	348.6	84.30
1998	434.8	358.6	50.7	707.30
1999	292.2	373.0	97.2	383.90
2000	241.3	450.9	109.0	413.70
2001	225.4	534.6	465.9	114.70
2002	304.3	577.3	742.4	77.80
2003	254.7	789.1	1168.4	67.60

（续表）

年度	贸易顺差总额（亿美元）	加工贸易顺差（亿美元）	当年末外汇储备增加值（亿美元）	加工贸易对外汇储备增加值的贡献率（%）
2004	321.0	1062.8	2066.8	51.40
2005	1020.0	1424.6	2089.4	68.20
2006	1775.2	1888.8	2474.7	76.30
2007	2639.4	2490.9	4619.1	53.90
2008	2981.3	2967.4	4177.8	65.50
2009	1956.9	2145.7	4531.2	72.00
2010	1815.1	3228.0	4481.9	47.40
2011	1549.0	3655.3	3338.1	109.50
2012	2303.1	3814.0	1304.4	292.40
2013	2590.2	3633.8	5097.3	71.30
2014	3830.6	3607.3	217.0	1662.30
2015	5939.0	3509.2	–5126.6	—
2016	5097.1	3188.9	–3198.4	—

（资料来源：根据国家统计局的《中国贸易外经统计年鉴2017》数据计算）

即使如此，外资企业主导的加工贸易在今天仍然是中国外汇储备的最大来源。在全球金融海啸之后，中国外汇储备仍然大幅增长，加工贸易所获取的外汇增长可以说是唯一的解释。

1989年起，接近30年，加工贸易成为中国净出口，也即贸易顺差的最大来源。与一般贸易相比，加工贸易不仅弥补了中国对外贸易，尤其是服务贸易的逆差，同时也带来大量的外汇收益，为国家的工业化积累了外汇收入和资金。表4–4以加工贸易对外汇储备增加值的贡献率，描绘了加工贸易对外汇储备的扩张效应。

自1989年加工贸易首次录得净出口（即顺差）以来，到2016年的27年间，加工贸易应当是中国外汇储备增长的主力军，其贡献率在2014年更高达16倍以上。实事求是地说，加工贸易净出口的扩张不仅使中国获取了巨额的外汇收入，更是中国成为全球外汇储备第一大国，从资本稀缺国、债务国逐步发展成为全球最大资本债权国的原因之一。

二、加工贸易FDI的技术扩散和溢出效应

外资加工贸易的技术效应首先体现在技术扩散的直接效应上。加工贸易虽然具有“大进大出”特点，在东道国本土的植根性很低，但是外资企业，尤其是跨国公司海外企业的进入会带来新的生产设备、技术和管理知识。实际上，改革开放初期，中国企业接触世界的新技术往往就是从设备引进开始的，而当时大量的国外设备引进者就是外资企业。事实已经证明，由外资的生产进入所带来的直接技术扩散必然要优于世界市场上因商品流动而产生的间接技术扩散。

外资加工贸易技术扩散的前提是外资企业具有的对本土企业的技术优势。加工贸易虽然是全球价值链的低端制造链条，但是这条链条能够进入中国，表明外资必然具有中国企业所不能企及的技术优势。FDI的理论分析认为，一家企业到境外投资，与东道国的企业相比，必须具有绝对优势而非相对优势。国际贸易的发生，只要各国具有相对优势就可以了，而国际直接投资FDI是海外企业与本土企业在东道国发生的竞争，这种竞争的基础是绝对优势。绝对优势本身就是竞争优势，包括技术、知识产权、市场网络、供应链管理等一系列的企业资源。即使是在价值链的低端制造链条上，外资企业也必然拥有中国企业所不具备的技术优势。

从外资加工贸易所占据的主要产业和其在中国从事的技术活动看，外资企业的技术扩散效应十分显著。

首先，中国目前的高新技术产业中，外资加工贸易几乎占据绝对比例。以电子信息产业为例，2016年的数字显示，在规模以上（年主营收入为2000万元人民币）的电子信息产业制造业中，虽然在企业总量中外资企业仅占企业总数的30.6%，但是却占据了5成以上的经营活动，进出口接近7成，其中出口超过6成，加工贸易出口接近6成，成为中国电子信息产业的主力（见图4–2）。

其次，外资FDI的技术扩散效应也表现在外资企业在中国制造业中的R&D活动、产品与工艺创新活动和新产品开发活动，都比中国企业更显活力，外资企业是中国工业制造企业中最具技术创新力的企业群体之一。

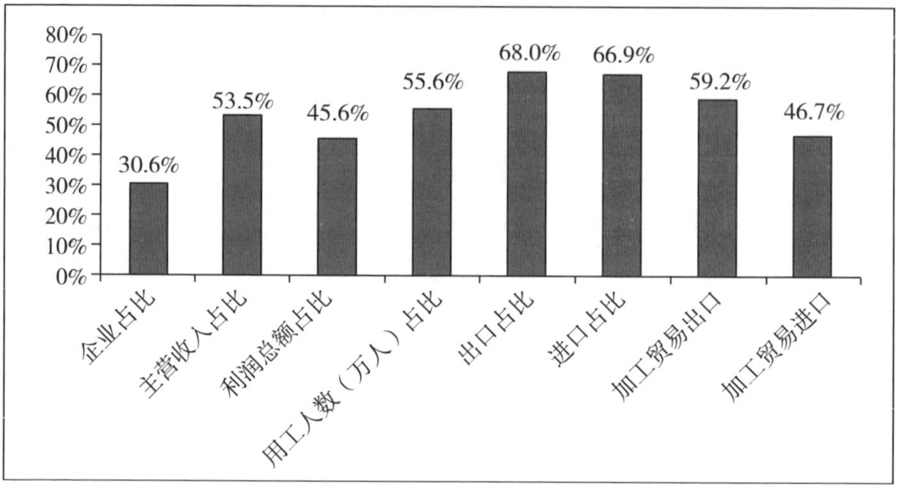

图4-2　2016年外资企业与加工贸易在中国电子信息产业经营活动中的占比

（资料来源：根据电子工业出版社的《2017中国电子信息产业年鉴》数据整理）

表4-5　2016年规模以上工业企业R&D活动及专利情况

企业类别	R&D企业占比	R&D项目数占比	R&D经费占比	发明专利申请占比	有效发明专利占比
国内企业	87.0%	82.0%	78.0%	82.5%	80.9%
外资企业	13.0%	18.0%	22.0%	17.5%	19.1%

表4-6　2016年规模以上工业企业新产品开发及销售情况

企业类别	新产品开发项目占比	新产品开发经费占比	新产品销售收入占比	新产品出口占比
国内企业	79.9%	75.9%	69.2%	46.1%
外资企业	20.1%	24.1%	30.8%	53.9%

表4-7　2016年规模以上工业企业产品、工艺创新情况

企业类别	产品创新和工艺创新企业数占比✶	产品创新企业数占比✶	工艺创新企业数占比✶
国内企业	39.7%	25.9%	26.9%
港澳台企业	45.5%	31.0%	30.8%
外资企业	46.7%	31.9%	31.2%

注：带✶的企业占比指国内企业、港澳台企业与外资企业中各自有多少企业参与创新活动。

（资料来源：根据国家统计局《中国统计年鉴2017》数据整理）

从上述三个表中可以看出，外资企业虽然在中国规模以上工业企业中数量很少，仅占4.6%，但是无论是R&D活动，还是新产品开发，以及产品、工艺创新，外资企业的参与率均远远超出其在总量上所占比重。且外资企业所参与的项目、活动和经费开支、销售收入与出口都有十分显著的表现。

由此可见，无论是从事加工贸易还是中国内地销售的外资企业，在中国内地的生产活动都比中国企业具有更强的技术优势，其技术扩散效应通过外资企业在中国内地的生产活动，使中国员工在生产过程中产生的“干中学”的学习效应得以发挥。

FDI的技术效应不仅表现在技术扩散的直接效应上，还表现在示范和借鉴的间接效应上，这种效应被人们称为“技术溢出效应”。在实践经验的总结角度看，外资加工贸易本身所具有的技术溢出效应，主要分为三类：一是产业内的竞争和示范效应，二是产业间的前后相关联效应，三是员工流动效应。①

外资加工贸易进入中国，尤其是在新兴产业领域开展面向全球市场的加工组装时，所使用的技术会通过设备、产品、员工交流、客户技术资料等许多有形或无形的形式，对本土企业进入新产品领域或本土同类企业产生影响。一方面，如果外资加工贸易的产品是世界市场上的高新技术产品，在加工组装过程中会把新产品的信息，包括制造产品的技术、工艺，向外扩散，为本土企业带来示范效应，促进本土企业进入新产品的技术仿制和追赶阶段；另一方面，外资加工贸易所带来的更为先进的技术，即使不进入本土市场，也会加大本土企业的竞争压力，促使本土企业在模仿的基础上不断进行技术创新。这就是竞争效应。

加工贸易主要是一种“两头在外”的经济大循环，其在本土带动的产业关联效应要远低于开发中国本土市场的外资和一般贸易。即使如此，从加工贸易的进口—加工—出口流程看，物料的进口和产品的出口需要大量的物流和运输服务，更需要世界一流的便利化港口设施。由此，会带动本土的前向关联产业——物流运输，以及本土基础设施的完善和发展。改革开放以来，中国的沿海港口建设和国际物流运输的大发展，使中国成为全球最大的物

①戚晓曜、邱志珊：《中国加工贸易研究》，中国经济出版社，2011，第52页。

流基地和海运国家，目前全球十大港口中中国就占据了8个，并且都排在前列。中国在货物互联互通的全球网络上取得的巨大进步，与过去40年来加工贸易的“大进大出”国际物流运输的需要紧密相关。而加工贸易的后向关联效应主要是本土企业进入外资加工贸易的上游供应链环节，为加工商提供大量的零部件和组件，以提高本土的产业配套水平。然而，到目前为止，中国的加工贸易本土产业配套更多是由外资企业完成的。即过去为加工生产商配套的境外供应商，随着加工生产商的大量进入中国，也跟随进入，就地加工就地供应。事实上，外资加工企业在中国本土的采购率越高、加工贸易所联动的产业链条越长，产业关联效应就越大。

外资加工贸易企业的员工流动会带动技术在全行业的扩散与流动。尤其是技术人员、管理人员、经营人员的流动，往往具有十分显著的溢出效应。这类人员通过在外资企业的实践和学习，掌握产品加工的技术及设备使用和企业管理的知识后，大多会自己出来开办新企业，与原有的外资企业展开竞争，并不断发展壮大自己。FDI的技术溢出是中国本土企业成长的一条主要路径。例如东莞长安镇是中国有名的模具生产专业镇，其模具的生产是从外资企业的加工贸易开始的。随着模具师傅纷纷出来创立自己的模具工厂，目前长安镇的模具产业已经基本由本土企业控制。

第三节　加工贸易与产业结构优化效应

如前所述，加工贸易的产业变换对中国的产业结构提升具有十分重要的促进效应。其原因在于加工贸易作为全球价值链中的加工制造环节，促使全球的国际分工从以产品、产业为边界，走向同一产品内部的价值链条分工。由此，发展中国家可以在西方发达国家新兴产业崛起的同时，与发达国家同步进入新兴产业。这就使得发展中国家的经济“赶超”战略，从过去的劳动密集型产业—资本密集型产业—知识技术密集型产业的相当长路径转变为可以直接跨越劳动密集型产业，跟随西方跨国公司同步进入知识技术密集型产业，并沿着价值链的不同链条向上提升。

中国过去40年加工贸易发展的实践，已经证实了加工贸易的发展有力地推进了产业结构调整优化的步伐，加速了中国工业化的进程，提高了中国制造的整体素质和水平。加工贸易对于中国产业结构的优化，可以从下面几点得到证实。

一、加工贸易是中国进入高新技术产业的阶梯

从实行对外开放的初期一直到20世纪90年代中期，中国高新技术产品的出口一直处于很低水平。这与中国当时的工业化水平直接相关。1995年中国高新技术产品的进出口仅占中国进出口总额的11%，其中出口占比仅为6.8%。真正的改变发生在1995年之后，其增长开始提速。2002年高新技术产品出口占比直线上升到21%的水平，2016年这个比重升至29%。增长提速也从根本上改变了中国在世界贸易版图中的高新技术产品进出口的相互关系。2003年之前，中国的高新技术产品交易一直呈逆差状态。2004年则成为关键的年份，即中国的高新技术产品出口超越进口，并且一直保持顺差地位至今。

如果我们深探中国高新技术产品进出口的构成，就可以发现，中国的高新技术产品进出口，尤其是出口的发展，实际上是由加工贸易推动的。随着知识技术密集型产业的加工贸易在20世纪90年代中后期进入中国，加工贸易不仅在高新技术产品的出口中占据绝对的比例，更成为拉动中国高新技术产品出口的绝对主力。

表4–8和图4–3记录了从1997年起到2016年，中国高新技术产品的发展状况，以及加工贸易高新技术产品出口所占比重。在这一期间，高新技术产品出口增长了36倍，其中以加工贸易方式出口的高新技术产品则增长了25倍。1998—2001年间，以加工贸易方式出口的高新技术产品占总体的出口比重曾高达90%以上；2002—2009年间这个比重持续维持在80%以上；2010年以后，以加工贸易方式出口的高新技术产品的比重开始逐步下降，但是仍然基本维持在60%~70%的水平。虽然以加工贸易方式出口的高新技术产品的比重在逐步下降，但是至今为止仍然占据着绝对主导地位。

表4-8 中国高新技术产品出口与加工贸易高新技术产品出口状况

年份	高新产品出口总额（亿美元）	加工贸易高新产品出口额（亿美元）	加工贸易占比（%）
1997	163.1	143.69	88.1
1998	202.5	182.25	90.0
1999	247.0	224.28	90.8
2000	370.4	337.06	91.0
2001	464.5	432.16	91.1
2002	678.6	605.99	89.3
2003	1103.2	989.57	89.7
2004	1653.6	1476.66	89.3
2005	2182.5	1948.97	89.3
2006	2814.5	2457.06	87.3
2007	3478.2	2970.38	85.4
2008	4156.1	3248.78	82.5
2009	3769.3	3071.98	81.5
2010	4923.8	3880.31	78.8
2011	5488.3	4221.59	76.9
2012	6011.7	4317.13	71.8
2013	6603.3	4314.16	65.3
2014	6605.4	4391.07	66.5
2015	6553	3951.96	59.4
2016	6041.7	3691.04	61.1

（资料来源：根据中国科技部的《中国高新技术产业统计年鉴》各年号整理）

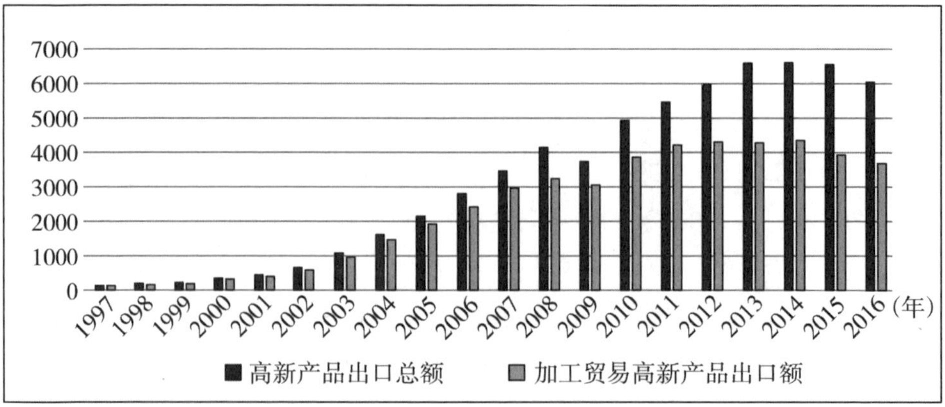

图4-3 加工贸易高新技术产品出口情况（亿美元）

正是在外资企业加工贸易的推动下，中国明显地改善了自身在全球价值链中的地位，在高新技术出口的增长方面遥遥领先于发达工业化国家，逐步成为世界高新技术产品的重要生产、出口基地，成为新兴经济体在高新技术产业中获得长足进步的主要驱动力。2007年中国的高新技术出口在全球市场中的份额比1995年增长了13.5%，中国超过美国成为全球最大的高新技术产品出口国。亚洲开发银行更在《2015年亚洲经济一体化报告》中指出，中国目前在亚洲高端科技产品出口中所占份额从2009年的9.4%上升到2014年的43%，位居亚洲第一位。而中国的科技进步贡献率也从2000—2005年的43.2%，上升到2011—2016年的56.4%水平。①

2015—2016年期间，加工贸易在订单流出海外十分严重的情况下，高新技术产品的出口出现极大幅度的下降，而同期中国高新技术产品的出口总额也在下降，如果没有中国高铁在2015年起进入世界高新技术产品的出口领域，估计中国高新技术产品出口下降的幅度会更大。由此可以看到，加工贸易与中国的高新技术产品出口具有极其密切的正相关关系，即加工贸易高新技术产品的出口仍然主导着中国高新技术产品的出口走向。图4-4显示的中国高新技术产品出口增长与加工贸易高新技术产品出口的增长几乎具有完全的一致性。这种状态表明，加工贸易出口的走势主导着中国高科技产品出口的变动和走势。

图4-4 中国高新技术产品出口增长与加工贸易高新技术产品出口增长走势

①国家统计局：《中国统计年鉴2017》，中国统计出版社，2017。

实事求是地说，中国加工贸易中高新技术产品的生产，目前仍然处于整条价值链的加工制造低端环节，因此出口所获取的贸易利益仍然以加工费为主。但是，以加工贸易方式进入的知识技术密集型产业是中国新兴技术产业借以发展的主要阶梯和敲门砖。一方面，知识技术密集型产业的进入，标志着在跨国公司主导的全球价值链的加工链条上，中国的竞争优势已经不再是低廉和非技能劳动，而是较熟练的技能劳动；另一方面，通过加工贸易可以使中国尽早地进入高新技术产品的国际市场，并且沿着价值链逐步地向更高附加值的链条攀升。

二、加工贸易对中国制造业结构优化的引导效应

加工贸易对于中国国内产业的促进，首先表现为加工贸易前后向关联制造业的发展，尤其在后向关联产业方面。加工贸易的“大进大出”，在其规模急速扩张的情况下，为中间产品提供了巨大的市场空间，诱发了本土企业、外资零部件供应商进入中国本土生产的动机，从而带动了国内关联制造业的快速发展。尤其是高新技术产业的加工贸易，为中国本土的高新技术中间产品发展提供了巨大的市场支撑，使得中国目前已经发展为全球最大的国际采购基地。

以加工贸易中占据最高比例的电子信息与通信产业（ICT）为例。20世纪90年代的中后期，在电子信息与通信产业进入中国展开加工贸易之初，大部分的零部件和组件是由海外的供应商提供的。随着电子信息与通信产业加工贸易规模的持续扩张，中国本土的电子零部件产业开始起步，并且快速成长。今天，电子信息与通信产业的中间产品供应链已经基本在中国本土建立，除核心组件和深度加工的基础材料之外，属于应用技术的中间产品已经可以在中国本土就地采购。电子信息与通信产业的本土产业配套已经达到了95%。由此，中国作为全球电子业零部件最大的采购基地已经在21世纪的头一个10年间基本建立。

以电子元器件为例。2016年全球电子元器件的产值规模达到了5250亿美元，其中中国以1408亿美元的生产规模占据了27%的比重，为全球电子元器件第一大生产国。而当年中国的市场需求规模为2177亿美元，产销之间仍然

具有35%的缺口需要满足。因此，可以预见在未来10年的全球电子元器件生产领域，中国仍然有较大的生产和市场发展空间。

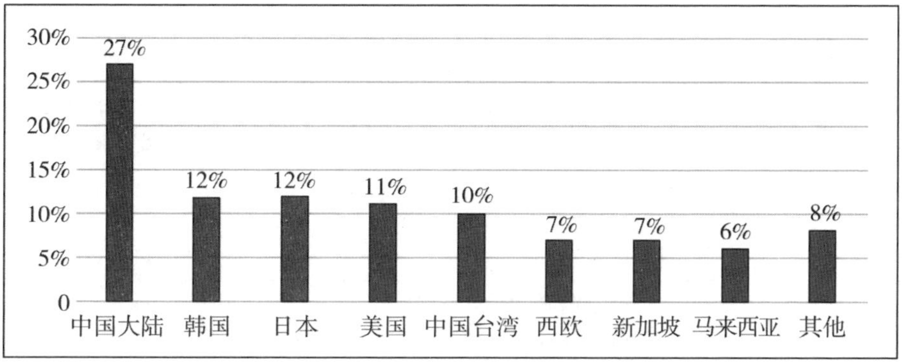

图4–5　2015年全球电子元器件产值占比

（资料来源：《2017中国电子信息产业年鉴》，电子工业出版社）

此外，根据有关专家的观察，中国ICT产品的出口带动了本土的基础金属、采矿、橡胶和塑料、化学品产业，以及金融中介、批发、机械设备租赁机器及其商业活动的发展。其原因是目前中国ICT产品出口所需的直接或间接投入大部分来自国内市场。①

加工贸易的持续转型升级还带动了中国制造业结构的逐步优化。加工贸易首先在劳动密集型的传统产业起步，随着传统产业的价值链不断向上游链条延伸，逐步覆盖全产业链，在加工贸易出口的引导下，中国的传统产业如纺织服装、玩具、钟表、家具在世界市场具有了竞争力。随后，家用电器等耐用消费品也逐步占领国际市场，上述的产业很多已经从OEM（即简单的订单制造）发展到OBM（即已经具有自己的品牌），并作为完整的产品制造走向了世界市场，并且占据了竞争优势。

20世纪90年代中后期至今，加工贸易都是中国三大产业的主要参与者，即机械电子产业、仪器仪表产业和交通设备制造业。2010年前后，加工贸易三大主导产业对中国制造业的影响达到顶峰。随着中国本土的制造业逐步发

①杜大伟、若泽·吉勒尔梅·莱斯、王直：《全球价值链发展报告（2017）》，社会科学文献出版社，2018，第80页。

展，逐步替代了加工贸易的产业，三大主导产业在中国出口中的占比下降。这个下降的背后，正是加工贸易产业引导效应的最终体现，即中国本土制造业结构优化的结果。

表4-9　2010年及2016年加工贸易对中国制造业结构优化的三大产业变化

产业	海关HS大类	2010年加工贸易出口占比（%）	2016年加工贸易出口占比（%）
机械电子产业	第16类机械器具、电气设备及其零件、录音机及放录机、电视图像、零件、附件等	68.04	51.5
仪器仪表产业	第18类光学、照相、电影、计量、检测、医疗或外科用仪器及设备、精密仪器及设备、钟表、乐器等	67.26	52.4
交通设备制造业	第17类车辆、航空器、船舶及有关运输设备	62.06	39.4

（资料来源：中国商务部2011年、2017年《中国贸易外经统计年鉴》）

随着加工贸易退出传统产业，在20世纪90年代末期开始迈向知识技术密集型产业，中国制造业结构向着新兴产业的提升速度也随之加快。经历了20多年知识技术密集型加工制造业的发展，今天的中国已经是全球移动通信的高端产品——智能手机的全球最大生产基地，为世界市场提供了总量占50%以上的产品。当手机产业以加工贸易的方式进入中国后，尤其是进入智能手机阶段，掀起的中国本土智能手机产业爆炸性的增长，大大超出了人们的想象。中国本土的华为、小米、OPPO等手机，今天已经雄霸印度以及中亚和非洲市场。通过移动终端产生的移动支付、中国自己的“脸书”——微信、大数据等互联网创新层出不穷。加工贸易所引发的产业引导效应在移动终端上达到了顶点。

三、加工贸易对中国经济联通性的促进效应：交通物流产业

加工贸易是全球价值链的一个组成部分，是全球供应链体系和经济大循环的产物。全球价值链需要供应链的畅通无阻，经济大循环更需要各国之间的互联互通。联通性对于一个国家能否深度参与国际分工体系具有十分重要

的作用。

根据麦肯锡全球研究院的计算，各种形式的全球流动不仅每年为全球GDP增长贡献15%~25%，同时也加速了参与全球流动的经济体的增长。全球流动对联通性最高的经济体GDP增长贡献率高达40%。[①]由此，麦肯锡全球研究院通过对各经济体的商品、服务、金融、人员与信息流量的研究，提出了全球的联通性指数（Connectedness Index），作为全球互联互通的竞争力指标。

在经济全球化浪潮的推动下，一国的联通性程度十分重要。全球生产和供应链网络的特征是流动，而流动依靠经济体之间的联通达致，因此经济体之间的互联互通不仅成为目前发展的一个重要趋势，更是全球竞争的主要内容。互联互通的主要物质基础与产业之一，就是各经济体的大型交通基础设施，以及在此之上的物流运输业。也就是说，物流运输是实现联通性的主要活动，而物流运输活动的场所港口与空港就是供应链网络的中枢。

全球价值链的运转和命运在很大程度上依赖供应链的流通。当跨国公司把产品的价值链在地理上做出分割时，要把这些分割的生产工序紧密地连接，把分布于各个地理位置上的中间产品、最终产品，根据生产和市场的要求进行整合，交通与物流的时间配合和效率就成为必要。从这个角度看，对于加工贸易来说，单位劳动力成本固然重要，但是决定加工贸易最终命运的应该是供应链，即互联互通的物流效率与时效性。

由此，加工贸易能够在一个发展中国家长期存在与发展，必然要求这个国家具备十分完善的交通物流基础设施。从这个角度出发，加工贸易的发展不仅会带动一国制造业的结构提升和完善，也会带动一国的交通、物流产业，也即服务产业的大发展。

加工贸易在中国的起步，发源于香港的制造业转移。此时中国脱离国际市场已久，供应链、港口运输、物流服务处于较低的发展水平。而克服这一缺陷的捷径，就是把供应链即港口运输、物流服务放在全球互联互通水平最高的自由港——香港。这就是中国加工贸易在很长时间依靠香港转口贸易的原因。由此也解释了香港与广东因加工贸易而形成的“前店后厂”关系。

①理查德·多布斯等：《麦肯锡说，未来20年大机遇》，广东人民出版社，2016，第79页。

“店”的功能不仅仅是承接订单、在国际市场进行营销，更在于自由港的转口服务。同时在中国加工贸易的退税优惠条件下，自由港的套利机制得以最大限度地发挥，使得香港占尽优势。因此，香港在中国改革开放后的前20多年间，迅速崛起为全球第一位的集装箱大港。

但是，当加工贸易运输物流量急剧增长、加工贸易走出广东向东南沿海其他地区扩散时，加工商更希望得到就地的运输物流服务。故此，珠三角地区、长三角地区沿海城市的港口建设、供应链开始逐步成形。内地物流产业的迅猛发展，逐步地取代了香港的离岸运输物流服务。今天全球十大集装箱港口中，中国港口占据8个。香港港则光环褪去，从全球第一位下滑至2016年的第六位，而且下滑仍未停止。香港从全球第一位的转口贸易中心，转变为全球的离岸贸易中心。

从中国运输物流产业的发展看，加工贸易的促进作用显然占据着十分重要的地位。加工贸易不仅促使中国成为全球贸易大国及出口第一的国家，也成就了中国目前的海运第一大国的地位。这是因为与一般贸易相比，加工贸易更强调物流运输的效率性和时效性。

世界银行从2007年起，运用6个指标对全球160个经济体的物流效率进行评估，计算各个经济体的物流效率指数。海关、基础设施、服务质量是供应链的投入观察指标；成本、时间、可靠性则作为效益考察指标。6个指标的结合构成整体物流供应链的效率与竞争力。根据世界银行的计算和排名，排名全球前25位的经济体，其供应链和物流效率处于世界一流的水平。而2016年中国的排名为第27位，已经接近世界一流水平。①

第四节　加工贸易与就业创造效应

加工贸易作为全球价值链的加工组装环节，其链条是以非技能或技能型劳动为特点。加工贸易源于跨国公司的离岸外包与制造，“离岸外包是一种生产活动的跨境移动，而这种生产活动是与特定类型和技能的劳动者任务相

①World Bank，*Connecting to Compete 2016——Trade Logistics in the Global Economy*。

对应的”。[①]也就是说，离岸外包的主旨就是把原本置于国内、耗费劳动力的加工制造环节，外包到特定的劳动力密集的海外进行。因此，加工贸易所内含的离岸外包，实际上就是全球劳动力资源的重置。加工贸易正是利用发展中国家所具有比较优势的“新的可贸易品”，即劳动力，来融入全球价值链的。这种劳动外包必然使发达国家的就业机会外流，给发展中国家带来参与全球劳动分工的新机会，为能够有效利用这种新机会的国家创造更多的就业，使它们的经济更快增长，从而令它们可以通过参与全球价值链获益。

在全球价值链中处于不同位置、具有不同参与度的国家，在增加值获取和就业促进方面差异很大。美国等西方发达国家是以技术优势，从上游参与全球价值链的（如出口核心与复杂的中间产品和零部件），而发展中国家主要用劳动优势，以加工出口为形式，从下游参与全球分工（出口组装的最终产品），即以简单劳动加入全球价值链。加工贸易本身就是这个环节的体现。由此，加工贸易本身对中国具有十分明显的就业创造效应。

加工贸易对中国就业创造的最大效应不仅仅表现在数量上，更表现为把大量剩余、边际生产率已经为负的农村劳动力，转变为边际生产率递增的工厂流水线上的产业大军。这种变“农”为“工”的劳动力创造和配置机制，是加工贸易首先发起和实施的。由此，带动了中国的农村向城市、中西部地区向东南沿海地区的人口大迁徙，这不仅满足了加工贸易的大量劳动力需求，更促进了东南沿海地区的城市化。外来务工人员成为中国过去40年中产业工人的写照。在此，加工贸易作为中国最大的外来务工人员吸纳器，发挥着十分显著的就业促进效应。

由于中国没有加工贸易就业人口的具体统计，参照有关专家的估算，可以推断出加工贸易就业人数从1978年起仅为几百人，到1992年增长为2800万人。随后就业数字逐年增长，2007年金融海啸之前，就业人数已经高达7600万人，占中国总就业人数的10%。[②]2005年香港工业总会发布《珠三角制造》

①杜大伟、若泽·吉勒尔梅·莱斯、王直：《全球价值链发展报告（2017）》，社会科学文献出版社，2018，第30页。

②崔玮：《加工贸易与中国经济增长——产品内分工视角的研究》，经济科学出版社，2010，第184页。

报告，指出港商在珠三角地区共有5万多家企业，雇用外来工超过1000万人。也就是说，仅是单一的港商在单一的珠三角地区，其吸纳的劳动力就在1000万人以上。广东也由此成为外来人口流入的最大地区。

2009年因金融海啸和加工贸易的转型升级，作为最大的外来务工人员吸纳器的加工贸易处于增长放缓走势，其就业促进效应开始下降。一方面，产业转型升级造成了加工贸易的减少，这直接造成对劳动力的需求降低；而另一方面，2005年东南沿海地区首次出现的劳工荒，也极大地减少了加工贸易的劳动力供给。劳动力短缺不仅导致订单外流，更促使加工贸易出现了产业急速集中的现象。在加工贸易集中的广东地区，大量港台中小企业退出市场，生产能力迅速向外资大型企业、知识技术密集型产业集聚，促进了劳动力的资本有机构成水平提高。政府出台的“机器换人”和自动化政策，既弥补了劳工短缺，也提升了劳动力的素质。由此，加工贸易的就业吸纳数量大幅下降。

由2014年国家商务部对中国出口拉动就业所做的计算可以看到：加工贸易在2012年拉动的就业总量为2290万人，占全部出口就业人口的16%；而每百万美元出口拉动的就业仅为26.5人次，远低于一般贸易出口和服务出口。其中直接在加工贸易企业就业人数仅为1815万人，已经在2000万人之下，而拉动的间接就业为475万人（间接就业指直接就业所拉动的国内基础性产业的就业，尤其是农业）（见表4-10）。由于加工贸易生产过程中较多地使用进口的原材料、部件，因此，间接拉动就业的作用并不显著。

表4-10 2012年中国出口拉动的就业

类别	每百万美元拉动的就业（人次）		总出口拉动的就业（万人次）		农业就业占比（%）
	全部就业	非农业就业	全部就业	非农业就业	
总出口	62.9	42.1	14094	9424	33.1
货物出口	59	38.4	12097	7872	34.9
一般贸易	82.7	51.1	9807	6047	38.2
加工贸易	26.5	21	2290	1815	20.7
服务出口	104.8	81.5	1997	1552	22.3

（资料来源：商务部，《全球价值链与我国贸易增加值核算报告》，2014）

但是，在出口拉动的国内增加值分配中，加工贸易的从业人员报酬则显著高于一般贸易，显示了加工贸易就业人员与一般贸易相比，具有较高的生产率。在加工贸易和一般贸易拉动的增加值中，前者占比达到45.8%，而后者则为43.4%。用这两者分别与表4-10中的就业总人口进行计算，则加工贸易平均每个就业人口报酬为6655美元，而一般贸易则为4157美元，加工贸易为一般贸易的1.6倍（见图4-6）。

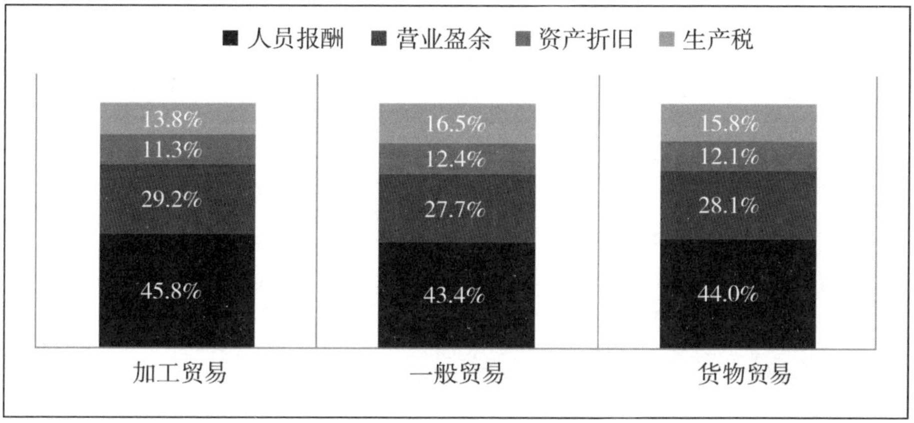

图4-6 出口拉动的国内增加值分配

（资料来源：商务部，《全球价值链与我国贸易增加值核算报告》，2014）

同时，如果把表4-10中每百万美元出口与拉动的就业人数做一反向比较，也可以得出，加工贸易的每百万美元出口所需的劳工人数要大大少于一般贸易，其意义也在于加工贸易的劳动力比一般贸易更具生产率。

2018年出版的《全球价值链发展报告（2017）》中，对1995—2009年参与全球价值链的中国信息与通信技术产业ICT的劳动生产率和要素使用数据进行分析，发现这个产业的劳动生产率增长十分惊人，15年间增长了约6倍。在整个生产过程中，绝大部分的劳动投入为中低等技术水平，高等技术劳动投入（即大学以上水平）占比仅为10%。这反映了中国信息与通信技术产业主要从事最终产品的组装活动，增值率不高。即使如此，无论是高等技术、中等技术还是低等技术工人的薪金水平随着生产率的提升都有较大幅度的提升，总体的薪酬在15年间翻了一番。其中中等技术工人的薪酬增加了80%，而低等技术工人的薪酬增加了50%，高等技术工人的薪酬提升幅度最大。

综上所述，中国加工贸易所处的全球价值链低端链条，所需的劳动力仍然主要在中低等技术水平。虽然随着中国产业的升级，加工贸易的增长已经不可能出现大规模的扩张，就业吸纳能力也会逐步收缩，但是加工贸易仍然是中国在相当长的时期内，开放型对外经济的一个组成部分。因此，加工贸易是中国稳定和促进就业增长的一个主要因素，更是中国通过工业化、城市化提升劳动力技术素质和收入水平的一条主要途径。

第五章 加工贸易升级：价值链升级的中国特色与经验

中国加工贸易的转型升级，在实践中一直伴随着加工贸易的发展进程。但是，实质性的转型升级则是在全球金融海啸以后。此前，这个转型升级的进程较为缓慢。

2000年起，中国政府开始调整加工贸易政策，期望把加工贸易发展进程中产生的外部社会成本，即环境污染、资源耗费等企业活动，转为企业必须承担的内部成本。2003年10月，在党的十六届三中全会及中央经济工作会议上，第一次提出了“引导加工贸易向产业链高端发展，促进加工贸易转型升级”的要求，把此作为中国新型工业化的一个组成部分。由此，2004年之后，加工贸易开始进入转型升级的新阶段。配合着转型升级的需要，2006年开始的“十一五”规划期间，加工贸易的国内经营环境逐步逆转，政策环境也开始从宽松进入收紧状态。劳工短缺、人民币升值、外资所得税优惠政策退出等一系列因素的出现，导致加工贸易的成本开始大幅上升，国际竞争的压力加大。在经营环境和政策环境的变化之下，中国加工贸易首次进入调整期。

但是，在2008年金融海啸之前，全球市场的持续高速发展和出口的景气持续，使得国际市场仍然处于扩容期。在加工贸易订单仍然持续增加的情况下，即使厂商面对多重压力，依然可以通过扩大加工规模，以求减少和化解压力。这就使得转型升级并没有得以实质性地顺利落地。

2008年以后，全球经济出现历史性大逆转。一方面，美国主导的经济全球化进入尾声，美国负债支撑的世界市场需求迅速化成泡沫。世界市场大幅紧缩，贸易保护主义越演越烈，并有不断加码之势。由此，中国实施多年的出口导向工业化，以加工贸易拉动经济增长的结构方式面临重大调整。市场萎缩使得加工贸易的订单急剧减少。出口拉动型增长走向了一个历史性的终结阶段。

另一方面，自2005年后中国劳工短缺开始出现，在劳工荒日趋严重的情况下，过去30年几乎没有提升的劳动力薪金（例如珠三角地区的外来劳工工资，在21世纪以前一直维持在600元人民币水平，几乎稳定不动）呈现出快步急升的走势。2008年实行的《中华人民共和国劳动合同法》更使劳工成本直线攀升。据统计，中国平均工资在2000—2010年提高了近4倍。中国人口红利日趋逼近终点，在中国东南沿海加工贸易的集中地区，劳工工资即使每年提升15%以上，仍然无法满足需要。这两种趋势在2008年以后的叠加效应，最终把加工贸易逼到死角，只有转型升级才能置之死地而后生。由此，2008年以后，中国加工贸易真正进入了一个脱胎换骨、凤凰涅槃的历史性转变进程。

第一节　从全球价值链视角观察加工贸易转型升级

加工贸易的转型升级，有转型与升级两个层面。虽然人们习惯把转型和升级当作一个概念，但实际上这两个部分既有交集，也有区别。在全球价值链产生之前，即仅有产业之间的国际分工形态的情况下，转型和升级极有可能是一个过程。因为升级是指向生产更高价值的产品转变，即初级产品的生产走向工业制成品的生产，农业生产走向工业生产。毫无疑义，这时的升级也就是产业的转型。

但是，随着国际市场的分节化，升级包含了价值链的概念，即商品是由一个价值链内多项任务组合生产出来的，在每个任务节点，都只创造商品总价值的一部分，从而产生“价值链上的升级”，即企业通过参与价值链上生产价值占总价值比例更高的任务（即增加值更高），来实现升级。[①]从这个

①杜大伟、若泽·吉勒尔梅·莱斯、王直：《全球价值链发展报告（2017）》，社会科学文献出版社，2018，第101页。

角度看：全球价值链的升级可以是产品生产进程中不同链条的变换，升级是指沿着价值链向更高附加值链条提升，是以价值链中增加值较高的链条或任务替代原有增加值较低的链条或任务，升级之后仍然处于这个产品分工的价值链中；也可以是全面升级产生的转型，即不仅仅是链条的变动，而是升级延伸至全部链条。从加工贸易链条开始，走向覆盖完整的全产业链条，最终从贴牌生产走向OBM，这就是全球价值链升级而产生的产业升级，也可以说是加工贸易的转型。

加工贸易作为全球价值链的低端链条，无论是升级还是转型，都会对加工贸易产生替代作用，尤其是转型。其一般含义多是以产品分工替代产品内分工，即变加工贸易为一般贸易或是国内市场销售。在这种情况下，一国的产品内国际分工的参与深度会随之降低；加工贸易的转型更可能使本土企业成为价值链中的主导企业，向海外布局生产基地，变自下而上为自上而下，即我们所说的出料加工贸易，也就是加工贸易的国际转移。这是目前中国加工贸易国际转移的一个趋势。调查显示，广东目前大约有30%的加工贸易企业已经把简单的加工环节转移到东南亚或非洲地区。因此，加工贸易的转型与升级，本身是相互联系又相互区别的，而转型升级中也包含加工贸易的产业转移。

为此，本部分主要着重于在加工贸易的价值链“升级”的分析上，把转型中的内销部分做专章论述。因为这个部分的转型，不仅仅涉及加工贸易，更涉及中国市场与世界市场从内外分割，走向内外贸一体化的制度性改革，其内容更为复杂。

一、加工贸易升级的主要内涵

全球价值链研究的大师加里·杰里菲（Gary·Gereffi）是最早从全球价值链考察产业升级的。他通过对全球价值链的考察指出，全球价值链的分析框架提供了关于全球产业的整体图景，即自上而下的全球要素和自下而上的本地要素。全球要素是指主导企业即跨国公司如何“治理”全球范围的分支机构和供应商网络，而本地要素则指特定的参与国的经济和社会“升级”或“降级”的轨迹。

全球要素有三个维度：一是价值链的投入产出结构，描绘将原材料转变为最终产品的过程；二是地理范围，说明产业的全球分布；三是治理结构，即主导企业如何控制价值链。本地要素也有三个维度：一是升级，即生产者在价值链不同阶段的转变；二是本地制度背景，即价值链通过本地经济和社会要素嵌入的制度背景；三是产业利益攸关方，即价值链中不同的本地行为

1. 价值链的投入—产出结构 2. 地理范围 3. 治理结构	全球要素
4. 升级 5. 本地制度背景 6. 产业利益攸关方	本地要素

图5–1　全球价值链的分析维度

（资料来源：选取自加里·杰里菲的模型，2018）

体如何互动实现产业升级。

因此，全球价值链的研究路径是从两个不同方向分析全球经济，即自上而下的全球要素角度的核心概念是“治理”，自下而上的本地要素角度的核心概念为“升级”，是指各国和其他经济利益攸关方为了维持或改善自身在全球经济中的地位所采用的战略。[①]由此可见，全球价值链的产生及发展，本身就包含了跨国公司的全球“治理”和参与国的“升级”。全球价值链的升级可以从三个维度展开分析。这三个维度就是升级的主要内涵，也是加工贸易升级的主要内涵。

产业价值链的升级路径最早也见于加里·杰里菲（Gary·Gereffi，1994，1999）对涉及跨境贸易的服装产业讨论，其提出出口厂商可沿CMT—

①加里·杰里菲等：《全球价值链和国际发展：理论框架、研究发现和政策分析》，曹文、李可译，上海人民出版社，2018，第4页。

OEM—ODM—OBM轨迹升级。他的看法很快被其他学者指出该模型不具有产业普遍性。其主要争议是从ODM到OBM的升级并不具有必然性。一旦OEM或ODM厂商要向OBM发展，就会直接威胁到主导企业的利益，即跨国公司的“治理”网络，提供OEM—ODM厂商的跨国公司会担心供应商的品牌建立行为威胁到自身市场地位，从而采取订单转移方式，制止ODM厂商升级至OBM。瞿宛文（2006）提出OEM和ODM皆属代工（Sub-contracting）范畴，OEM专做生产代工，ODM是生产加上设计，代工者从OEM升级到ODM具有延续性，是一种连续性的学习与升级。相对地，从代工转进OBM是两种不同的经营模式，人力资源差异较大，代工企业因受跨国公司即外包方的压力而进入OBM的诱因较低、限制较多。由此可见，沿着价值链的升级与转向品牌生产，应当是属于不同的经营模式，OBM实际上是一种升级导致的转型，即脱离或替代原有主导企业控制的价值链，而非单纯地在原有价值链内部升级。

汉弗莱（Humphrey）和施米特（Schmit）（2002）针对杰里菲观点的不足，提出四种升级方式：流程升级（Process Upgrading）、产品升级（Product Upgrading）、功能升级（Functional Upgrading）和跨部门／跨产业升级（Inter-sectoral Upgrading）。他们的升级理论适用于制造业和服务业，国际市场和本土市场，通用性较强，也解决了杰里菲升级理论仅适合解释出口制造业升级路径的局限性。汉弗莱和施米特的观点目前已经获得国际理论界的普遍采纳。

企业沿着价值链移动到创造更高价值的环节，就是功能升级。功能升级应该是最符合全球价值链升级含义的。这种移动往往与更高的劳动生产率相联系，因为移动到高附加值的环节，要求有更高的技能和更高的利润。从价值链的微笑曲线看，从加工组装向两端上游的无形生产前活动，即物流采购、设计、研发，无形生产后活动，即物流、营销（品牌）、服务的移动，就是功能升级。由此可见功能性升级，实质就是向制造业中的服务型制造升级。

产品升级是通过新产品的开发、生产更高附加值的产品，而非移动到价值链的其他环节而实现的增加值提升。例如电脑从台式电脑发展到第二代的手提电脑，手机走向更高端的智能手机等。这种升级并非通过提高劳动生产率来实现，而是主要表现为提高新产品的价格来获取更高的增加值。产品升

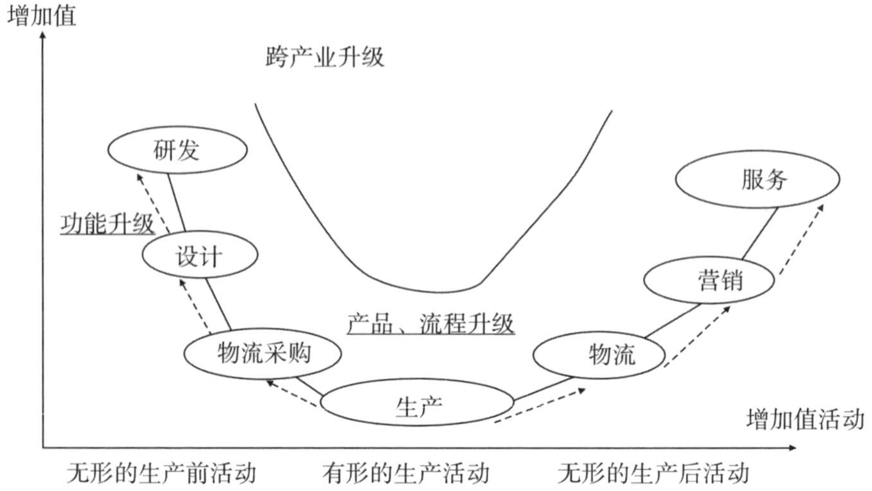

图5-2　价值链升级的形式

级的结果往往通过产品的多样性来体现。

流程升级也非价值链的移动，而是通过改良生产方法，引进新的设备和技术，从而更有效地提升生产效率来实现。流程升级既可以是生产工艺与流程的现代化，例如采用Just-In-Time（准时制生产/适时反应战略）的流水线和看板生产方法，节约制程时间，提升劳动效率和材料管理的精确性，也可以通过减少中间产品投入，或实行自动化生产来达到。例如采用机器换人的生产流程，可以极大地节约劳动，提高劳动生产率。

跨产业升级，则是指通过进入新产品的价值链获取更高的价值。主导企业利用自己的技术优势，延伸到其他产业，形成新的价值链是这种形式的主要特点。跨产业升级的实质就是产业升级，而非在原有价值链上的链条升级。

二、新兴经济体加工贸易升级的一般经验

实行出口导向型工业化，以加工贸易形式嵌入全球产业价值链，通过出口拉动经济增长，往往是发展中国家与地区经济起步的路径之一。这是东亚地区外向型经济发展的特点。东亚地区在过去的几十年中，把此模式大规模地复制到中国内地，尤其是中国东南沿海地区。

加工贸易被复制到中国，首先意味着复制者的国家与地区产业转型升级。在产业转型升级的过程中，必然包含着产业的转移，也即把原有产业复制到其他国家和地区。产业迁移可以说是产业转型升级内涵中的一个含义，但绝非转型升级的主要路径。如何摆脱全球价值链中的低端，延伸价值链且上升至高端链条，或是通过跨产业升级，进入更高端的产业，应当是转型升级的主旋律和发展目标。

发展中国家的新兴经济体产业转型升级为中国加工贸易转型升级的目标和路径选择提供了相当丰富的实践和经验。

中国台湾加工贸易转型升级的主要经验：台湾的加工贸易是从进口替代转向出口导向的产物。加工贸易在台湾被称为代工，主要在出口加工区展开。根据杰里菲的考察，台湾代工企业在全球价值链中的升级，主要表现为产品升级（从简单到复杂的同类产品）、经济活动升级（不断提升设计、生产和营销能力）、部门内升级（从制造转向附加值高的服务）和部门间升级（从低价值的劳动密集型产业转向资金、技术密集型产业）。

台湾代工的升级经历了3个阶段。第一阶段为1984—1995年，主要为淘汰劳动密集型产业，转向资本密集型产业的代工阶段。劳动密集型产业除服装外，几乎全部被淘汰（这个阶段也是台湾劳动密集型代工企业进入中国大陆的阶段）。由于IC、光学、电脑和周边设备即精密机械的代工兴起，1994年出口加工区科技产业占比大于65%。第二阶段为1996—2000年，通过依靠为国际知名厂商的OEM生产，台湾逐步在主机板、IC设计加工等技术含量较高的环节建立起竞争优势，并且在电脑等产业开始拥有了自己的品牌和核心技术，成为全球信息产品生产的一个基地。出口加工区科技密集型产业占比大于80%。第三阶段为2001年以后。代工企业在台湾转向知识密集型产业，尤其是在知识密集型服务业的发展战略下，加工制造链条大量向外转移，加工出口区的高科技制造业开始收缩，占比不到40%。其大量出口部分为咨询服务、研发设计、物流转运等价值链的上游环节，这标志着台湾已经从制造链条向着服务型制造链条转化。

在台湾代工企业升级的进程中，其中IC产业升级最具代表性。因为这个产业升级走的是一条由代工生产，通过技术学习和自主研发成立本土企业，到从事专业化代工设计的路径。台湾从20世纪60—70年代开始推动IC产业的发展。最具代表性的事件之一，就是台湾当局花费巨资，通过工研院引进了美国电子公司的半导体生产线，开始了IC生产技术向本土中小企业的扩散过程，带动了台湾本土IC企业，尤其是中小型IC设计企业的持续发展。其结果是台湾发展起了全球规模最大的晶圆设计生产代工企业（ODM），例如台积电、联华电子为本土代工设计企业提供所需的零部件，形成了以代工企业为基础、本土设计企业为核心、中小企业联动发展的台湾垂直分工体系。

台湾代工企业的升级，尤其是电子信息产业的升级，走的是OEM—ODM—高端专业化代工的道路。通过完善本土的上下游垂直产业链条，以贴牌生产提供产品给美国和日本公司。这些贴上美国或日本牌子的产品中，70%都是由台湾企业设计。电子零部件全球最大的代工企业台积电，最大的手机代工富士康都是全球专业化代工设计的代表。而在这些代工设计企业的升级中，灵活的本土中小企业在这个生产网络中发挥了重要作用，使得台积电、富士康能够成为全球规模巨大的合同承包制造商。

加里·杰里菲认为，台湾中小企业是产业升级的引擎。其升级模式综合利用了以下因素：促进市场准入和升级的政府政策；与大型本土企业和工商集团的紧密联系；组织化创新，即从相对简单的生产性贴牌转向更为复杂的“成套生产”，包括设计全球供应链管理等一系列高端的支持服务。

韩国加工贸易转型升级的主要经验：韩国的工业化是典型的加工贸易形态。韩国与中国台湾一样采取了出口加工区模式发展加工出口。在加工出口的发展过程中，韩国也经历了从劳动密集型走向今天的技术立国发展阶段。

20世纪60—70年代，韩国依靠西方国家的产业转移，通过加工出口，在中间产品和机械设备等产业基础非常薄弱的状态下，实现了出口的迅速扩张。以加工贸易为中心的发展是70年代韩国经济的主要特征。20世纪70年代中期之后，世界市场竞争激烈，韩国的轻纺工业出口遭受竞争压力，利用加工出口的资本积累和技术力量的提升，1973年韩国政府适时地提出了“重化工业化”战略，恰时碰到了美日发达国家大幅地转移重化产业。于是，韩国利用这个时机进行产业升级，即从劳动密集型工业向资本密集型工业过渡，实现更高级的出口导向型工业化。由此韩国的出口在70年代从纺织和鞋类，转变为钢铁、金属制品为主。20世纪80年代至90年代中期，又转向家电和汽车产业，标志着韩国的重化工业化取得相当的成果。1982年以后，韩国的重化工业产品出口占比一直保持在50%以上。

20世纪90年代韩国开始利用发达国家的电子信息技术产业的转移，加强自身半导体、计算机、办公自动化设备、工业机器人的技术知识密集型产业的发展，为后来的技术立国，进入世界一流市场奠定了基础。与韩国在80年代以前的立足承接国外产业转移不同，这次的产业升级更多的是韩国自身的积累，更多地表现为通过技术的进口替代促进产业升级的特点。其中政府的产业政策功不可没。可以说，韩国的产业政策是政府干预建立高新技术产业的成功典范。

韩国的加工贸易升级进程，更多地体现在抓住了产业国际转移的时机，成功地利用了本国的优势，承接了发达国家的顺次产业转移，从而顺次地进行了升级。然而，在加工贸易发展的每个阶段，韩国都十分注重技术的引进和模仿以及创新能力的培育。在加工贸易的起步时期，韩国就开始制定了一系列鼓励技术引进创新的政策，投入很多的人力、物力和资金发展本国的科技。虽然在很长的时期内，这些技术和人力资本的投资并没有看到即时的效应，但是长期的积累终于在20世纪80年代之后，取得了丰硕的成果。

此外，韩国的产业升级与中国台湾的不同之处，是韩国在自己本土企业的基础上，而非单纯的加工贸易升级，走出了依靠政府的支持和企业的技术追赶相结合之路。在全球市场培育了三星、现代、LG等跨国公司群体，实现了从加工贸易的升级，走向独立培育自己本土高新技术产业、世界品牌的华丽转身。这个升级是韩国企业从OEM的贴牌生产起步，走向自己品牌的设计，最终发展出领先全球技术水平的品牌产品，成为全球价值链中的主导企业。韩国的经验告诉我们，发展本国的高新技术产业，加工贸易仅是一个入口阶梯，要真正建立和完善本土高新技术产业，必须依靠自身的努力。因此，从这个视角看韩国加工贸易的升级，可以说，20世纪90年代韩国的加工贸易升级，更多地带有转型的特点，而非仅在价值链中的链条升级。

新加坡加工贸易转型升级的主要经验：历史上，新加坡的产业经历了3次转型升级，大概每15~20年一次。新加坡的工业化和加工出口起步发展，与中国的加工贸易具有相同的特点，即企业的主体大部分为外资，尤其是大型企业。只不过新加坡是整个制造业，而中国仅局限在加工贸易。

新加坡作为一个面积十分狭小、人口不多的微型经济体，在经济起飞的初期，为了改变转口港的单一经济地位，与中国台湾、韩国一样，实行了进口替代的产业发展政策。可是，新加坡与前二者最大的不同是，缺乏国内市场。为此，发展经济与扩大就业的双重目标，使得新加坡在20世纪60—70年代顺应当时西方国家劳动密集型产业的转移，转而大力发展出口导向工业化，走上加工贸易之路。

与中国台湾、韩国不同，20世纪60—70年代新加坡的劳动密集型产业不是纺织服装等加工产业，而是食品、家具、家用电器、电视、汽车组装、基础化学品等产业，其原因可能与新加坡作为东南亚地区的转口港地位，接近亚洲市场，而且是进入东南亚地区的桥头堡的区位优势相关。因而进入加工贸易的外资企业大多为知名的欧美跨国公司，通过在新加坡的加工组装进入东南亚市场。20世纪80年代，鉴于国际资本的产业转移与国内经济发展、劳动力薪金持续提升的形势，新加坡开始了第一次产业升级，即从劳动密集型产业走向资本密集型产业，其出口产品主要转变为工业电器、集成电路测试、精致化学品、石油化学品和医疗设备。20世纪90年代，全球新兴的高新技术产业促使新加坡开始了第二次产业升级。转型升级进入了晶片制造、集成电路设计、生物技术、石油化工等产品的加工制造。从2000年开始，新加坡进入了第三次产业升级，本次产业升级的主要方向为生物医学、生物科技、医疗保健、信息传播等知识密集型产业。

新加坡的制造业主体为外资企业，因此，其产业升级的特点主要是政府政策的鼓励和引导。在产业升级的过程中，政府通过四个方面的政策手段来促进外资企业的转型升级：一是工资政策的调整，通过周期性的工资增长政策，增加企业成本，迫使企业改进技术、生产工艺，淘汰落后产能；二是鼓励技术升级和投资，通过各种政府支持和财政补贴政策，鼓励企业投资技术升级，并建立工人技能发展基金，加强对工人的技术培训；三是不断调整招商引资政策，实行鼓励与限制并重的措施，重点支持新兴产业的进入；四是建设一批具有良好工业基础设施的新工业园区，为新企业提供良好的基地和辅助服务，使新兴产业能够集聚发展。[①]

在新加坡的产业升级，尤其是针对外资企业加工出口的产业升级中，

①戚晓曜、邱志珊：《中国加工贸易研究》，中国经济出版社，2011，第106页。

政府的政策发挥了最大作用。新加坡政府以产业政策为主，把策略发展产业作为奖励投资业务，并具体列出投资奖励的产业，引导外资的进入。新加坡的具体鼓励措施主要有：对先进产业、既设企业的产能扩张投资提供租税减免优惠；对营运总部、制造中心、研发投资提供投资抵免优惠；对新生产设备投资和各类促进新加坡高端服务的经营者也提供投资抵免和所得抵免的优惠。这些政策极大地推动了加工出口产业的技术升级，也成就了新加坡的全球跨国公司地区总部地位。与此同时，新加坡还十分注重协调引进外资企业与本土中小企业之间的平衡发展关系，在鼓励外资进入的同时，积极扶植本土中小企业的发展。

新加坡的产业升级中，最为突出的亮点是重视技术、人才和创新活动的培育。新加坡很清楚自身是一个微型经济体，本土最重要的资源是人才。因此，无论是在引进外资企业还是发展本土中小企业方面，都尤其注重企业研发能力和人才的培养。随着自动化、电子化与人工智能化的推进，全球产业发展所产生的人力资源需求，将会集中在科学、技术、工程和数学（STEM）专业领域，而新加坡已经提前做好了人才开发和培育的准备。以大学教育看，新加坡每年毕业于STEM专业的学生比例为全球最高，占全部毕业生的比例为54%，排名第二、第三、第四的分别是中国（42%）、中国台湾（35%）和韩国（35%）；近年来全力推动工业升级4.0版的德国排名第五（28%），美国则排名第15位（15%）。[①]这就是新加坡产业升级十分快速，以及在全球科技创新国家排位中占据世界前茅的根本原因。

三、新兴经济体加工贸易升级的启示

新兴经济体作为先行者和在中国的复制者，其加工贸易升级的实践和经验为中国的加工贸易转型升级提供了十分有益的启示。

第一，新兴经济体加工贸易的升级规律表现为：一方面，从价值链角度观察，加工贸易的升级主要是从劳动密集型环节—资本密集型环节—知识技术密集型环节的移动，即沿着微笑曲线向两端移动；另一方面，新兴经济体

①MGI分析：美国国家科学基金会，2012年科学和工程学目录指引。

的加工贸易升级又是国际产业转移与本国经济发展需求相结合的产物。从产业变换观察，则各个经济体的加工贸易产业与国际产业升级相同，即沿着劳动密集型产业加工贸易—资本密集型产业加工贸易—知识技术密集型产业加工贸易升级。加工贸易的升级规律，既涵盖价值链中环节的向上移动，也内含经济体自身的产业升级。

新兴经济体加工贸易升级的路径可以概括为：一是价值链升级，即延伸产业链，价值链底部的流程升级（生产制程的改善、精细化制造）—产品升级（产品升级换代）—功能升级（向上游的研发、终端的品牌、营销网络延伸，即跨入服务型制造）；二是产业升级，即跨产业升级（开发新产业）；三是企业升级，企业经营形态从OEM—ODM—OBM转变；四是加工贸易转移。新兴经济体在升级进程中，把低端的加工制造转移至海外，为更具附加值的加工贸易，或转向高增值产业的发展留下空间，这是加工贸易升级所必需的。新兴经济体的加工贸易转移就是在中国内地、东南亚地区复制加工贸易制造体系的过程，其中最为极端的例子就是中国香港。在加工贸易制造体系整体转移至中国内地之后，制造业被连根拔起。香港则移动到全球价值链的前向高端链条——微笑曲线中的物流、营销与服务。

无论采用何种方式，加工贸易升级的路径指向，其升级的终极目标达成均是企业在全球价值链中的定位提升，或产业及自主品牌产品的全球市场地位确立。前者是在全球价值链的地位升级（例如中国台湾、新加坡、中国香港），后者则是通过建立完整的产品制造和供应链，在海外建立自己跨国公司主导的生产网络（韩国）。无论如何，加工贸易升级的最终结果都是以摆脱加工贸易锁定低端环节为主要目标。而升级成功与否，与政府政策、制度、企业战略、技术以及工人技能等多个因素相关。而本土企业的技术开发能力，劳动力的学习和吸收能力至关重要。这种能力是建立在本土长期人才培育和技术开发基础之上的，因此也与政府政策密切关联。转型升级的结果必然是在加工贸易之上的提升，或是本土完全脱离加工贸易（韩国、中国香港）。

第二，在新兴经济体的实践中，加工贸易升级的最终发展成果在买家驱动的全球加工生产价值链，尤其是传统产业中，往往比较容易突破。因为随着加工贸易的推进，一方面，国际销售商与品牌商以国际市场标准委托的大规模贴牌加工令企业生产逐步达致全球标准化水平；另一方面，大规模生产的物料与物流需求，更使传统产业的物料采购商、物流配送商在本土集聚，从而构筑本土完善的生产链与供应链。如果经济体内部的市场潜力巨大，则企业更能迅速地建立自主品牌，扩张规模经济，彻底摆脱加工贸易的产业格局。由此可见，在买家驱动的加工生产价值链中，主导企业核心竞争力在于品牌与市场网络，很少涉及实际生产环节，或根本不处于制造链条中。通过加工贸易企业的成长，延伸本土的价值链条，在本土建立完整的生产链和供应链，就可以逐步地实现从加工贸易走向完整的产品生产，即OEM—ODM—OBM。这个升级的路径主要的难点在于建立品牌，替代主导企业的市场。加工贸易形式自然会走向历史终点。

此外，目前在买家驱动的全球价值链中，新兴经济体中出现了规模巨大的全球制造和服务合同承包商，例如从供应链入手的香港利丰集团，通过全球采购、新产品开发设计、代工制造、物流配送，为全球的服装、玩具、食品品牌商等提供全包的制造和贸易服务，在全球拥有上百个生产基地和地区营运总部；而中国台湾的裕元集团，则是全球最大的代工制鞋生产商，其贴牌代工几乎囊括全球品牌商，例如阿迪达斯、耐克等，其主要的生产基地在中国大陆和东南亚地区。

第三，以加工贸易形式参与生产者驱动的全球产业价值链是发展中国家参与高科技、资本密集型产业的途径之一。而这个全球价值链的最大特点，是主导企业的核心竞争力的关键在于技术与标准。主导企业通过产业内部垂直性分工体系形成不同区位的制造、销售环节。例如在国际电子信息产业中：美国企业主要控制产品的核心技术与标准（包括以标准形成的销售网络）；日本、德国主要生产核心设备与部件；韩国、中国台湾等地集中于模具、零部件与配件环节；而中国大陆则以加工贸易完成最后的组装。虽然近年来中国台湾企业通过升级，成为全球专业制造的合同承包商（例如台积电、富士康），把其生产的组装环节迁入中国大陆，但是仍然没有根本性地改变其价值链中的代工地位。因此，这类产业的垂直分工体系，主导企业通过技术优势，实际上限制了新兴经济体的升级空间，造成了价值链锁定的困境。这就是台湾企业虽然历经多年的转型升级，但目前仍然处于代工环节的原因。如全球最大的半导体代工企业台积电、手机代工制造商富士康，这种以高端专业化代工为跨国公司品牌商提供专业全球制造服务的合同承包制造商，虽然其生产规模和销售额庞大，但是，在全球价值链中所获取的增加值并不高，富士康的全球利润率就仅为8%。生产者驱动产业的核心是“技术研发、标准控制”，制造加工只是其中一个环节。新兴经济体无论如何在制造环节实施赶超战略和大力招商引资，还是在核心圈之外，很难摆脱低增值的宿命。

第四，由此可知，新兴经济体全球加工贸易转型升级的实践，鲜有通过延伸价值链而形成本土的高科技主导企业与产业链的实例。因为高新技术产业的高资本、高新技术密集度，升级资金必然庞大，对国际高端人才需求甚殷。高新技术产业的升级应是国际级、国家级项目工程，而不是地区级或城市级项目。此外，现存的国际产业框架中，高新技术产业的产品架构、技术标准制定基本在发达国家完成，并且包含发达国家的政治、外交和经济意志，使产业转型升级超越了市场、企业层面，不是投资政策和贸易政策可左右的。韩国的高新技术产业的建立与中国台湾、新加坡至今未能形成自己的高新技术产业就是佐证。

韩国的经验证明，在科技产业取得突破基本上是集国家之力，高新技术产业发展是需要被作为基本国策的。采用的是从技术复制（加工贸易OEM阶段）—技术模仿（OBM阶段）—技术追赶（自主创新）—技术领先的战略路径，完成对价值链中占有技术优势的主导企业替代，从而企业自身成为主导企业。因此，利用加工贸易形式，率先进入高科技产品的制造环节，与发达国家进行产业对接，通过逐步建立自主研发能力，长远地向上游推动，在本土独立自主地建设高新技术产业。其整体的路径也就是自替代技术进口起，走向自主创新、技术领先的本土化过程。例如韩国的三星公司就是在本土用自己的力量去构筑完整科技产业价值链的。韩国至今为止都是处于全球研发开支占比最高的第一梯队，其R&D占GDP比例高达4%以上。由此可见，加工贸易可以是新兴经济体进入高新技术产业的一个阶梯，但是，要真正建立本土高新技术产业，构筑本土企业的科技产业价值链，必须依靠对技术的阶段性进口替代（即本土技术研发），直至建立完整的科技产业链。也就是说，单纯依靠生产者驱动的高新技术价值链升级去建立自己的高新技术产业难度十分大，也没有先例可援。因为这种价值链升级本质上就是替代主导企业的技术核心优势，这并非单纯的加工贸易升级可以完成，而必须依靠本土企业的替代技术进口、独立自主的技术开发。从发展中国家的工业化历史看，出口导向与进口替代，往往是一个国家工业化发展交互使用的不同战略，也应当是加工贸易转型升级的路径之一。

第五，如前所述，新兴经济体的加工贸易升级进程，不仅仅涉及价值链上的企业活动，更与各个经济体的本地制度、产业的利益攸关方相关，尤其是政府的产业政策，在全球价值链升级中发挥着十分重要的作用。新兴经济体升级的经验表明，全球价值链升级所引发的不同结果，与各经济体的产业政策直接相关。

中国香港是一个自由港，实行不干预主义，政府完全没有产业政策的概念，其经济政策的核心是营造一个对投资具有吸引力的营商环境，把提升地区经济竞争力的基础因素，如教育、健康、基础设施和研发支出作为公共产品广泛提供。这种经济政策也可以称为水平型产业政策。由此，香港的全球价值链升级结果是制造产业的被连根拔起，从而发展出全球价值链上的物流、营销和市场服务链条，转型成为全球的服务经济体。

韩国、新加坡和中国台湾实施的则是针对特定产业或部门的选择型（垂直型）产业政策，这种产业政策的核心是对每一个不同经济发展阶段的优先发展产业和活动实施政策性的倾斜，包括扶植与奖励。因此，这三个经济体随着全球价值链的升级，从劳动密集型环节逐步上升到高附加值的技术密集型环节；而产业也从劳动密集型产业发展为资本密集型产业，再到知识技术密集型产业。其中韩国从加工贸易起步，通过政府多年对技术力量的大量投资和对企业的直接扶助，助力企业的技术本土研发，成就了全球领先的高新技术品牌企业和产业，并布局海外的生产基地，形成韩国企业主导的全球价值链；中国台湾在政府助力电子产业的政策支持下，发展出全球最大的合同承包商，在全球价值链中以ODM和EMS的代工方式为世界知名品牌提供代工，其中为Apple代工的台湾富士康在中国大陆就雇用了100万名工人，成为全球最大的合同承包商；而新加坡则利用自身的地区优势，吸引大型跨国公司的研发、制造中心进入，不仅成为全球跨国公司的地区总部，更在全球价值链中占据了上游研发的地位，成为全球排名第一的创新科技国家。

新兴经济体的加工贸易升级是过去的国际产业转移与自身经济转型升级

的产物，作为历史和经验可以借鉴。鉴于目前发展中国家已经大量融入全球价值链，成为全球价值链中的关键参与者，有的学者认为，新兴经济体过去的以国内经济为主的水平型或垂直型产业政策，可能不利于发展中国家深度融入全球价值链，于是开始提出了第三种产业政策，即全球价值链导向型产业政策。这种产业政策与前两种产业政策不同的是，超越了对国内经济的关注，致力于全球供应链的联系或其动力来提升该国在全球价值链中的作用和定位。

全球价值链导向型产业政策是为目前发展中国家融入全球价值链，以及升级提出的一种产业政策。该政策具有以下关键特征：①全球价值链导向的产业政策目标，可能更倾向于以在发展中国家经济体大量投资的全球供应商和合同制造商（例如富士康、利丰）为合作目标，而非全球价值链的品牌商（如Apple）；②价值链的专业化分工决定了加入全球价值链比自己单独建立完整的全球价值链会更有利于加快进入；③产业政策的侧重点应吸引有意与当地公司合作，并促进当地公司能力发展的全球价值链主导企业和全球合约商；④全球价值链导向型产业政策很可能会与发展中国家的国内产业政策相互矛盾，[①]这就取决于发展中国家融入全球价值链与国内经济的发展目标是否能够达成一致。

在实践中，第三种产业政策可能更适合发展中国家融入全球价值链和在价值链中的升级。但是，在经济全球化逆转、贸易保护主义大幅抬头、世界市场增长乏力、竞争激烈的情况下，在各国经济，尤其是西方国家经济回缩国内、民粹主义不断抬头、全球价值链长度缩短、世界第一大市场的美国在全球全面开打贸易战的今天，这种全球价值链导向产业政策与国内经济发展之间的矛盾，会使其真正落地面临严峻的挑战。

第二节　中国加工贸易升级的历史背景与特殊性

中国加工贸易是亚洲新兴经济体在中国的大规模复制，这个复制基本上

①加里·杰里菲等：《全球价值链和国际发展：理论框架、研究发现和政策分析》，曹文、李可译，上海人民出版社，2018，第196页。

是新兴经济体产业转型升级的副产品，即加工贸易的国际转移。在实践中，新兴经济体经历多次产业升级，给中国加工贸易带来了多次转移。随着新兴经济体从劳动密集型的传统产业，升级到资本密集型产业，再发展为技术知识密集型产业，中国大陆的加工贸易也随着这种转移的进程一次次地承接加工贸易的转移。虽然在这个进程中，欧美日跨国公司也开始大量进入中国进行加工贸易，但是，与新兴经济体的加工贸易转移至中国相比，欧美日品牌公司的进入指向很大程度是中国市场，而非主要是出口，例如P&G、可口可乐、联合利华、沃尔玛、大众和日系汽车等。他们在中国直接制造、采购，进入中国市场，与加工贸易的形态完全不同。欧美品牌销售商和制造商，在中国的制造加工出口大多委托新兴经济体的全球合同承包商完成，例如利丰、富士康、裕元等，当然也包括欧美本土企业的子公司，例如美加的EMS伟创力。

在新兴经济体中，加工贸易的存续时间基本在10~15年，随后因其生存条件丧失而向境外转移，本土则进入转型升级阶段。这个阶段结束之后，加工贸易往往已经不是经济体的主要经济特征。即使是中国台湾的富士康、裕元等，均属于没有品牌的代工生产设计（ODM）企业，但是，其代工的基地分布海外，台湾本土已经不承担任何实质性的加工贸易活动。

但是，中国的加工贸易从起步开始，已经历经了三次加工贸易的国际转移。从劳动密集型传统产业的加工制造（纺织服装等为代表），到资本密集型产业的加工制造（耐用品的家用电器为代表），发展为技术密集型产业的加工制造（智能手机等为代表），其延续时间长达30年，而且三种产业的加工制造是并存的，并没有产生后一种产业完全替代前一种产业的现象，只不过在加工贸易的出口总量中，各个产业的结构占比发生了变化，即从劳动密集型产业为主，走到今天的电子信息产业占比最大。若我们以加工贸易的国际转移作为其寿命周期的特点，则中国加工贸易是在2008年以后，才因劳工短缺进入转移阶段。由此结束了以加工贸易作为中国出口拉动经济增长的主要动力。

中国加工贸易的发展进程和转型升级，可以说具有中国自己的独特性。这种独特性为全球价值链的发展提供了中国特色和实践。

一、中国加工贸易转型升级的特殊历史背景

如前所述，亚洲新兴经济体的加工贸易转型升级主要是在全球产业和技术的发展，尤其是在西方国际产业的转移下展开的。西方国家产业升级导致的国际产业转移，推进了新兴经济体的产业持续升级，并在国际竞争中，发展出具有国际竞争力的产业结构，以及在全球价值链中逐步占据高附加值的链条。实际上，战后全球经济进入长达60~70年的增长周期，尤其是20世纪80年代美国主导的经济全球化和12亿人口的大国——中国的经济开放所带来的国际生产、市场的规模持续扩张，都为新兴经济体的转型升级提供了十分有利的国际形势。

中国在2003年首次提出加工贸易转型升级，并将其作为中国新型工业化的一个组成部分。加工贸易开始逐步踏入转型升级的进程。但是，当时全面转型升级的条件尚未成熟。新兴经济体的经验表明，加工贸易进入转型升级阶段，是在本土的廉价生产条件完全消失之后启动的，其主要特征是低廉工资、低汇率和税收优惠因素的全部消失。

2006年“十一五”规划开始，中央政府以转变经济发展方式为主轴，冀以改变此前过于倚重国际市场的外向型增长模式。对国际经贸政策体系，尤其是加工贸易、传统产业，在政策和法律层面上做推进，如《中华人民共和国劳动合同法》《外商投资产业指导目录》和两税合一（取消外资企业长期的低税率，与国内企业同一税率）等举措。借以对加工贸易的营商环境施加压力，促进其转型升级。与此同时，2005年之后，中国首次出现了劳工荒，劳工短缺随之逐步成为全局性的现象。人民币开始走上持续升值轨道，预示着加工贸易已经进入全面转型升级阶段。

但是，2008年的全球金融海啸才真正成为中国加工贸易进入转型升级的根本转折时点。此前一系列因素的变动，仅从“成本”角度影响了加工贸易厂商的国际竞争力。唯有金融海啸，彻底地从“国际市场”方面动摇了中国外向型经济，尤其是加工贸易存在的根本和基础。这使得中国的转型升级进程所面对的国际与国内大背景，是一个世界市场急剧收缩，全球产业版图发生颠覆性变化，经济全球化进入逆转的时期。与新兴经济体转型升级时的国际环境顺风顺水、国际市场的持续扩容完全不同，中国加工贸易的转型升

级，是在全球尤其是中国进行了极其深刻的经济大调整下进行的。其所承受的冲击和压力之大，远非亚洲新兴经济体的转型升级能及。

1. 金融海啸终结了出口导向战略与加工贸易拉动经济增长的发展阶段

首先，2007—2008年全球金融海啸爆发，不仅终结了战后长达60~70年的经济增长周期，世界经济开始进入一个长达10年的大衰退时期，更为严重的是，金融危机的爆发直接反映了美国长期以负债支撑的国际市场扩张已然无法维持，美国以此主导的经济全球化进入了尾声。也就是说，美国负债（主要是房屋次贷）支撑的美国消费全面崩盘，皮之不存，毛将焉附。由此，主要提供给美国消费、由中国加工贸易为主的“中国制造”也必然遭受重大冲击。这一轮经济全球化的两个轮子，已经无法按照原有的轮轴运转。

其次，美国的长期负债消费与中国长期的制造出口所造成的结果，即美国贸易、资本巨额逆差，东亚经济体，尤其是中国贸易和资本的巨额双顺差，使得全球经济陷入失衡状态。这种失衡的背后是美、中两国的内部经济失衡，即美国的经济增长依靠的是长期超过本国储蓄的高消费拉动，而在美国市场的拉动下，中国经济增长长期依靠的是政府主导、投资扩张、出口导向，压抑国民消费的成长方式。

40年来中国经济虽然在改革开放下取得了十分惊人的增长，但是其成长的代价是内外的经济失衡，即外部经济失衡——进出口失衡、国际收支失衡（贸易顺差曾经占GDP的10%以上），内部结构失衡——投资与消费比例失衡。2011年投资率（占GDP比重）高达49%；而消费率则降为47%，其中家庭消费率仅为33%。中国投资率高于全球所有经济体的历史最高水平；而消费率则低于所有经济体的历史最低水平。

中国国际收支长期失衡造成的贸易、资本的双顺差，其原因是中国的经常收支长期盈余，即总出口长期大于总进口。这实质是一国的国民长期在国民生产以下消费，从而造成资本的流出，成为国际上的债权国。但是矛盾的是，在中国资本顺差的条件下，中国大量输出资金又大量引进外资，以低回报率（购买美国国债）输出资本，高回报率引进外资企业，且因为外资大量从事加工出口，引进外资并没有减低贸易盈余，从而形成贸易、资本双顺差的循环。这种情况充分显示：中国纳入美国负债经济主导的全球化，在推动中国制造崛起的同时，形成了对出口、外资依赖的“能力缺口”。

表5-1　2008年中国、美国经常账户的组成与失衡

	中国	美国
总储蓄率（%）	54	14
家庭储蓄	23	3
企业储蓄	19	10
政府储蓄	12	1
投资总额占GDP（%）	43	18
经常账户余额占GDP（%）	11	–5

（资料来源：高盛全球经济报告，2009）

投资、出口（尤其是加工贸易出口）拉动的背后，是中国畸高的储蓄率（见表5-1）。储蓄率很高的背后则是居民消费率的畸低。在相当长的时期内，中国国民收入中的消费占比一直处于30%~40%的水平。2009年中国GDP增长中，投资的拉动就占了87%。在扭曲的要素价格和金融市场条件下，投资具有无限扩张的冲动，反映了社会财富的大规模转移，即民间企业、居民通过高额的储蓄，为投资的持续繁荣提供补贴。这就是中国消费被抑制的根源。

从经济学的视角观察，社会生产表现为两种生产：物的再生产——投资；人的再生产——消费。人力资本是最重要的生产要素，也是生产的终极目标。中国经济失衡反映的是人、物关系的社会异化。由此可知，中国被纳入美国经济全球化的生产网络，虽然经济得以高速成长，但是也付出了很大的代价。这就是中国在全球金融海啸之后，要从投资扩张、出口导向的增长方式，开始进入全面的经济社会转型的根本原因。

2. 创新驱动将成为中国未来经济增长的主要动力

金融海啸后全球尤其是中国经济大调整，标志着中国未来经济成长动力的根本性转换。中国开始进入一个经济新常态时期，这不仅标志着中国经济成长从过去30年（1978—2008年）的高速增长转为常态增长，更标志着中国经济成长动力的根本性转换，即由要素、资本驱动走向创新驱动。

具体地看，中国经济社会全面转型的主要内容为：

首先是调整外部经济的失衡，从过去的出口导向发展战略，转为进出口平衡发展，摆脱依赖出口拉动的经济增长方式，减少长期出口大于进口的经

常账户盈余。按照国际标准，经常账户盈余占GDP比重为4%，属于外部经济平衡。这个调整在2012年以后基本到位（见表5-2）。中国外部经济失衡的调整，意味着对过去偏重出口导向发展战略的一种纠偏，这种纠偏本身直接对出口导向战略的主要方式——加工贸易造成下行的压力，也意味着加工贸易占据中国对外贸易主导地位的彻底终结。

其次是调整内部经济失衡，包括：①产业结构转型：走向高质化，即经济增长由自主创新带动，第三产业比重大幅提升。②需求结构转型：由出口、投资主导转向消费主导，形成消费型社会。③社会结构转型：实施收入倍增计划，使中产阶级人群占人口比重和城市人口比重均超过70%。④政府职能转型：政府退出资源配置的主导地位，走向全面的市场化，并形成服务型政府。中国对内外经济失衡的调整，本质就是根本性地改变经济增长方式，经济发展从单纯注重GDP、注重出口，转向更强调人民生活水平的提升和高质量的增长。

表5-2　中国外部经济失衡的调整

年度	2005	2006	2007	2008	2009	2010	2011	2012
总额（亿美元）	15490	19145	23769	29055	24465	32732	36421	38667
进口（亿美元）	7121	8528	10347	13238	11132	15206	17435	18178
出口（亿美元）	8369	10617	13422	15817	13333	17526	18986	20489
经常账户盈余占GDP（%）	5.9	8.6	10.1	9.1	5.2	5.1	2.1	2.8

（资料来源：根据中国统计年鉴计算）

由此可见，中国加工贸易的转型升级是金融海啸以后，中国经济经过30年发展后进入重大历史性转折的一个组成部分。中国加工贸易转型升级是在金融海啸冲击、经济全球化逆转、全球经济进入历史性大调整、中国经济社会转型的叠加因素和压力之下展开和进行的，其进程的艰巨性也必然超越新兴经济体。

二、加工贸易转型升级主体的中国特色

较之东亚其他新兴经济体，中国加工贸易转型升级的实施主体有其特

殊性，这种特殊性加大了转型升级的难度。从根本上看，中国产业的转型升级，即加工贸易的转型升级，与其复制者，即东亚新兴经济体尤其是中国港台地区加工贸易的转型升级，虽然路径选择大体相同，但内容却差异很大。

首先，地区产业转型升级的主体是企业。虽然政府的政策推动十分重要，但归根结底是由企业的活动实现的，也就是说，是通过本土企业学习、吸收实现的。可是，在中国复制加工贸易体系的企业，主要来自东亚新兴经济体，属于外资企业而非中国的本土企业，尤其是中国港台企业。从这两个主要地区的转型升级看：中国香港是通过整体制造业的迁移，在本土转型成为生产性服务、金融业集聚的服务业中心，成为港资制造企业的运营总部。这就是上述提及的功能升级与跨行业升级。中国台湾则是把成本低廉的加工工序转移至中国大陆，在本土形成研发总部，同时不断地培育自己的高科技企业。也就是说，新兴经济体，尤其是中国港台地区的经济与产业的转型升级，是由本土企业实现的。根据当时本土的经营成本和条件变化，旧产业转移与撤出，新产业持续进入，企业该走的走，该留的留。留下的企业与新进入的企业成为转型升级的主力。由此可见，地区产业的转型升级、本土企业的留与走是企业主体适应经营环境变化而自主采取的战略对策。

其次，中国加工贸易的企业主体，与新兴经济体有很大的差别，主要是有随着国际产业迁移进入的外资企业。这些企业是在本土廉价生产条件失去之后，进入中国而形成加工贸易的主力。也就是说，加工贸易是外资企业把全球价值链的下游部分，整体转移进入中国，在中国丧失廉价生产条件（劳动、土地等）之后，成为中国产业与加工贸易转型升级的主体。可见，中国产业的转型升级，在很大程度上就是外资企业的转型升级。

加工贸易本身是一种飞地经济，本土的植根性不强；而以外资企业为主体的加工贸易产业体系，更加重了这种非植根性。当中国的廉价生产条件已不复存在之时，一般来说，飞地性质的加工贸易企业迁移必然成为首选；更进一步，当企业的经营总部不在本地，企业的自主权限十分有限的情况下，留在本地的企业，其决策权不在本地，而在总部所在地，即企业的指挥中心不在本地。这就引发了一个令中国加工贸易转型升级的难题：外资加工贸易企业的价值链整体进入，是否在经济条件变化之后也会整体搬出，即意味着整体的价值链是否转出中国。如果加工贸易的企业主体不能留守当地，在本地进行转型升级而全部撤出，对中国产业的打击是巨大的。因为本土新企业的兴起，外来新产业的进入，更为重要的是现有中国传统与支柱产业的提升，都离不开原有企业在中国30年的经营资源积累，而这些资源已经成为中国改革开放30年的产业基础。这个难题的终极指向，就在于能否在本地使原有的外资加工贸易企业就地转型升级。

此外，新兴经济体产业转型升级不仅以本土企业为主体，更在转型升级进程中，由政府成功培育出拉动转型升级的本土龙头企业，例如中国台湾当局投资成立的台积电，由政府资助工研院衍生的联华电子向中小企业进行技术扩散，与中小企业形成产业分工的网络式的中卫（中心与卫星）关系，成为产业升级的龙头。韩国政府对三星、LG以及现代等企业的直接财政支持，更是这些企业拉动韩国高新技术产业发展的核心。而中国加工贸易的企业本身是外资企业，本土并没有拉动转型升级的龙头企业，这就造成了转型升级中群龙无首的状况。此外，根据跨国性／跨区域政治经济关系，几无投资承接地政府会全力对外来投资项目提供转型升级支持的先例。作为加工贸易的投资承接地，中国政府也面临加工贸易转型升级政策针对的主体目标选择难题。

中国加工贸易主体所形成的转型升级之复杂性与难度，决定了国家以及地方政府本身在加工贸易转型升级的政策、企业的营商环境再造等诸方面，必须做出极大的努力。如何通过加工贸易企业的蜕变强化企业的植根性，帮助其落地扎根，留在本地转型升级，并在这个过程中，扶植何种企业，是以加工贸易的外资企业还是本土企业作为转型升级的龙头企业，这更是一个巨大的难题。

中国走向创新驱动，标志着过去以加工贸易为出口导向模式的传统路径和惯性思维已经不能适应新形势的发展要求，必须改变传统的承接外资产业转移的惯用方式。经济发展要根据本土产业结构转型升级的要求，从被动地参与，或以外资带动“嵌入”全球生产网络，转变为主动地在全球配置资源、以我为主的发展模式。这必然要求培育扶植本国的龙头企业，并鼓励其发展为产业的主导。加工贸易转型升级就是要彻底摆脱依赖外资、外需和外企的传统格局，向一个以中国本土企业自主创新的产业体系过渡。由此，如何平衡加工贸易转型升级中本土企业的培育和外资企业之间的关系，也是一个十分复杂的挑战。

中国加工贸易的企业主体，类似新加坡的制造业主体，即以外资为主。但是，新加坡仅是一个面积十分狭小的自由港，国内市场有限，只能引进外资企业发展加工出口产业，与中国的情况具有很大的差别。新加坡的经验对于中国虽然有借鉴作用，但是借鉴的意义不大。这种情况决定了中国加工贸易的转型升级必须走出自己的道路。而这个道路一旦取得突破成功，将为全球价值链的发展提供中国经验和中国实践。

三、加工贸易转型升级的中国优势

中国加工贸易转型升级与新兴经济体相比，既有劣势也有巨大的优势，这就是作为一个人口众多、产业完整、经济体量巨大的大国优势。

第一，中国庞大的劳动力和较低的单位劳动成本（平均工资与人均GDP之比），以及中国劳工的快速学习能力，是加工贸易在中国延续时间较长，且不断地从劳动密集加工走向资本密集加工和技术密集加工，即产业升级的基础。新兴经济体在不同的发展阶段，一般只能融入全球价值链中的某一个产业，而中国融入全球价值链，参与加工贸易却几乎囊括了所有的劳动、资本、技术密集度高的制造产业，也包括第一产业的资源开采、农产品加工和第三产业的服务外包（服务外包可以称之为服务业加工贸易，因统计原因并不涵盖在本书内容之中）。加工贸易的范围特点，充分显现了中国的人口优势。

加工贸易是发展中国家从价值链下游，即加工制造嵌入全球价值链的，因此加工贸易的存在与发展必然与劳动力相联系。发展中国家能否融入全球价值链，并不是由工资水平单独决定的，而是受工资和生产率的共同影响，即受单位劳动成本影响。单位劳动成本的高低，决定着一国融入全球价值链的程度。中国的人口红利主要体现在数量庞大的劳动供给和较高的生产率，即低单位劳动成本之上的，而非单纯的工资成本。随着人口红利的逐步减退，中国工资水平在持续上升，这代表着劳动供给走向相对短缺，但并不代表单位劳动成本的大幅提升。2008—2014年，广东东莞加工贸易企业劳工成本增长了40%~60%，但是加工贸易增值率却从53.5%上升到60.0%，反映了劳工生产率的提升。目前，中国与其他发展中国家的单位劳动成本相比，仍然具有融入全球价值链的优势。

2000—2010年的10年间，中国是发展中国家工资水平增长最快的，但是，由于生产率和GDP以同样速度增长，其单位劳动成本在平均工资提升接近4倍的情况下，仍然保持不变，远低于非洲大多数国家，而工资水平更是排在拉美、中欧国家之后。

表5-3　2000—2010年主要发展中国家制造业的平均工资和单位劳动成本

区域与国家	2000年		2010年	
	平均工资（美元）	单位劳动成本（美元）	平均工资（美元）	单位劳动成本（美元）
非洲				
埃塞俄比亚	771	6.3	807	2.4
肯尼亚	2118	5.2	2854	3.6
毛里求斯	3254	0.8	6285	0.8
南非	7981	2.6	12331	1.7
坦桑尼亚	2296	7.5	1581	3.0
埃及	2028	1.3	3453	1.2
摩洛哥	4123	3.2	6654	2.4
拉丁美洲				
巴西	5822	1.6	10918	1.0
墨西哥	8048	1.2	7310	0.8
亚洲				
中国	1016	1.1	4770	1.1
印度	1356	3.0	2619	1.8
印度尼西亚	929	1.2	1897	0.6
马来西亚	4405	1.1	6548	0.7
越南	—	—	1727	1.3
中欧				
捷克	3964	0.7	12673	0.7
波兰	5829	1.1	10162	0.8

（资料来源：Ceglowski et，2015）

第二，中国制造的规模庞大和产业齐备，更是新兴经济体无法企及的，这为中国加工贸易转型升级提供了十分重要的产业基础。首先，就在全球经济衰退时期，2010年中国制造总量第一次超过了维系百余年全球第一制造的美国（美国从19世纪90年代起，一直是全球制造第一大国），成为全球第一的制造大国。其次，从中国制造的内容看，中国不仅是全球制造产业最为齐全的国家（中国是全球唯一具备联合国制定的工业产业中的39个大类、191个中类、525个小类的国家），且成为全球产业供应链的第一大国，是工业原料和零部件的主要采购地。2011年2月全球供应链管理协会，对700位采购经理的调查问卷结果表明，中国是他们采购工业生产零部件的最大来源地（见表5-4）。中国制造已经从终端的消费品，走向生产品和资本品。重工业和装备制造业从2000年以后，已经成为中国制造的重心。中国制造产业版图的变化，为加工贸易转型升级提供产业配套、设备更新和制造提升的基础。

表5-4　全球供应链的主要采购来源地

地区	占比（%）	全球排位
中国	37	1
美国	20	2
德国	7	3
日本、加拿大	—	8

（数据来源：SCM WORLD）

加工贸易在中国的规模扩张，不仅带动了大量为加工贸易配套的外资中间产品供应商、制造商进入中国直接生产，同时也促进了中国本土配套的资本品、中间产品的产业、企业集聚发展。中国加工贸易产业集聚区，往往就是本土产业配套生产、服务体系密集区。这是新兴经济体在产业升级之际所没有出现的现象。如果说30年前，加工贸易是中国制造崛起的一个拉动因素，那么30年后，中国制造则成为加工贸易转型升级的基础。

更为有利的是，目前全球经济正在发生着大发展、大调整、大变革，带来了很多深刻的变化。新一轮技术革命和产业革命扑面而来。以信息技术为代表的新一轮技术革命，带来生产方式的智能化、平台化、模块化、柔性化、个性化，制造业的服务化，研发的国际化等很多新的趋势。这些趋势给加工贸易的转型升级带来了机遇。

第三，随着中国深度参与国际分工，工业文明不仅锻造了中国较高素质的人力资源、更加完善的基础设施、完善的产业配套，而且已经形成了加工贸易的生态系统。这个生态系统比产业配套系统内容更丰富，它不仅仅是由企业，而是由多个主体共同组成的一个完整的生态系统，即由企业、政府、各类商会包括外资企业商会、技术研发服务平台、专业镇、工业园区等构成的软、硬基础设施，如高度对外开放的市场和与国际市场接轨的规则、法律，适应加工贸易发展的便利化贸易环境与海关通关措施，鼓励外资尤其是新产业的进入政策，高效的物流系统，等等。这是我们加工贸易转型升级进一步提升竞争力的非常重要的优势。因为一种经济形态和方式的生存、持续和转型升级，延续其竞争力，必须依靠生态系统，否则，特定的经济形态就是昙花一现，无法生存更遑论转型发展。

第四，中国消费市场的巨大容量也是加工贸易转型升级突破的关键。加工贸易企业从OEM到ODM，再到OBM的进程，尤其是品牌的最终建立，需要市场的开发。加工贸易的出口市场主要为西方跨国公司掌控的市场，其市场网络更是西方主导企业的核心竞争力所在。由此，市场成为加工贸易企业走向OBM的主要障碍。而中国的巨大市场容量，往往成为加工贸易转型升级突破的关键，对加工贸易转型升级具有战略意义。因此，加工贸易转内销，并走向一般贸易应当是其转型升级的突破口与路径之一。中国的服装、制鞋、家用电器等产业中出现的品牌企业，很多都是从加工贸易起步，然后进入品牌制造打开中国市场，最后走向全球市场的。

随着中国向消费社会的转型，中国本土市场必然面临产业升级的长期战略。一方面，中国消费的升级，带动了企业和产业的技术创新，而技术创新的产品商业化、产业化需要规模经济，中国容量巨大的市场正是提供技术创新的规模效应之所在；另一方面，利用这个庞大的本土市场规模，也是吸引跨国公司转移整体制造体系或是技术、研发进入中国，实行新产业合作开发的主要诱因。从这两个方面看，中国市场可以说是加工贸易升级，尤其是转型的主要路径。

第五，中国的国土面积广阔，地区经济发展十分不均衡，区域之间的经济落差很大。这就为加工贸易从东南沿海向中西部地区，提供梯度转移，向中国内地纵深发展的基础。也就是说，中国本土就有加工贸易产业转移的承接地，而非一定要向海外转移。这不仅可以为沿海地区提供转型升级的发展空间，也可以由此带动中国中西部地区的经济发展，形成沿海地区与中西部地区的梯度产业分工，促进中国的地区经济均衡发展。

最后，中国政府对经济发展战略的布局、新兴战略性产业的强力扶植，以及产业升级的政策实施力度，是全球少有的。全球价值链的升级必须有政府产业政策的支持和配合，而这方面，正是中国政府的强项。

第三节 价值链升级中的力量博弈

当我们提及发展中国家的加工贸易转型升级之时，不能忽略这个升级进程中全球价值链的主导者——跨国公司的反应。全球价值链是通过跨国公司，即主导企业构筑与控制，发展中国家参与其中的全球生产网络。加工贸易正是发展中国家嵌入其中的下游低端链条。当发展中国家从加工贸易的低端沿着价值链高端升级之时，标志着在网络中权力不对称的一方，企图尽力提高自身地位，以提升获取增加值的机会。而价值链的控制者，或称之为主导企业作为相互关系的博弈方，会如何应对这种升级？也就是说，微笑曲线是在不断加深还是变得越来越平坦？发展中国家是否已被锁定在全球价值链的低端？发展中国家如何从微笑曲线的低端向高端攀升？这一系列问题直接涉及发达国家和发展中国家在全球价值链中的关系，也即全球价值链的治理结构和价值分配的机制。

一、从全球价值链的治理观察加工贸易的转型升级

全球价值链的治理，是指主导企业即跨国公司对全球范围的分支机构和供应商网络的治理，其核心就是价值链的分配机制与跨境生产、消费的组织结构之间的相互关系。因此，治理结构涉及了全球价值链博弈中的参与者，以及参与者之间的关系。治理通常是由全球产业中的主导企业即跨国公司来实施的，主导企业既是跨境生产的组织者，也是价值分配机制的决定者，由此占据增加值的高端链条。在价值链治理中，主导企业所面对的一个重要挑战就是产业升级问题，即发展中国家如何在网络中提升自己的地位，以获取更多的增加值。

通过价值链的微笑曲线，可以看到目前全球价值链中的链条分布和价值分配机制基本如图5-3所示。发达国家的主导企业主要占据微笑曲线两端的高增值部分，即产业的上游设计、研发，以及前端的市场营销（品牌）、销售前后的服务；而发展中国家则主要占据微笑曲线的底部，即生产制造，这个部分为附加值最低的部分。这就形成了全球价值链中的价值分配和生产组织的一般和基本结构。

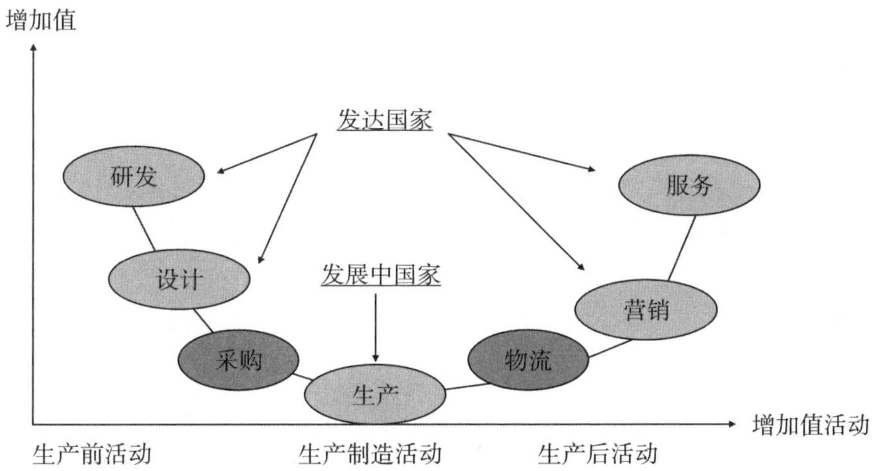

图5-3　微笑曲线中的发达国家与发展中国家的链条分布

但是，全球价值链的治理结构是动态的。根据全球价值链中主导企业与各链条的企业之间的权力关系，目前全球价值链的治理类型，即主导企业与网络中的参与者之间的权力关系，可以分为五种：市场型、模块型、关系型、从属型、等级型。

市场型主要为生产通用性质的产品，主导企业与供应商和生产商之间通过市场价格连接，信息在市场随时获得，双方关系可以有多种选择。由此，双方关系是松散的。价值链可以随时重组，处于恒定的流动状态。与主导企业相对应的供应商、生产商具备自己品牌、大规模生产组织、物流配送的规模优势，在议价能力上与主导企业形成对等关系。

模块型是指比较固定的价值链。主导企业要求供应商按规格定制产品，供应商具备灵活应用各类机器设备，对各类中间产品进行组合，应对不同主导企业要求的定制化生产能力。为此，交易双方必须相互提供大量的信息，生产设备具有一定的资产专用程度。这种能力较高的供应商往往被称为“整包供应商”，主导企业与供应商的关系就称为模块生产网络。例如富士康、伟创力等，尤其是美加的EMS，他们的链条延伸至产品制造设计、零部件采购和存货管理、日常开发测试、最终产品组装、全球物流、分销及售后服务和维修，提供高度模块的业务，这些都让其具有相当强的议价能力。主导企业依靠品牌、技术和标准实施控制。

关系型则指主导企业与供应商形成相互依赖的互动关系，双方之间的信息流量很大，同时生产产品的资产具有极高程度的专用性。关系型的供应商属于“全包生产商”。这种生产商具备在生产过程中说明设计、制作样品、采购所需投入品、监管产品质量、满足主导企业价格要求和确保按时交货的能力，并且通过采购与上游产业建立本土的后向联系，以维持在生产中的唯一性。全包生产要求参与者之间密切互动，但主导企业在研发、设计、品牌、服务和质量方面的控制力较强。在实践中，不少消费品的贴牌生产商往往就是一种全包生产方式。例如全球最大的制鞋企业裕元鞋厂，就是无须品牌但资产专用性极高的中间产品、设备供应商。贴牌的全包生产商从价值链中的生产制造，延伸到上游的采购、下游的物流配送链条，而中间产品的全包生产商则以资产专用性来提升增加值的能力。全包模式也可以列为一种链条延伸至较高阶段的加工贸易。目前中国的进料加工、贴牌生产大多属于这种模式。全包生产受制于主导企业的研发、产品价格和质量管制等，议价能力不可能太高。

从属型则是指生产商、供应商的能力十分低，双方在行使权力上具有压倒性的差异。其生产商实际就是由组装驱动的加工贸易供应商。加工所需要的所有零部件、物料由主导企业或境外企业提供，生产商仅提供加工组装。在这个价值链中，生产商被主导企业完全控制在从属地位，处于生产制造活动的低端。这也可以说是一种俘获型的关系。

等级型是主导企业控制权力最高的模式，属于跨国公司的内部垂直一体化关系，即跨国公司的母公司与海外子公司的关系。跨国公司将价值链的所有活动内部化，其原因与技术、知识产权等核心资源的保护相关。由此，在中国从事加工贸易的跨国公司子公司，直接是由母公司统筹控制的。

从中国在全球价值链治理结构中的地位看，市场型的价值链在中国基本属于一般贸易。目前全球跨国公司在中国大量采购，包括沃尔玛等在中国的采购总部，不仅推动了中国一般贸易的发展，同时一般贸易也成为中国对外贸易的主导方式，加工贸易占比的大幅缩小，反映了中国参与全球化，不再被限定在低端环节，中国制造在全球生产治理中的地位已经在提升。

中国加工贸易主要体现在后面的4种治理类型：一是模块型中的整包供应商的外包加工组装，例如Apple的全球合同制造商富士康在中国的加工基地。外包加工组装属于整包生产中最低端的组装部分，中国本身没有议价能力，在价值链中增加值最低，且不与主导企业发生直接联系。二是关系型中的全包生产商，大多为贴牌生产商，属于加工贸易增加值较高的部分，因此企业的议价能力通过链条的延伸得以提高。三是从属型的组装加工，在价值链中的增加值最低，企业基本没有议价能力，权力关系属于俘获型的。四是等级型中跨国公司子公司的加工贸易，因为属于企业内部化中的最低等级，内部化本身也不存在议价博弈，因此也为价值链中的最低增加值部分。因此，中国加工贸易在全球价值链的治理结构中，基本上处于全球价值链的底部，所获取的附加值较低，且基本上被主导企业即国际跨国公司所俘获。

由此，中国加工贸易转型升级，从价值链治理观察，由被俘获的低端开始，逐步提升企业的技术、市场能力，培育和逐步强化企业自身在博弈中的议价能力，是转型升级的一个重要组成部分。全球价值链的治理模式是动态发展的，在国际实践中，东亚新兴经济体的服装生产就是从从属型模式的组装驱动，进入附加值更高的全包生产及贴牌生产，最后走向市场型的品牌生产的。目前中国的服装产业在全球有不少属于市场型的模式，例如运动品牌的李宁、安踏等；而全球电子资讯产业链中，由于电子信息产业的模块化生产带动了美加、中国台湾全球制造承包商的兴起，促使其从原有的跨国公司等级型转向模块型即整包生产和供应的方式。

二、跨国公司挤压的“微利化”和底部锁定效应

跨国公司在全球价值链治理中，往往会通过其强大的技术实力、市场规模，尤其是国际市场的占有率，加上离岸外包的成本优势，去主导和控制

价值链。加工贸易作为离岸外包的成本优势，成为跨国公司的增加值利基所在。因此，即使价值链中的发展中国家力图通过改善自己在价值链中的地位而提升增加值，跨国公司的应对之策，往往是通过以下两种手段，使发展中国家的定位固化，称为底部锁定。

价值链锁定：跨国公司挤压的“微利化”——加工单价的下降。

价值链转移：跨国公司的全球网络重组——加工基地向更低成本地区转移。

随着20世纪90年代经济全球化的发展，大量发展中国家参与全球价值链，尤其是中国携带着庞大的劳动力进入加工贸易之列。发展中国家在低端价值链上的竞争，为跨国公司对低端价值链的锁定，尤其是挤压发展中国家的增加值，通过压低加工订单的单价，造成加工贸易的“微利化”，提供了空间。

此外，在发展中国家的成本不断上升的情况下，跨国公司压低加工贸易增加值，巩固其成本优势的另一对策，就是转移价值链，把离岸外包转移到成本更低廉的地区，强化其制造成本的优势。

图5-4就是全球价值链在20世纪70年代和21世纪的价值分配的微笑曲线。这个曲线是根据全球价值链的实际变化客观描绘的。由两个曲线的对比可见，微笑曲线的现实走势是从比较平坦，即价值分配比较均衡，走向加

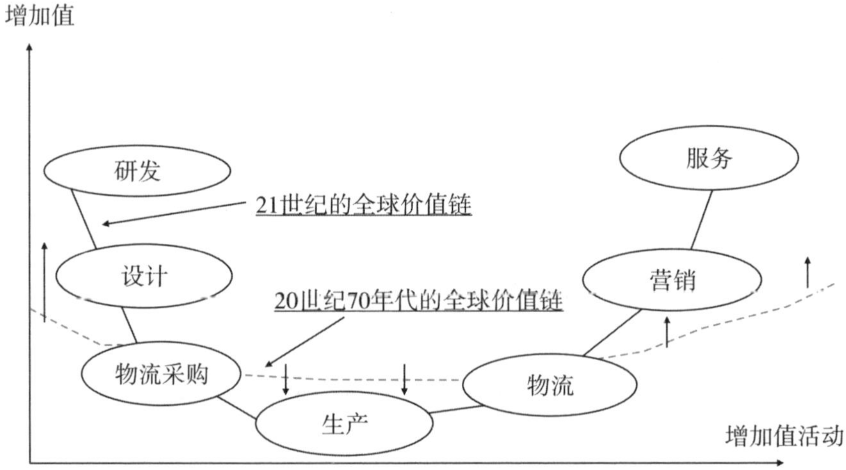

图5-4　20世纪70年代与21世纪的全球价值链微笑曲线：底部锁定与拉低

深，即价值分配更加向两端倾斜，底部的向下与两端的向上，意味着价值链的分配更加有利于发达国家而不利于发展中国家。加工贸易的“飞地”性质，使得跨国公司的离岸外包企业带有十分明显的“逐水草而生”的游牧特征。尤其是采购者驱动的全球价值链，追随成本变化游走全球，以维护跨国公司的全球利益。通过游走，更为压低加工贸易产品单价提供了空间。

对于生产者驱动的全球价值链，产品周期的急速缩短，使得产业垂直分工体系对速度高度重视，限制了新成员、新区位的加入。这成为成员锁定、价值链各链条锁定的原因。根据电子信息产业的摩尔定律①，全球产业分工体系各成员必须2年内同步完成产品升级，这种状态不利于引进新产业成员。至今为止，电子信息产业由美国企业主导操作系统、微处理器和半导体设备，日本、韩国、中国台湾和新加坡承担硬体生产。日本、韩国企业主要生产高新技术、高资本密集的零部件，而中国台企集中在模具、配件、组装环节部分。产业分工体系在20世纪90年代后期最大的变化应是中国的加入，此乃中国台企进入大陆投资扩产的结果，但这是归属区位的延展，而非新成员的加入。中国大陆的加入，实质上是拉低了产品制造的成本，更大的附加值由美国收获，其后是韩国、日本等，中国获取的利益极低。例如Apple智能手机的价值链分配就是实例。产业垂直分工模式限制了发展中国家与新兴国家的产业拓展空间，企业只能在其专属的制造环节相互竞争，难以上升至技术标准层面，更不要说改变产业架构。

这就是与20世纪70年代相比，21世纪的全球价值链微笑曲线变得日益向两端提升而底部拉得更低的原因。事实表明，全球价值链在20世纪90年代至2015年的急速发展，并没有改变发展中国家在价值链的低端地位，且在价值链的分配中，蛋糕虽然做大，但发达国家主导企业及跨国公司所获取的份额更高，发展中国家的份额则相对更低。

三、中国加工贸易的“技术陷阱”与“市场陷阱”

中国加工贸易的主要特征是复制东亚新兴经济体的出口导向模式，且以

①处理器上的电晶体数量大约每隔两年将增长一倍。

外资企业为主体。而中国的改革开放带来的巨大人口红利，使出口导向模式在全球规模上获取了更大的“放大效应”。由于中国对外资采取了更为开放的政策，使得中国参与全球化的方式，是通过外资企业“嵌入式”地带入全球生产网络。

这种“嵌入式”全球生产网络的方式，在为中国带来巨大的全球化红利的同时，也带来了整体的外向型体系对跨国公司严重依赖的“技术陷阱”和“市场陷阱”。

采购者驱动的加工贸易，主要集中于传统的消费品产业。这个产业的加工贸易主体，以中国香港和台湾的中小型厂商为主，主要由香港的中介商和贸易商在香港接单，在内地加工制造。也有欧美的大型跨国公司和大型零售商，例如耐克、沃尔玛等，通过海外代理商对国内市场发出订单生产。无论是中国香港、台湾的生产商，还是欧美的大型采购商，其订单的接单基本在海外，而非中国本土。这就造成了以外资企业主导的加工贸易，作为跨国公司全球价值链中的制造环节，本身就存在着对国际市场的“隔层陷阱”。从我国珠三角地区的情况看，即使在获取订单上处于优势地位的港资贸易商（香港的国际地位优势），也仅是跨国公司全球销售网络中较为底层的链条，并没有掌控销售与市场网络的话语权。跨国公司通过国际代理商和贸易商，把订单发出，由代理商和贸易商转包给中国加工生产。中国的加工贸易与国际市场、跨国公司全球销售网络的分隔，形成一种“市场陷阱”，即加工贸易的加工出口与世界市场之间，存在着大量的海外中间商和接单商，由他们把产品纳入国际市场，而非直接进入国际品牌商的全球销售网络。其结果就是加工贸易的利益要先由海外接单商和贸易商分享，凭借市场网络的优势，海外贸易商可以分享利益的主要部分。这就直接降低了订单生产的利益。由此，加工贸易的订单出口越多，海外中间商和贸易商所分享的利益就越大。

而从生产者驱动的全球价值链看，尤其是占比最大的电子信息产业，整体处于跨国公司、产业链中的整包供应商掌控之中。中国加工贸易直接面对的是整包供应商，例如富士康就不是跨国公司的品牌商，其不仅接单在海外，更无法直接与跨国公司的品牌商连接。电子信息产业垂直分工的价值链链条很长，从美国跨国公司的首端开始，由整包供应商整合了韩国、日本的关键零部件供应商和中国台湾、新加坡的零组件供应商，最后进入中国进行加工组装。而前面的每个供应链条都存在着技术专利和专有技术的费用，因此，中国加工贸易的规模越大，出口数额越大，中国作为最后的链条，加工组装所需缴纳的技术许可费用就越多，对跨国公司的技术依赖度就越高。由于加工贸易的主体是外资企业，很多加工组装过程中的技术许可费用是以中国子公司缴纳给母公司的，或是关联企业与跨国公司之间的交易。这种技术许可交易中，存在着中国政府难以控制的因素。以2016年中国技术进口的数字看，其中加工贸易占比最大的电子信息产业技术进口就占据中国技术进口第一的位置，其金额占比达到了30.4%。技术进口按企业性质分，外资企业则占据中国全部技术进口的62%。[①]也就是说，中国目前整体的技术进口是以外资企业为主的，外资企业的出口数额越大，技术许可交易的金额就越大，对跨国公司的技术依赖就越高。

此外，高新技术产业中跨国公司对技术的控制，不仅对中国，也对新兴经济体在其全球分工中的低端地位产生了“锁定效应”，从而使地区产业升级面临困境。这就是“技术陷阱”和产业价值链条的“锁定效应”两者的综合表现。针对生产者驱动产业，发展中国家厂商选项有两个：一是从事低附加值环节，二是被排除在产业体系之外。很明显，这两种结果对发展中国家来说都不是最优选择。归根究底，生产者驱动产业的核心是“技术研发、标准控制”，制造加工只是其中一个环节，陷入“技术陷阱”往往不可避免。即使发展中国家希望利用对外招商引资，稳住高科技产业的制造环节，得到的依然是低增值产业活动。加工贸易的产业效益更多地掌控在高科技产业的跨国企业手里，而非承接国本身。

外资企业、外来技术、最终出口的外需市场，都不在中国企业的手中，这就是中国加工贸易面对的“市场陷阱”和“技术陷阱”。由此，转型升级就是加工贸易摆脱陷阱的必然之路。而要真正突破技术陷阱，根本的途径就是发展中国家提升内部的自主科技创新能力。

①资料来源于《中国商务年鉴2017》。

第四节 价值链升级的主要路径：中国经验

中国制造40年的快速变化是全球生产体系重组的缩影，也是中国制造在市场变化中新竞争优势取代旧有优势的结果。2008年金融海啸之后，随着中国市场的变化，过去依赖的人口红利、土地红利等因素的低成本优势已经不复存在，新的竞争优势正在形成。这种比较优势转换为加工贸易转型升级提供新支撑。中国制造比较优势的转换，意味着随着中国经济的快速发展，过去参与全球竞争主要依靠低成本的劳动力来支撑的加工贸易面临着很大的挑战。与此同时，中国参与全球竞争，很多新的优势正在涌现。比如，丰富的人力资源、更加完善的基础设施、完善的产业配套，特别是已经形成的加工贸易的生态系统，这是我们加工贸易企业在转型升级中进一步提升竞争力非常重要的优势。

但是，对于加工贸易的前景，国内学界一直争议不断。中国学界和实业界对加工贸易处于价值链低端一直有着十分清楚的认识。由此，加工贸易在中国的前景，面临着一个双重选择问题：一方面，如果我们继续维持定位于“全球价值链底部”的增长战略，不仅会受到来自价值链高端的主导企业的进一步俘获、控制和盘剥，同时也会受到其他发展中国家以更低成本加入引起的激烈的国际竞争的影响。这种发展战略明显具有不可持续性的特征，因此价值链攀升和产业升级势在必行。另一方面，如果我们在现阶段就完全摆脱主要由跨国公司所主导和控制的全球价值链分工体系，实施自我为主、进口替代的产业再造和升级，以高端环节参与全球价值链，不仅不符合现阶段中国制造企业的现实条件和发展基础，而且有可能会丧失世界给中国提供的发展机遇。

事实上，中国作为一个大国，虽然具备完整的工业体系，也拥有全球数量庞大的技术人才，但是地区经济发展水平极其不均衡，劳工素质大多为中低技能。这种现状决定了中国一方面要从全球价值链的低端开始，即加工贸易参与到国际分工中，从低端开始转型升级；另一方面，中国也要推动从要素驱动走向自主的技术创新驱动，以自我为主建立自己的高新技术产业。以自我为主的创新驱动为主导，加工贸易转型升级为辅助，二者是相互补充和促进的，缺一不可。

中国加工贸易的转型升级，与亚洲新兴经济体相比，虽然升级路径基本类同，但是，作为一个人口、市场大国，一个大规模复制出口导向战略的后起之秀，一个具备完整工业体系，具有复兴愿景、充满活力的发展中国家，中国走出具有自己特色的转型升级之路，谱写了中国的产业升级图谱。

一、连续、全方位的政府产业升级战略：中国特色

转型升级是市场活动和企业努力的结果。但是中国加工贸易企业主体以外资为主，而外资企业是在政府政策决定的大环境中活动的。由此，中国加工贸易转型升级的基本路向是由政府主导的。

2003年党的十六届三中全会提出中国新型工业化的思想，其中包括了加工贸易的转型升级，这是政府首次指出了加工贸易的发展方向，并且通过制定产业的限制类、禁止类目录，对加工贸易的产业结构进行优化调整。2006年中国政府部署“十一五”规划时，以“转变”作为经贸模式的政策性定调。一是模式转换，希望内需市场和国际市场并举发展。二是缓解国际经贸矛盾，更重要的是减少贸易顺差、减少外商直接投资带来的庞大外汇储备，缓解对内部金融体系形成的压力。中央政府希望在中长期内实现贸易平衡，为此选择贸易顺差大户的加工贸易为改革重点，以“两高一低”、传统产业为政策落脚点。为了尽快达成政策效果，中央采取政策组合拳形式，强势推动改革。就加工贸易领域，以出口退税和外商投资产业指导为调整手段。就宏观营商环境，利用《中华人民共和国劳动合同法》、允许人民币逐步升值，以成本上升倒逼企业升级。为了平衡沿海、内陆的均衡区域发展布局，并留下一定生存空间给予加工贸易厂商，鼓励产业转移至内陆，且提供优惠措施。2007年中央政府更推出鼓励加工贸易向中西部转移的政策和指导意见，确立了44个中西部重点承接地，并以中西部的加工贸易占比要达到5%的比例为主要目标。此后，更把中西部承接地扩展为50个以上。

可是，在2008年金融海啸爆发之前，中国政府对加工贸易的转型升级并没有提出具体的路向和目标，而是让加工贸易企业跟随政策的转变改变自己的经营活动。中国政府在产业升级进程中地位的重大转变，当是在2008年金融海啸爆发之后，中国政府的角色发生了重大与根本性的改变。这个变化产

生了由中央政府直接通过统筹规划、具体的路向指引，地方政府落实服务支持，企业自主选择转型升级的路径和方式，共同破解困境的转型升级的基本模式。

加工贸易转型升级的第一步，是用三年时间淘汰落后产能，加快加工贸易的转移步伐。2008年，加工贸易第一大省（当年全国占比40%以上）广东率先在中央政府的支持下，出台了《广东省人民政府关于促进加工贸易转型升级的若干意见》，首次提出了三年转移的发展目标：到2012年，全省加工贸易产业结构和区域布局进一步优化，初步实现加工贸易梯次分布和集聚发展。其中，珠江三角洲地区“腾笼换鸟”，力推先进制造业和现代服务业集聚；粤北山区和东西两翼地区“造林引凤”，承接珠江三角洲地区产业转移，形成劳动与技术密集型产业聚集的发展格局。全省加工贸易产业整体层次有较大提升，企业配套能力、创新能力和核心竞争力显著增强，产业链不断延伸，产品技术含量和增值率进一步提高。不具备法人资格的来料加工厂基本完成转型，加工贸易企业内销幅度呈现较大增长。全省加工贸易转型升级取得明显成效，广东成为全国加工贸易转型升级的排头兵。

也就是从2008年起，加工贸易真正进入了由政府主导、企业为主体的实质性转型升级阶段。以广东为例，面对大量中小加工贸易企业的停产退出，加工贸易呈现增长极大放缓之势，2008年广东省政府痛下决心，壮士断臂，在加工贸易仍然占据广东对外贸易70%~80%的状况下，制定了珠三角地区产业、劳动力的“双转移”战略，力推珠三角地区“腾笼换鸟”，把当地的劳动密集型产业向广东两翼、北部转移，为新兴产业腾出发展的空间。这被称为“省内转移、在地转型”。广东省政府每年从财政收入中拨出500亿元成立“产业转移基金”，推动珠三角地区的每个市与加工贸易承接地结成对口帮扶关系，建立产业转移园和产业转移项目作为帮扶重点，推动企业转移落户进入广东东西两翼和北部山区，例如广州—梅州、东莞—韶关、佛山—清远、深圳—河源等。在大力推动“双转移”的进程中，逐步使珠三角地区的产业向高质化发展，为今天珠三角地区的工业科技化、智能化制造提供了坚实的基础。

在三年加工贸易向后进地区转移之末期，2010年11月，商务部、人力资源和社会保障部、海关总署共同颁布了《商务部、人力资源和社会保障部、海关总署关于在苏州、东莞开展加工贸易转型升级试点工作的通知》。苏州和东莞的加工贸易额占全国加工贸易总额的比重接近四成。其中东莞是中国最早开展加工贸易和引进外资的地区，2010年加工贸易企业约11000家；苏州也是中国加工贸易的集聚地，加工贸易企业4500家。中国政府希望苏州、东莞利用3~5年时间，为全国的加工贸易转型升级提供参考经验。其后，商务部会同海关总署在试点、示范地区选择部分重点行业，通过企业自愿申报、行业推荐、地方初审、专家审核，确定了58家转型升级示范企业，其中苏州17家，东莞12家。这些企业在发展中能够把握机遇、主动谋划，探索出各具特点的转型升级之路，实现了产品加工从低端到高端，产业链从短到长，生产模式从简单代工向生产、设计、品牌一体化的转变。根据商务部的分析，58家示范企业平均研发投入占销售的比重为3.78%，平均拥有专利数量116件，品牌产品占比82%，国内料件采购率61.5%，年平均工资4.1万元。以示范企业作为转型升级的样板，加工贸易的转型升级在全国铺开。

在苏州、东莞的转型升级试点工作中，由东莞首创了加工贸易转型升级工作考核指标体系，以考察指标衡量转型升级的完成与否。该考核指标体系主要分为四大部分，即总量规模变化、经营结构变化、经营效益变化、发展潜力变化，共25个具体指标，与企业转型升级相关的指标集中在经营结构变化、发展潜力变化两部分。经营结构变化部分主要针对出口产品结构、内销市场和品牌建立，即市场转型。发展潜力变化主要是投资和研发行为，即规模和技术升级。前一部分主要是企业的转型，后一部分则为企业沿着价值链的升级（见表5-5）。

表5-5　加工贸易转型升级主要考核指标

考核指标	经营结构变化	发展潜力变化
内容	外资企业国内销售总额及增速； 委托设计ODM+自有品牌OBM混合出口比重； 高新技术产品出口总额及增速； 加工贸易企业设备更新改造投入； 非法人来料加工企业转为法人的数量； 来料加工企业出口占出口总额的比重	设立研发机构数量及完成进度； 加工贸易企业研发投入占销售总额的比重； 新兴市场出口额及增速； 新增投资超千万美元加工贸易企业投资额及增速； 新增投资总额超亿美元项目数量； 加工贸易新兴产业投资额及增速； 企业国内专利授权量

（资料来源：东莞市人民政府网站）

2011年3月，商务部与广东省共同签署了建设珠三角地区加工贸易转型升级示范区的协议。同年8月，为深入贯彻党的十七届五中全会、中央经济工作会议精神和“十二五”规划纲要，按照科学发展观的要求，加快结构调整和经济发展方式的转变，推进区域经济协调发展，落实国务院批准的《珠江三角洲地区改革发展规划纲要（2008—2020年）》，促进加工贸易转型升级，商务部、人力资源和社会保障部、海关总署决定会同广东省人民政府共同建设珠江三角洲地区全国加工贸易转型升级示范区，并颁布了指导意见，确立了政策扶持与先行先试相结合，以试点和示范区，以点带面地推进中国加工贸易转型升级的具体做法。

在关于珠三角地区示范区的指导意见中，提出了加工贸易转型升级的总体目标是优化加工贸易产业结构和区域布局。其具体的路径为：一是产品加工由低端向高端转变，提高产品技术含量和附加值；二是产业链由短向长转变，加工贸易配套体系向研发设计、品牌创建、营销服务等产业链上下游延伸；三是经营主体由单一向多元转变，实现内外资企业共同发展；四是营销市场由出口为主向国内外两个市场并举转变，拓展企业发展空间。珠三角地区作为全国的转型升级示范区，力争从2011年起，3年时间完成4个转变，为全国提供转型升级的经验。为更好地推进示范区建设，珠三角9个市分别设立了38个外贸转型升级专业示范基地（其中国家级基地12个）。

为保证转型升级示范区的具体措施落地，广东省人民政府专设了每年6个“10亿元”专项（加工贸易转型升级专项、科技创新专项、资金支持专项、创业广东专项、规范清理行政事业收费专项、为加工贸易企业缴纳保证金提供反担保专项）基金。提供每年500万元的加博会（2009年国家在广东东莞设立的加工贸易企业内销博览会）补贴，以及总数500亿元的产业转移基金，等等。其支持的强度之大、数额之巨，是过去数十年均没有的。而海关提供的“内销集中申报”一站式服务平台、加工贸易企业“升转一站通”通道，更体现了中央政府对加工贸易转型升级的扶植和关注。

2011年底，商务部、发展改革委、工业和信息化部、人力资源和社会保障部、海关总署、国家税务总局6个部门共同发布了《商务部发展改革委 工业和信息化部 人力资源和社会保障部 海关总署 国家税务总局关于促进加工贸易转型升级的指导意见》，这是自党的十六届三中全会提出

“引导加工贸易转型升级”以来，出台的第一个国家层面的指导性文件，预示着加工贸易转移的结束，将进入3年的转型升级攻坚阶段，也标志着中国加工贸易转型升级的全局性战略政策最终成型，对加快加工贸易转型升级步伐产生重要而深远的推动作用。

在国家的指导意见中，转型升级攻坚的主要目标深化为：按照科学发展观的要求，提高加工贸易整体水平，延长产业链，提高附加值，增加国内收益，实现加工贸易由规模速度型向质量效益型转变。在转型升级的路径和方向上，提出具体要逐步实现五个转变：一是产品加工由低端向高端转变，逐步改变以低端加工组装为主的现状，提高产品技术含量和附加值；二是产业链由短向长转变，促进加工贸易配套体系向研发设计、创立品牌、生产制造、营销服务产业链上下游延伸，延长加工贸易国内增值链；三是经营主体由单一向多元转变，促进内外资企业共同发展；四是区域由东部主导向东中西部协调发展转变，遵循客观经济规律，引导加工贸易由发达地区向欠发达地区有序梯度转移；五是增量由区外（产业园区或保税区）为主向区内为主转变，发挥并完善海关特殊监管区功能，引导增量入区发展，促进区内外加工贸易协调发展。

自2008年的“双转移”，到2011年的珠三角地区全国加工贸易转型升级示范区的建设，同年全国进入3年的转型升级攻坚阶段，政府政策逐步深化推进。在政府和企业的努力下，2015年加工贸易企业的转型升级最终完成了攻坚目标。

2016年，在全国加工贸易转型升级持续取得进展的形势下，国务院出台了《国务院关于促进加工贸易创新发展的若干意见》，提出了“主动适应经济发展新常态，以创新驱动和扩大开放为动力，以国际产业分工深度调整和实施‘中国制造2025’为契机，立足我国国情，创新发展加工贸易。巩固传统优势，加快培育竞争新优势，逐步变‘大进大出’为‘优进优出’，在稳定经济增长和就业预期的同时，推动我国产业向全球价值链高端跃升，助力贸易大国向贸易强国转变，为构建开放型经济新体制做出更大贡献”，这标志着加工贸易转型升级由攻坚走向创新发展的新时期。

其具体的发展目标为：到2020年，加工贸易创新发展取得积极成果，进一步向全球价值链高端跃升。一是产品技术含量和附加值提升，由低端向高端发展。二是产业链延长，向生产制造与服务贸易融合发展转变。三是经营主体实力增强，由加工组装企业向技术、品牌、营销型企业转变。四是区域布局优化，逐步实现东中西部协调发展和境内外合理布局。五是增长动力转换，由以要素驱动为主向要素驱动和创新驱动相结合转变。

以加工贸易转型升级示范区的广东为例，2013年至2014年底，转型升级已经取得重大突破。全省加工贸易企业中：技术密集型和资本密集型企业占比超过了55%；加工贸易“委托设计+自主品牌”方式出口比重超过66%；加工贸易累计拥有品牌达到2.1万个，设立研发中心3582个，基本完成了转型升级的攻坚目标。在2016年之后的加工贸易创新发展的新时期，广东在2014年的基础之上，提出了2020年持续发展的新目标。

根据广东省的计划，2020年加工贸易创新发展要取得积极成果，进一步向全球价值链高端跃升。全省加工贸易委托设计（ODM）生产方式占比达到45%，自有品牌（OBM）生产方式占比达到32%。加工贸易企业累计设立研发机构达到4500个，拥有品牌数量达到2.4万个，高新技术企业占比达到13%。加工贸易项下高新技术和机电产品进出口占比分别达到50%和80%，技术和资本密集型产品占比合计超过九成。加工贸易深加工结转金额年均超过600亿美元。粤东西北地区加工贸易占全省的比重提升至5%左右。培育一批拥有自主品牌、年主营业务收入超100亿元的大型骨干企业，建设一批加工贸易创新发展和转移承接的重大平台（载体），推出一批高新技术、高附加值的自主品牌产品。

表5-6　广东2014年加工贸易转型升级攻坚成果与2020年创新阶段预期成果

项目	2014年	2020年预期
ODM+OBM出口占比	66%	77%
加工贸易研发机构数目（个）	3582	4500
加工贸易企业拥有品牌（万个）	2.1	2.4
加工贸易项下高新技术进出口占比	46%	50%
加工贸易项下机电产品进出口占比	68%	80%

（资料来源：2015年7月广东省商务厅发布的《广东商务发展报告（2014—2015）》，2016年9月广东省政府发布的《广东省促进加工贸易创新发展实施方案》）

三年转移，三年攻坚，三年的创新发展，使得中国加工贸易发生了惊人巨变。在《中国制造2025》发展纲要的指导下，真正开始进入由中国制造转向“中国智造”的起步和推进阶段。加工贸易在中国对外贸易中比重急剧下降到2017年的29%，一般贸易成为主导方式。中国产品、中国品牌、中国技术、中国企业在全球经济中的影响日益上升，预示着中国参与全球价值链不再主要依靠低端和下游介入，而是有了更大的发言权和更强的议价能力。

以加工贸易起步，2011年成为全国加工贸易转型升级示范区的珠三角地区，2016年凤凰涅槃，成为国家级的自主创新示范区。2017年区域内的高科技企业3.3万多家，数量位居全国第一。由这些龙头企业带动，2016年广东全省区域创新能力综合排名连续8年稳居全国第二，研究与试验发展经费支出占GDP比重达到2.85%，其中深圳高达4%以上；这个地区的有效发明专利量连续7年、PCT国际专利申请量连续15年保持全国第一，其中PCT国际专利申请量占全国比重超过50%。技术自给率、科技进步贡献率分别提高到71%和57%，基本达到创新型国家或地区水平。珠三角由1978年外资企业为主的加工贸易制造基地，历经40年的发展，正在迈向成为国际创新科技的基地。

中国加工贸易转型升级，最终使中国能够超越简单地以成本为基础的方式来增强竞争力，在产业价值链中的利益分享，逐渐不再通过在底部竞争中实现，而是通过推动产业升级，超越原材料、廉价劳动力、制造生产等比较优势，力争转向全球高附加值市场的定位来实现。在这个升级进程中，中国政府连续的、全方位的升级战略，可以说居功至伟，为世界加工贸易转型升级提供了政府发挥作用的典范，其特色如下：

一是确立了由中央政府直接统筹规划、具体的路向指引，地方政府全力服务支持，企业自主选择转型升级的路径和方式相结合，共同破解困境的转型升级基本模式。

二是采取了以试点、示范区先行先试，选取示范企业作为样板，务实推进转型升级，在取得经验和突破后，向全国铺开的具体做法。

三是在试点突破的基础上，具体指导制定转型升级不同阶段的目标、具体路径、考核指标和经济支持扶助政策，其力度之大前所未有。

四是根据转型升级的不同目标，分三个阶段展开，即加工贸易转移、转型升级攻坚、创新发展。在整体的发展进程中，结合中国制造在全球产业版图和新技术革命发展的需要，与时俱进地提出不同的转型升级发展目标和发展方向。

二、转型升级的企业实践：中国路径

中国加工贸易企业升级的路径，虽然依然是循着流程升级、产品升级、功能升级和跨行业升级四种方式上升，但是，每种升级路径的具体做法，引发的后果却十分不同。

究其根本原因，很大程度是由两个因素造成的。一是中国转型升级是在金融海啸之后，全球技术革命兴起，中国电子商业蓬勃发展，中国制造持续提升，全球产业版图重组的大背景之下开始的，加工贸易转型升级不仅受到这个进程的影响，反过来还为这个进程增添了浓墨重彩的一笔，形成十分不同的中国转型升级路径。二是中国加工贸易的规模巨大，其变动对全球产业版图直接带来影响。

中国加工贸易升级路径的特点和影响，可以归纳如下：

第一，加工贸易企业的流程升级，主要的方式并非惯用的流程工艺改造，转换新制造方法和设备升级，而是结合新一轮技术革命和中国劳动力短缺、成本上升的状况，将主力放在以自动化、机器换人上来，加快流程改造和制程升级，以达到加工贸易提质增效的目的。为此，国家和地方政府对自动化、机器换人提供了大量补贴。在珠三角地区，企业购买机器人的费用由企业和政府对分，并且国家和地方政府还出台了支持企业技术改造、智能制造和技术设备进口的相关优惠政策，尤其是在加工贸易企业购买用于重点工艺流程和环节改造关键设备的具体措施上，对符合条件的企业视同技术改造予以资金支持，提升产业核心竞争力。

以广东为例，2008—2012年，全省加工贸易企业从3.3万家下降至2.9万家，但是通过机器换人等一系列流程升级，加工贸易的出口总额却从2613亿美元上升为3115亿美元，平均每家企业的出口规模上升了36%；加工贸易从业人员从1600万人下降为1400万人，但全员劳动生产率提升了30.4%，达到了提质增效的目的。

例如大朗毛织产业与长安镇钜升公司的精密模具制造，标志着珠三角地区自动化、数字化制造的起步。大朗是中国毛织产业的专业重镇，在转型升级中，整个产业以4万台计算机数控织机取代了手工织机，结束了手工操作的制造。数控织机是手工织机效率的8倍，且由计算机打印的样式和设计多样化，可以生产出不同的产品，实现了个性化定制且又提升了附加值；同时由于1个工人可以控制6台数控织机，等于过去48人的生产量。由此，大朗整体毛织业的劳工人员直接减少了12万人。

而从事精密模具制造的钜升公司，通过设备自主创新，从手工开模走向了模具的全自动制造。整个制造过程只需要人员输入计算机程序，放置原料和取走成品，全部制造由设备和机械手自动控制，且24小时不停顿生产，车间几乎没有员工。这个制造过程可以说是最为接近3D印刷技术的制造。

加工贸易大规模以自动化、机器换人进行流程升级，带动了全球自动化，尤其是机器人产业的高度成长和在中国的高度集聚，使得中国成为全球机器人运用的最大市场，从而根本改变了机器人产业的全球版图，加工贸易升级使得机器人、自动化产业大规模转移至中国，成为中国新兴的战略性产业，这是世人所不能预料的结果。这一结果也使得中国本土的企业获得了产业发展的良机，从而成就了加工贸易企业向上游延伸，即为组装提供自动化设备、中间产品（包括机器人），以及跨行业升级的一个主要内容。例如美的集团就是一个从为港商加工电风扇起家，随后成长为全球家用电器品牌商提供贴牌生产，逐步进入自主品牌的一个企业。在机器人产业兴起的高潮之中，美的通过兼并全球三大机器人企业之一的德国库卡公司，进入高速成长的机器人产业，完成了跨行业的升级。

由此可见，中国加工贸易的流程升级，实际内含了向上游延伸加工链条和跨行业升级的内容。这是中国独有的现象。

第二，加工贸易企业的产品升级，延伸加工链条，进行功能性的升级，为中国市场带来了大量新产品，大量外资配套企业的进入，为中国本土企业进入新产业、新产品的市场带来了提供的机遇。例如中国的加工贸易原来是全球电脑产业的集聚地，带动了大量生产零组件、关键部件的外资企业进入中国。这类中间产品企业以深加工结转进入中国集聚，使得当年全球电脑产业存在一句话：珠三角地区塞车，全球电脑供应就受影响。随着电脑产业向着移动通信产业的跨行业升级，中国本土的配套和供应链为本土企业成长提供了发展的基础，由此，中国成为全球最大的智能手机生产地，占有全球50%的市场占有率。其中不乏中国自己的大量品牌：华为、中兴、小米、OPPO、VIVO等。加工贸易的转型升级为外资企业与本土企业带来了共同成长的机遇。现在是中国塞车，全球智能手机供应链就运转失灵。

伴随着加工贸易转型升级的推进，中国本土企业与外资企业加快了共同成长的进程。尤其是中国政府对内外企业共同开展关键核心技术和基础性共性技术研发的政策扶持，建立各种技术攻关和研发平台，为内外企业结合发展提供了十分有利的条件。

第三，中国巨大的内需市场是支撑外资加工贸易企业在中国向设计、研发链条升级，甚至在中国成立制造总部和服务总部的根本因素，也是加工贸易外资企业提升本土性、植根性的重要环节，是中国制造走向服务型制造的根本。加工贸易企业在OEM—ODM—OBM进程中，最为困难的是品牌研发，而品牌研发需要市场。中国政府对加工贸易转内销实施了一系列政策和措施，目前中国加工贸易企业的内外销比基本在5：5，尤其是外资企业在中国注册产品品牌，打入中国市场，建立营销网络，直接带动了企业在价值链上的功能升级，使得加工贸易企业从过去的车间流水线制造走向前端的研发设计和后端的品牌、市场营销、服务，转变为服务型制造和工业服务型企业。

此外，加工贸易企业的深加工结转也是企业延伸产业链，扎根本土的一个主要升级进程。目前中国加工贸易的深加工结转已经占企业七成以上比例，每个产品生产的结转基本超过2次，意味着加工贸易的本地增值率、中间产品本地采购率和本地配套比重的提升，即价值链的本土延伸和拉长。

第四，在全球和中国互联网，尤其是中国电子商务的发展浪潮中，加工贸易出现了与互联网融合发展的创新模式。利用电子商务促进加工贸易转型升级，加工贸易企业通过线上、线下融合发展，产生了企业对企业（B2B）跨境电子商务出口业务。加工贸易企业与国内知名电商合作，依托互联网集成式接单，开始探索“加工制造+互联网”发展路径，促进加工贸易向价值链中高端跃升。尤其是通过建立健全中国加工贸易产品博览会电商平台供需数据库，完善采购、交易等功能，进一步推动了加工贸易产品“网上行”，为加工出口开辟了一个新的贸易通道和商业模式。

加工贸易企业通过开展电子商务等多种方式，拓展销售渠道；逐步开始摸索外贸新业态企业负责品牌营销、加工贸易企业专注生产的分工合作机制。同时，加工贸易企业摸索出与传统零售商共创品牌、营销网络的发展模式。出现了国家级广告产业园与加工贸易产业融合，发挥产业园研发、设计和品牌溢出效应，加快加工贸易企业品牌走向海外市场的进程。

目前不少加工贸易企业、中国本土企业，或国内知名电商开始在全球各地建立电子商务的海外仓，通过全球的物流配送为客户提供线上销售服务。以占全国电子商务出口七成比重的广东为例，2016年建成的企业海外仓300多个，公共仓100多个，主要分布在出口国。

第五，中国加工贸易转型升级的成功，离不开境外利益攸关方的帮助。加工贸易的企业主体中，大量为中国的港台企业。作为中国境外的中国香港、台湾，尤其是半官方的企业中介和投资机构，都为在内地的港台企业升级付出了努力。香港更是通过粤港创新科技合作资金，设立鼓励港资企业的内销辅助资金予以企业实质的资金支持。

港台的半官方中介服务机构更是积极进入港商、台商密集的珠三角地区，为企业提供实际的升级帮助。例如台湾工研院、生产力中心等14家台湾机构，以及香港贸发局与生产力促进中心，主要为当地企业提供升级的直接辅导，具体内容是为企业诊断和转型升级提供深度辅导。从2011年起，上述机构开始每年接受珠三角地区的港资、台资企业报名，为不同类型企业提供转型升级的辅导服务。仅2012年一年时间，在东莞1万多家的加工贸易企业中，已经有1281家完成了转型升级辅导工作，其中台资企业1045家、港资企业236家。这种辅导服务的成效表现为：一是助推了企业市场拓展。通过辅导企业熟悉内销市场运作和开展品牌创建，推动了一批企业加快内销市场的拓展。据统计，参加转型升级辅导的企业新增内销额达62亿元，新增缴纳税款11.3亿元，新增品牌超过200个，新设直营店75家、加盟店18家。二是提升了企业技术水准。通过为企业提供生产流程再造、应用科技手段提升等方面的辅导，较好地增强了企业的自主研发能力。据统计，参加辅导的企业新设研发机构69个，新获得专利227项，研发新产品超过7000件，引进技术近70宗。三是助推了企业提高生产效率。通过为企业提供精细化管理等方面的辅导，帮助企业优化物流、生产和库存等环节的管理，减少资源消耗和空间占用，大大提高了企业的生产效率。据统计，参加辅导的企业生产成本和人力成本平均下降10%，用工减少7%，库存减少10%，库存周转率提高14%，自动化程度提高16%。

这种由境外半官方机构直接参与到加工贸易转型升级的进程和辅导服务中，当是中国加工贸易转型升级的一个显著特点。

第六，产业升级必然伴随着产业的转移。中国加工贸易转移与新兴经济体最大的不同，首先就在于这个转移，有相当部分是在中国境内的不同地区实现的。从图5-5可以看到，2000年中国加工贸易几乎98%集中在东南沿海地区，尤其是广东、江苏和上海三地。2008年其密集度并没有大幅改变。2016年随着加工贸易的转移，中西部地区在加工贸易的比重中已经上升到15.4%，且广东、江苏、上海所占比重下降到60%。

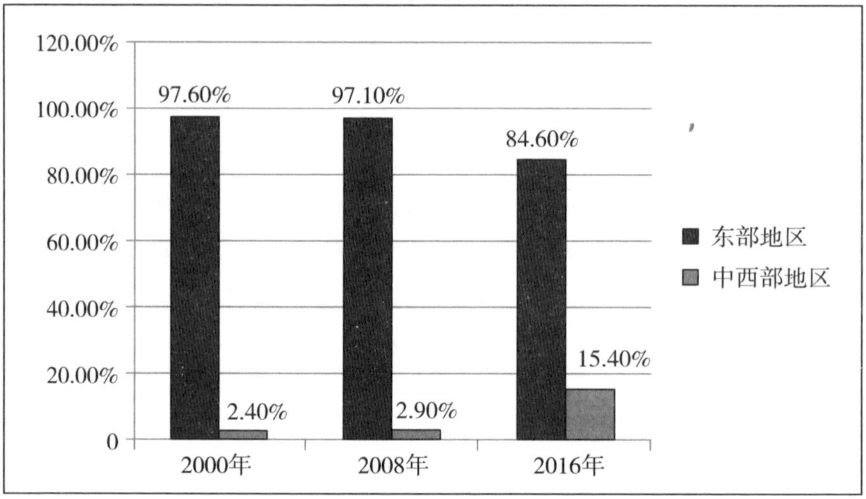

图5-5　2000年、2008年、2016年加工贸易地区分布变化

（资料来源：中国商务部）

其次，鉴于加工贸易需要高效率的物流运输和靠近海外市场的特点，中国加工贸易转移的最大比重，包括整体产业转移的最大比重仍然是国际转移，即加工贸易向东南亚、东欧、非洲地区的转移。据美国麦肯锡研究中心观察，中国产业在2010年以后向发展中国家转移，雇佣当地的劳动力达到1亿人以上。可见由中国发动的这一轮产业转移其规模之大。事实上，大量劳动密集型产业从中国向海外转移，并非中国制造的退潮，而是中国制造升级的必然走势。

自2013年中国提出“一带一路”倡议之后，中国加工贸易的国际转移创造了一种新的模式：以中国在海外建立国际产能合作区，企业集群式地、有计划和有组织地配合着中国产业供给侧改革的方向进行国际转移。目前，中国在发展中国家，尤其是“一带一路”沿线国家建立的国际产能合作园区，其数目已经有数十个。以国际产能合作园区推进的国际产业转移模式，也是中国产业国际转移的一个创造。

三、供应链城市和产业升级：中国新模式

在中国加工贸易产业升级的过程中，我们强调了中国巨大的规模经济，为加工出口投资的高效率提供了基础设施和物流设备，以及完整良好的生态系统，成为产业升级中持续的优势（见第二节的第二部分）。

事实上，一个大国巨大的规模经济会带来极大的效益。在加工贸易的发展中，这种规模经济不仅促成了地区的不同产业的专业化集聚，还加速了世界一流的基础设施和物流产业的发展即互联互通，这两种因素的结合，形成地区特定产业的供应链。这与规模细小或规模一般的新兴经济体、发展中国家的产业升级不同，中国政府和企业能够将由规模经济驱动的分工互联互通转化为持续升级的比较优势。而体现这种升级模式的，就是中国的“供应链城市”。中国开拓的供应链城市这种产业组织和产业升级新模式，是中国转型升级的一个创造。

“供应链城市”是指中国大规模的生产增长和特定地区针对价值链不同阶段形成的集群对产业成功升级的重要作用。[①]加工贸易的供应链城市，即产业集群，主要是由外资企业作为出口导向生产平台而建立的。但是其中不可缺少的是政府对外资进入的鼓励政策，以及地方政府对基础设施、物流服务、当地生活服务设施的投资和建设。

供应链城市的第一种类型是一个城市群的概念，意指落地于一个城市的巨大的、垂直一体化的“超级工厂”。这类工厂因规模巨大，可以整合工

①加里·杰里菲等：《全球价值链和国际发展：理论框架、研究发现和政策分析》，曹文、李可译，上海人民出版社，2018，第127页。

厂供应链的不同环节，例如设计师、供应商和制造商等，在其周边形成整体的供应链和配套链，由此缩减交易成本并利用规模效应，推动更为灵活的供应链管理。例如全球最大的制鞋代工企业——中国台湾的裕元公司，在广东省的东莞、珠海的工厂雇用10万名工人，其制鞋的配套产业就分布在周边地区，而出口订单的签订、供应链的运营和上市总部在香港，出口港口主要在深圳。

供应链城市的第二种类型是指“集群城市”，意指一个城市中迅速兴起并不断成长的单一产品产业集群。这种特定产业一旦生产进入快车道，生产的规模巨大会促使相关的配套企业和服务商随着集群的发展而被大量吸引，包括中间产品、原材料的供应商、经销商、包装和货运代理、生活配套供应商。

例如东莞在20世纪90年代中后期的电脑产业，今天的智能手机产业。东莞的智能手机生产集聚了当下中国的华为、OPPO、vivo三大品牌商。目前全球5个智能手机中，就有1个是由东莞生产的。从设计、零组件、零部件制造到加工组装、出口物流配送，以及相关的产业服务，其完整的供应链已经在东莞集聚。2017年的数据显示，智能手机的产业链几乎占据了东莞工业生产总值40%的比重。10年时间，本土企业的高新技术产业的集聚和崛起，不仅彻底改变了东莞以外资企业为主体的产业组织结构，更表明了这种集群城市有利于产业升级及提升企业在产业链中的地位。尤其值得一提的是，东莞政府打造的来往香港与东莞的国际物流的超级中国干线（东莞与香港之间班次式的海陆空多式联运服务和保税仓服务为一体的一种国际物流仓储服务），更使东莞成为国际级的出口物流基地，且向着价值链中的高端服务链条延伸。东莞，这个中国最早的加工贸易城市，已经从过去30年对外资、外需、外来技术的依赖中转型升级，彻底摆脱了加工贸易的低端锁定，走向了以本土企业为主的新兴供应链基地。

当我们完成对中国加工贸易转型升级的考察之后，可以发现，中国加工贸易价值链升级自产生那天开始就一直存在。但是，在2008年金融海啸爆发之前，在全球生产网络中：首先，中国制造仅是作为制造环节存在，而缺乏产品开发、设计、研究及市场销售网络等服务环节；其次，中国制造仅作为全球生产体系中的被分工者而存在，而非全球生产分工体系的主导者。全球跨国公司在中国的“进”与“出”，往往决定着中国在全球分工体系中的地位。而2008年以后的10年间，中国加工贸易转型升级进入实质性转变的阶段，在全球产业布局中的位置开始从制造中心转向市场、研发中心，并且正在通过《中国制造2025》，向着战略中心转变。目前中国正处于第二个阶段，而第三个阶段才是一个集制造、投资、研发、市场、人才于一身的综合中心。只有走到第三个阶段，中国才能最终成为全球生产分工体系的主导者，而中国的跨国公司将是决定全球分工布局、中国从加工贸易下游国向上游国真正转型的主导力量。

第六章 加工贸易转型：中国内销市场的拓展

加工贸易企业从OEM到ODM再到OBM的发展进程，既是企业的价值链升级，更是加工贸易企业的根本转型。产品品牌是一个企业经营资源中最为核心的部分，代表企业进入了价值链中附加值最高的链条，也体现了企业从起步到进入成熟的发展阶段。当一个贴牌的加工贸易企业进入OBM，即具有自己品牌产品的时期，就意味着这个加工贸易企业最终摆脱了低端环节，自主地进入国际市场，从加工贸易走向了一般贸易，也意味着企业在全球价值链中，取得了与主导企业议价博弈的主动权。因此，从OEM最终走向OBM，与其说是加工贸易升级，不如说是加工贸易转型的结果。

企业品牌的开发和建立是一个十分艰苦且需耗费大量资金的过程。从企业注册产品品牌，到打开市场，开辟营销渠道，最后建立完整的销售网络和供应链，不仅需要企业长期的付出和努力，更代表着企业发展走到自身具有最高价值的核心资源阶段。对于长期依靠贴牌制造的中国加工贸易企业来说，要转型为自有品牌企业，其过程甚为艰难。

首先，长期以来加工贸易订单的接单是在中国之外，由海外的接单商、贸易代理商主导。而这些中间商仅是主导企业即跨国公司全球供应链或营销网络中的二级、三级代理商，并非主导企业本身。中国加工贸易与全球市场和销售网络的这种区隔，使得加工贸易企业长期无法直接接触国际市场，更遑论通过开发市场去打造自己的品牌。

其次，即使意图通过品牌开发而改变自身在价值链中的地位的加工贸易企业，所面对的阻力也不可小觑。一方面，OEM对中间商的依赖，使得企业无须承担开发市场的风险，易于形成一种路径依赖惰性；另一方面，一旦主导企业意识到自己的利益受损，为维护自身市场，必然做出订单转移，以威慑加工贸易企业并遏制其升级的企图，加大了加工贸易企业升级的难度。

更为重要的是，企业的自有品牌开发必须具有的客观因素和前提，是一个具有经济规模和容量的市场。一个大国的市场潜力和规模，本身就是一国企业品牌兴起和发展的基础力量，也是一国的经济优势所在。中国制造在2008年以前，依靠的是美欧的市场。2008年全球金融海啸之后，美国负债主导的世界市场率先崩盘，对中国加工贸易形成巨大的冲击。由此，中国制造开始把发展的视角转向中国市场。中国政府的主要应对之策，就是启动中国规模巨大的市场作为强大的对冲器。4万亿元的投资和消费扩展的中国内需，不仅支撑了中国制造持续地成长，同时，2008年中国政府开放加工贸易转内销的政策大门，内销市场对加工贸易企业的开放，成为中国转型升级的国家政策。

加工贸易企业转内销，不仅为企业开发自主品牌提供了国内市场的支撑，还帮助加工贸易企业从根本上摆脱了对主导企业全球销售网络的依赖。一个巨大、潜力无限的中国市场，开始逐步替代过去的美国市场，成为全球市场的一个重要组成部分。这个历史性的重大转折，为出口导向战略的转变、加工贸易企业的市场转向提供了全新的发展空间。

中国制造进入中国市场并非一帆风顺，因为中国制造长期与美欧市场相联系，而与中国市场相分离。中国市场与国际市场的区隔与二元现象导致中国制造进入中国市场、加工贸易企业转内销都充满了各种挑战。但是，正是在这个充满挑战的进程中，从2008年开始之后的10年，不仅促使加工贸易企业彻底转型，也使得中国市场得以与国际市场接轨，最终走向了内外贸易市场的一体化。由此，加工贸易企业转内销，不仅具有产业转型升级的含义，更为重要的是，推动了中国市场的改革，逐步使全球认识到中国市场的力量，因此，这个进程更具有体制改革的内涵。

第一节　从中国制造到中国市场

自2008年金融海啸之后，中国政府启动了“4万亿元扩大内销”的财政政策、2009—2011年的刺激国民消费的补贴政策、鼓励加工贸易转内销的政策、设立全国加工贸易内销博览会等一系列政策和措施，在当时无不具有应对金融海啸之后，世界市场紧缩的应激性、应急性对策的性质。但是，从今天的视角观察，可以说，正是自那时开始，中国制造的市场发生根本性转变，作为一种常态性、长期化的进程，最终促进了中国经济与社会走向以消费型为主的经济形态。由此，加工贸易转内销，不过是顺应了中国经济转型和中国市场崛起的一个必然产物。

一、扩大内需成为中国经济发展的基本国策

全球金融危机终结了美国负债经济主导的全球化，美国与发达国家市场增长放缓已经成为未来的趋势。迅速崛起并且持续增长的中国制造所涵盖的巨大生产力需要容量巨大的市场，而中国13亿人口的消费潜力，正是一个世界性大市场形成的基础。由此，中国面临的历史性战略转折点再一次出现，即全球总需求出现萎缩，未来全球市场开始出现转换的历史性关头，中国市场加快扩张，这些都为中国市场的崛起带来了重大机遇。在保持全球制造大国的基础上，创造位居世界前列的国内大市场，从中国制造走向中国市场，用制造大国和市场大国两个优势继续支撑中国的和平发展与崛起，这就是"十二五"规划之后，中国经济在世界经济中的新定位。

未来30年，中国的主要市场和经济增长点，将是一个迅速成长的、巨大的国内市场，消费将是未来经济发展的主要动力。进行市场转换，也即由过去的依靠美日欧发达国家的市场转向创造、开发国内市场，在全球培育一个新兴的中等收入群体巨大的需求方，将是中国经济的首要任务。

2008年以后，中国政府推动的扩大内需政策，与中国长期经济高速增长产生的中产阶级收入持续上升同步，启动了中国内地消费市场的腾飞期。"十一五"期间（2006—2010年）社会消费品零售总额年均增长率为18.5%，分别在2008年、2010年的社会消费品零售总额突破10万亿元、15万亿元台阶。中国在摇身成为世界工厂的同时，居民收入增长带动了消费市场的大发展。金融海啸后，国内消费市场在政府4万亿元投资、家电下乡等刺激政策的带动下，逐渐从制造型发展进入制造、消费并重的发展阶段。

表6-1 中国"十一五"时期消费品零售市场的发展

年份	社会消费品零售总额（亿元）	发展情况
1978	1559	—
1992	10994	突破1万亿元，年均增长13.0%
2003	52516	突破5万亿元，年均增长15.3%
2008	114830	突破10万亿元，年均增长16.9%
2010	156998	突破15万亿元，年均增长16.9%

（资料来源：《中国统计年鉴2010》《中华人民共和国2010年国民经济和社会发展统计公报》）

2011年中国进入"十二五"时期，这是世界经济和中国经济发生巨大转型的关键5年，全球经济处于"重塑经济平衡"和"产业创新再造"的阶段。由20世纪80—90年代开始的全球化浪潮，已经因2008年的全球性金融危机而基本结束。中国在此次全球化中通过制度创新而释放出来的"人口红利"，促使企业可以低成本优势参与全球分工和生产网络，依靠外部需求并奉行自由贸易原则的出口导向型发展模式，使"中国制造"得以在全球崛起。但是，随着本轮全球化的结束，过去10多年中国出口高速增长、经济高速增长的国际、国内条件已然不复存在，同时再也无法复制。在全球经济从失衡逐步走向均衡的巨变中，中国和全球经济增长需要一个新的成长动能，中国制造的成长需要一个潜力巨大的市场。

中国政府在国家"十二五"规划中就明确提出，中国市场要成为"位居世界前列的国内大市场"的主体战略，扩大内需成为调整经济结构、转变经济发展方式的重要手段。从"中国制造"走向"中国市场"，将为中国未来经济发展提供巨大的新动力。与此相适应，在中国共产党第十八次全国代表大会上，更提出了到2020年，中国的GDP和城乡收入翻一番的目标，即被媒体称为国民收入倍增的计划。中国的经济增长和人民收入的增加，有助于释放中国庞大的消费潜力，这必然能拉动整个内销市场在未来获得空前的扩张和发展。"十二五"规划对中国市场发展的战略定位——构建扩大内销的长效机制和党的十八大提出的经济倍增计划，标志着中国经济开始由出口导向、中国制造走向消费主导、中国市场的战略性的根本转变。

在中国转向消费型经济的进程中，中国消费总量快速增长，消费结构、消费模式、消费业态亦发生变化。中国市场和消费对经济增长的拉动力逐年增强，2017年中国社会销售品零售总额已经突破36.6万亿元，即5.7万亿美元，仅次于美国当年的5.75万亿美元，以购买力平价计算，应当是超越了美国，成为全球最大的内需市场。

2017年与2010年相比，中国内需市场的消费增长了1.33倍，大大超过了国民生产总值的增长率，且成为拉动经济增长的主要动力。作为总消费对国内生产总值增长的贡献率，也从2003年的36%提升到2017年的65%，显示了中国市场的快速成长和作为主要经济动能的作用。而出口的贡献率急速下降为负数。中国经济的对外依存度（出口依存度），从2006年的60%以上，直线下降到2017年的33%，大大低于全球42%的平均水平。这个数字表明，中国经济的增长已经摆脱了对外部市场的依赖。

表6-2　2006—2016年三大需求对国内生产总值增长的贡献率（%）

年份	最终消费支出	资本形成总额	货物和服务净出口
2006	42.2	42.3	15.3
2007	45.8	43.4	10.8
2008	45.0	52.3	2.7
2009	56.8	86.0	–42.8
2010	46.3	65.2	–11.5
2011	61.9	46.2	–8.1
2012	54.9	43.4	1.7
2013	47.0	53.5	–2.3
2014	48.8	46.9	4.3
2015	59.7	41.6	–1.3
2016	64.6	42.2	–6.8

（资料来源：《中国统计年鉴2017》）

在中国国内市场持续扩张的同时，中国的进口也不断增长。2009—2016年，全球经济大衰退，世界市场萎缩，中国进口总值累计超过13万亿美元，为全球经济的提振提供了第二大世界市场。

实际上，中国市场的崛起，与金融海啸之后全球经济重心东移至亚洲、世界经济增长的核心区域发生了500年最大位移的现象同步。随着中国、印度等亚洲新兴经济体成为世界经济增长的核心力量，新兴国家的市场需求将取代过去美欧的传统市场，成为全球市场的主要部分。从市场的角度看，这意味着具备强大消费能力的全球消费阶层的中心正在向世界的东方和南方转移。未来中国将不仅仅是一个生产采购基地，而且是强力巨大的消费市场。从“中国制造”“中国采购”到“中国市场”，就是中国转向消费型社会的必然结果。

根据测算，2010年约有9.36亿亚洲居民达到中等收入水平（家庭可支配收入在5000~35000美元），2020年亚洲中等收入居民将翻倍至20亿，亚洲消费市场出现消费规模、消费层次的双突破。根据麦肯锡公司的测算，到2025年，亚洲新兴国家的消费规模将突破30万亿美元，其消费主要集中于亚洲的城市。由此，过去30年形成的“欧美消费、亚洲生产”全球市场格局，在未来10~20年将转为“欧美、亚洲、新兴国家并举消费”的全球市场格局，且亚洲市场会快速地超越欧美市场。中国市场的消费浪潮已经显示，中国已经成为全球最大的汽车消费市场，2016年高档汽车销量超过美国。中国的电商平台的销售总量也是世界第一。到2020年，中国将超越美国，成为全球消费电子产品和智能手机的第一大市场。

2018年美国对全球发起贸易战，通过贸易保护主义收缩美国市场。对此，中国却反其道而行，加大开放国内市场的力度，坚持贸易自由体制，大幅增加进口，为全球经济增长提速开放中国市场的潜力。美国的市场保护和中国对开放市场的自信，形成了极其鲜明的对比。在美国政府的保护主义措施之下，美国市场未来在全球市场的地位下降和中国市场的地位持续提升将是可以预见的。

二、内外贸一体化，内销市场制度性障碍的清理

扩大内需的基本国策和中国市场的崛起为加工贸易企业转型、进入中国市场提供了一个基本途径。但是，从国际市场转换为国内市场绝非简单的一句话就可以完成。事实上，过去30年中国经济的增长主要依靠的是国际市场而非国内市场，与国际接轨的是中国制造而非中国市场，也就是说，我们已经有在世界市场基础上成长的“中国制造”，却缺乏一个与国际市场接轨的“中国市场”。由此，一个位居世界前列的国内大市场，应当是与国际市

场接轨，内外规则统一，商品与服务、资源与要素、资金与信息自由流动的内、外循环大系统。

1952—2003年，中国实施的是内外贸分立的管理体制和不同的政策体系。长达50多年的内外市场分割遗留的制度性弊端不可轻视。2001年中国入世，迅速启动按照WTO的国际市场规则，开放国内市场，加快与国际市场接轨的进程。2003年国家建立了商务部统一内外市场的管理体制，在组织上开始初步解决内外市场一体化的问题。但是内外市场分割遗留的经营模式与方法、政策仍然存在着极大的反差。

在国内外市场长期分割的情况下，内地地方保护、市场垄断与流通链条过长、利益关系层次繁杂造成产品的高昂交易成本，阻碍企业进入内需市场成为高效畅通的国内外市场的经营主体。

首先，实施了超过20多年的出口导向战略，造成了中国内外经济的严重失衡。由于国内市场与国际市场的区隔，更导致了国内市场体制改革的严重滞后，加大了内外市场因分割产生的差距。与国际市场相比，国内市场准入的高门槛与交易过程畸高的交易成本，直接形成了中国内销市场的制度性障碍。

中国持续地开放市场和加入WTO后与世界市场规则的接轨，使得过去的数十年间，对外出口也即国际贸易的交易成本持续下降，从而极大地提升了中国产品的国际竞争力，使中国制造在全球崛起。而中国制造的国际交易成本降低，并非中国本土企业的成果，而是通过海外交易商、贸易商融入跨国公司主导的国际供应链的直接结果。加上中国出口导向战略中形成的“奖出限入”“扬外抑内”以及盯住美元汇率等系列性政策体系，更进一步地降低了国际贸易的交易成本。这就是中国制造以生产制造的成本优势与国际市场的交易成本优势而走向全球的根本原因。

然而，中国制造的国际市场交易成本优势，主要是由跨国公司的全球市场供应网络提供的，而非由中国企业自己构造的。可以说，这个优势是中国体制外的优势。而中国国内市场是体制内的，长期与国际市场分割且受到出口导向战略的政策限制和对外资企业进入内销市场的各类限制。这种体制在比较封闭的情况下保留了计划经济时期的许多特点和管制方式。这不仅与国际市场的规则相悖，而且带来了极高的交易成本。中国国际市场的开发成功与国内市场的低迷形成的巨大反差，显示了中国过去的改革主要集中于体制外且这个改革取得了极大的成果，然而体制内的改革仍然缺乏根本性的推进。由此形成了中国国内市场的制度性弊端。这反映在加工贸易转内销上，可以明显看到两个方面的影响。

一是体制内严格的政府管治、高昂的交易成本，必然造成企业出口行为的选择偏好。中国制造不能进入中国市场，中国成了中国制造的中间产品的最大进口来源地，这就是长期存在于加工贸易之中的“国货复进口”，这种现象是在国家政策环境下，企业行为偏好的最好诠释。

事实上，进入21世纪以后，中国加工贸易传统产业的供应链已经在中国本土基本完成。服装、制鞋、玩具、家用电器等加工贸易所需物料，基本上都是中国制造；而电子信息产业的加工贸易，则50%以上的零部件属于中国制造。这些加工所需的中间产品，本来就是国货，可以在当地直接交换，从而形成本土的产业内循环体系。然而事实却是国货均不在国内交易，在出口退税的利益驱动下，这些国货通过香港的“一日游”，出口后复进口，然后加工后复出口，形成空耗大量物流与交通成本、令人费解的外循环体系。香港港口由此最大限度地发挥了套利的功能。

国货复进口在2000年以后大幅增长，在2008年已经构成中国进口的主要组成部分之一。以接近香港的广东为例，国货复进口有些年度甚至占据广东当年进口的20%~25%。2000—2007年，虽然中国政府开始逐步放开了加工贸易转内销的严苛控制，但并没有从根本上改变企业的行为偏好，从而也就没有扭转国货复进口大幅增长的势头。

为减少企业产品香港“一日游”的运输成本，国家实施加工贸易企业的深加工结转政策，即属于本地加工、供应本地厂商进行加工贸易的中间产品，可以在海关监管下，进行直接转厂。在这个政策下，深加工结转为很多加工贸易企业所采用。从事加工贸易深加工结转业务的企业目前已经达到70%。据测算，有的年份深加工结转总额就超过了加工贸易的进口总额，表明加工贸易产业的本土延伸程度较深。然而，令人寻味的是，虽然深加工结转的产品流通在内地，但是交易的行为，包括合同、结算和实际付款依然在香港或海外。

中国实施了扩大内需和鼓励外资、加工贸易转内销的政策，为国货复进口以及深加工结转进入内销市场提供了便利。根据调查发现，加工贸易转内销的初期，大量内销产品的生产企业属于生产中间产品、为当地企业提供原组件的企业。终端产品的生产企业进入内销仍然属少数。人们称上述企业“被内销”。可是如果深入思考，从根源上来看，与其说这类产品被内销，不如说本应内销的产品“被出口复进口”。

国货复进口与深加工结转是中国制造本土化增值、技术升级的结果。可是本土生产本土需要的产品不在国内市场交易，空耗大量资源和时间，人为地让产品不具实际增值地由境内转向境外的空间位移，把本应内循环的体系变成了外循环体系，其根本原因就在于，即使外循环体系大量空耗资源和时间，也比国内市场的政府管制、循环堵塞更具经济合理性。也就是说，外资是以空间位移换取更高的市场效率和更低的交易成本。同一商品、同一交易行为发生在不同市场的交易成本的高低，最终决定企业的行为选择与偏好。

由此可见，加工贸易转内销政策必须彻底根除企业产生出口偏好的成因，统一国内外市场的政策体系，清除内循环的堵塞因素。

二是加工贸易企业自创品牌真正进入中国内销市场，其实质是企业经营模式的彻底转换，从无须产品品牌、无须直面市场发展成为自创品牌直面市场。而国内市场有知识产权保护、流通渠道重叠、物流成本很高的经济因素限制，更有地方保护、市场分割，企业垄断的非经济因素的阻碍。这些都对企业进入内销形成多种挑战。从宏观层面上来看，内销涉及两大因素：市场因素和商业流通体系（或零售分销系统）。前者决定了内销的发展潜力，后者较多地体现为内销过程中的挑战与障碍。加工贸易企业大多看到中国市场的巨大潜力，期望能够尽快地进入内销市场。但是，实际上中国国内的流通体系却与国际市场有着巨大的不同。这种不同往往成为加工贸易转内销的实际障碍。

中国国内流通体系的不成熟、不规范和低效经营，主要是由内地商业流通体系的体制安排和政府行为、批发环节的低效失规发展、零售环节的高额通道费用、对知识产权不够尊重、政府监管不足等因素造成的。

表6-3区分了加工贸易企业出口与进入内销市场的流通方式。很明显，跨国公司会通过国际市场的专业化分工，把生产商、物流商、贸易商、服务商以及各类企业，统一在全球销售网络之中。加工贸易企业仅需关注加工制造即可，而无须承担市场风险。而进入中国内销市场，涉及企业经营地位的

转变，从简单的加工制造企业转变为市场上产品的生产、经销企业，从无须面对市场转变为市场产品的营销者。但是，企业的市场转换面对的风险和压力极其巨大。主因是外贸、内贸渠道的差异性，致使企业在交易规模、付款方式、运营模式、销售/售后服务等方面处于落差极大的营商环境中（见表6–3）。加工贸易企业向来与欧美批发商/连锁零售店往来，交易模式相当规范。反观内销市场体制不规范、流通环节多、流通成本高且存在信用风险。出口企业宁愿接受利润较少的外贸订单，对利润较高的内贸订单，企业须先就营商心态、营运模式做出大幅调整去适应内销市场。最关键的是，内销市场的零售商/商场/百货商店的延后结账模式（一般是90天），使得厂商没有足够的周转资金，根本无法持续性地推动内销。这对融资难的中小企业来说乃是一大挑战。

表6–3　加工贸易出口与内销流通方式的比较

项目	内销	外贸
交易规模	订单金额较小，出货较为频繁，需满足采购商的不定时补货要求	订单金额较大，出货具季节性
付款方式	零售商赊账情况较为普遍，三角债频频发生	普遍采取信用证和提前预付订金制度，货到付清全款
运营模式	采用实物制，要求厂商预先生产，建立安全库存量，买家根据市场需求决定采购量，增加厂商的库存风险	采取订单制，采购商向厂商提供产品的技术图纸和各项标准
销售/售后服务	采购商往往要求厂商提供高额通道费、人员、资金、广告支持，参与促销工作，并提供售后服务	厂商只需关注生产，无须考虑零售宣传推广、提供售后服务

［资料来源：马家华的《香港企业开拓内销市场面临的挑战》，载于由王先庆、林至颖主编的《珠三角流通业发展报告（2012）》（北京：社会科学文献出版社，2012年8月），第342页，另经调整］

具体地看，从企业的市场准入到产品进入销售通道，企业的时间成本和交易成本与国际市场相比难以计量。国内市场上看得见的税和看不见的费不仅使市场上出现了中国制造商品在国际市场的价格低于国内市场的反常现象，而且重叠架设的流通环节与中介、环环相扣的三角债务、地方保护下的产品侵权，以及高昂的物流交通运费，更使得企业的产品销售面临重重障碍。从这个角度看，加工贸易的转型升级中，从国际市场转换为国内市场，即加工贸易转内销，其难度较之沿着价值链的升级，客观上要大很多。因为升级的主要要素是技术开发，而加工贸易转内销则涉及国内市场的改革和规范。升级虽有挑战，但可克服。内销开拓的市场转型之途，充满大量不确定性，企业的财力、人力资源在很大程度上决定转型的结果。

自2008年中国政府鼓励加工贸易转内销以来，中国对外资企业的内销政策不断地更正和完善；而在“十二五”规划中，国家更提出了“促进内外贸协调发展。逐步建立与国际接轨的流通规则体系。引导外贸企业疏通内销渠道”的发展方针，逐步打通两个市场的连接，推动中国形成内外统一的大市场，创造出与国际市场相统一、内循环体系与外循环体系相互连接、高效率的交易行为和低廉交易成本相结合的国内市场环境。

与此同时，中国市场的商业模式也在不断创新，尤其是电子商务平台、互联网与移动通信集成创新，极大地减少了中国市场的中介环节，降低了企业进入市场的准入门槛和流转成本。线上线下的融合发展，成为中国新零售的潮流。虽然在全球的崛起中中国市场是后进入者，但是其流通方式的创新，使得中国市场未来将成为全球市场的主要组成部分。

第二节　外资内销政策的历史演进

外资企业进入中国内销市场的实践，是随着中国内销市场的开放而不断深化的。事实上，在1978年以后相当长的历史时期，因中国政府严格控制外资，尤其是加工贸易进入内销市场政策的实施，使得外资企业难以大规模地介入内销市场。由此导致了外资企业的内销比率长期处于较低水平，尤其是偏好加工贸易的外资企业，在保税加工的特殊监管下，是外资企业中内销率最低的。因此，2008年以来中国政府做出政策的大幅度转变，鼓励加工贸易企业转内销，促使外资企业在中国的经营模式发生了根本性的变化。

中国政府对外资内销的政策从限制到鼓励的演化，大体可以分为3个阶段。

一、出口导向战略下控制外资企业内销阶段（改革开放至1999年）

中国从1978年开放市场，大力引进外资企业，并在20世纪90年代中期起到今天，一直保持着排名全球外资流入的第二大东道国地位。然而，外资企业从1999年开始进入到现在的20多年间，中国一直对外资进入本国内销市场实施严格控制的政策。

中国控制外资企业进入内销的政策，主要体现在以下两点：

一是对外资企业的“出口实绩要求”。具体体现在外资企业法规中，外资企业必须“采用先进技术和设备，或者产品全部出口或大部分出口”；[①] 申请设立外资企业的申请书中，应当包括境内外销售比例。而中外合资经营企业则规定“合资经营企业生产的产品，属于中国急需的或中国需要进口的，可以在中国国内市场销售为主”。[②]

二是严格控制加工贸易内销行为。加工贸易保税进口料件应全部加工复出口，不得滞留国内市场。

对外资企业内销实施控制政策并延续了长达30年的时间，与中国当时的历史条件、发展战略以及管理体制不无相关，其主要表现为：

一是强烈的外汇需求冲动。对外开放的初期阶段，工业化的起飞和由此产生的对外资、进口设备的巨大需求，必然与工业化初期内地供给能力形成巨大矛盾，外汇稀缺性导致了国际收支中长期存在贸易逆差。为减少贸易赤字达到国际收支平衡，政府的政策指向是限定高新技术外资企业或进口替代的企业进入内销市场，对一般性外资企业严控内销。

二是出口导向战略的实施。在20世纪全球化浪潮中，中国通过出口导向战略进入全球生产网络。与出口导向战略相适应，由此形成了一系列完整的“奖出限入”“扬外抑内”的政策体系，包括鼓励保税加工、出口退税以及维持低估的人民币汇价长期盯住美元，限制进口，压抑国内市场，等等。这种对内外贸易采取的差别化政策体系本来应当只具有阶段性特征，正常的政

①参见《中华人民共和国外资企业法》。

②参见《中华人民共和国中外合资经营企业法实施条例》。

策体系长期走势应当是中性化而非歧视化。然而由于对出口导向战略形成的依赖性，从而使本来具有阶段性倾斜的政策体系被长期化、常态化，持续了30年之久。从而形成了一种政策惯性。这个政策惯性到现在仍然没能被彻底清除。

三是承袭了计划经济时期内外贸市场分割的管理体制。中国在1952年按照苏联计划经济的模式建立了内外市场分割的管理体制。即使进入改革开放时期，这个体制还沿袭了25年。在这种体制下，外资、外贸以及对外的经济活动由外贸部主管，外资企业难以进入国内市场；而国内市场则由商业部主管，本土企业难以进入海外市场。由此，不仅人为地破坏了市场体系的竞争性、统一性和开放性，妨碍了全国内外统一大市场的形成，而且导致了国际、国内两个市场发展的不平衡，国内市场的开发极大地落后于国际市场。这种状况造成的影响更是持续到了今天的国内市场，其遗留的弊端更不容轻视。

二、WTO规则下逐步开放内销市场阶段（2000—2007年）

2001年中国加入WTO，与国际接轨。按照国际市场规范统一规则、开放市场，为内外资本、内外企业提供平等竞争的市场环境，这成为中国对WTO的主要承诺。承认内外企业的市场主体的平等地位，承认市场主体选择内外贸经营权的天然权力，建立内外统一的国内大市场，必然要求中国取消外资企业进入内销市场的限制。

根据WTO的规则，中国逐步开放外资企业进入内销的政策有以下两个重点：

一是根据入世及过渡期开放市场的承诺，取消外资企业的内销限制和内外市场分割的体制。具体体现在：

2000年，为入世的需要，主动删除外资企业法规中的“出口实绩要求”，外商投资企业同内地其他各类企业一样，对产品的内销与外销享有销售的自主权。①

2003年，组建内外贸统一的商务部，在政府管治上终结了长达50年之久

①参见《中华人民共和国外资企业法实施细则》2001年修订版。

的内外市场分割、分治的流通体制历史，开始了从计划管理体制向国际市场与国内市场相结合的市场经济体制的转轨。

2004年，根据中国对WTO的承诺时间表，全面开放外资企业从事批发和零售等商业领域，打破外资企业过去内销的通道和销售管道由国内企业据有的局面。

2007年底，中国基本完成了对WTO的全部承诺，外资企业进入内销的限制基本取消。

二是在放开外资企业进入内销市场限制的基础上，对过去严格禁止的加工贸易内销采取了较为开放的政策，从而形成了加工贸易转内销的规范程序与通道。

自1999年起，商务部、海关总署等持续颁布了促进加工贸易内销的一系列文件。从1999年6月对外贸易经济合作部发布的《对外贸易经济合作部关于印发〈加工贸易保税进口料件内销审批管理暂行办法〉的通知》（外经贸管发〔1999〕第315号）到2003年海关总署发布的《海关总署关于加工贸易联网监管企业内销可集中办理补税手续的公告》，2004年商务部、海关总署第14号公告，2005年海关总署的第33号公告，以及2007年商务部下发的《商务部关于加强加工贸易管理有关问题的通知》中的下放加工贸易内销审批权限，等等，均为开放加工贸易企业的内销起了推进作用。

三、扩大内需与加工贸易转型升级中全面鼓励外资转内销阶段（2008年以后）

2008年席卷全球的金融危机，对外贸依存度畸高的中国经济形成了巨大的冲击。欧美市场的“去杠杆化”使全球市场需求骤减，给已经纳入全球生产网络的“中国制造”带来了出口订单大幅缩减、大量外贸企业倒闭的结果。为此，从国际市场向国内市场的转换，扩大内需成为主要的出路。

中国政府适时推出了一系列经济政策以刺激内需，2008年11月研究部署进一步扩大内需促进经济平稳较快增长的措施，2008年底公布了《国务院办公厅关于搞活流通扩大消费的意见》，并通过多次降低银行利率和存款准备金率等货币政策，创造宽松的货币环境以刺激消费。2009年5月，国务院在稳定外需时，更把完善加工贸易的征税和通关政策列为六大政策之一。

与此同时，国家对加工贸易转型升级的政策也在广东省和江苏省全面展开。珠三角地区的东莞市与长三角地区的苏州市被列入国家级的加工贸易转型升级试点地区。2008年8月广东省政府发布了《关于推进外商投资、加工贸易企业扩大内销工作的指导意见》，提出了内销的推进“是外商投资、加工贸易企业充分利用国际国内两个市场两种资源，开展自主研发、形成自主技术和自主品牌、增强竞争能力的现实选择”。2008年9月推出的《广东省人民政府关于促进加工贸易转型升级的若干意见》，2008年11月广东省政府发布的《关于进一步加大投资力度扩大内需促进经济平稳较快发展的若干意见》，以及2008年12月出台的《珠江三角洲地区改革发展规划纲要（2008—2020年）》和2009年1月出台的《广东省支持港澳台资企业应对国际金融危机和加快转型升级若干政策措施》①等一系列文件，提出了鼓励外资企业内销的具体政策和落实措施。

在扩大内需和加工贸易转型升级的两大推力下，全面鼓励外资内销的政策内容为：

（1）把推进外资企业内销作为贯彻落实科学发展观、实现加工贸易转型升级的主要内容。

（2）加强对外资企业内销的政策宣传，指导外资企业、加工贸易企业开展内销业务，扩大内销份额。

（3）营造内销环境，提高审批、通关效率，推动来料加工实现不停产转型；推出外资企业出口转内销的“内销快速通道”，以简化内销手续；并实施“先销后税，集中申报”等便利化措施。经海关批准后，允许企业采用“多次内销，一次报关”方式办理内销业务。

（4）支持外资企业、加工贸易企业开拓国内市场，创立内销品牌；组织和引导企业参加国内展览会、展销会，为产品进入国内市场提供展示和销售平台。

（5）加强外资企业、加工贸易企业扩大内销工作的资金扶持力度，建立外资企业、加工贸易企业扩大内销奖励制度，对创立内销品牌、实施品牌

①参见广东省人民政府网。

带动战略的企业给予资金奖励。

（6）由海关与地方商务部门联系配合，建立内销联合管理机制；成立内销专项工作小组，共同促进外资企业、加工贸易内销发展。

由此可见，过去外商企业进入内销市场的限制，尤其是加工贸易转内销这个涉及大量海关、税务等限制政策的领域，不仅已经全面放开，而且成了政府政策措施中重点鼓励的内容之一，成为科学发展观和经济转型升级的主要内容。

表6-4显示了从中国入世以后，尤其是2008年之后，外资企业在中国的出口额、国内收入的变化。在这个时期，出口总额增长了5.14倍，年均增长18%；而国内收入增长了12.79倍，年均增长27%。尤其是2008年以后，国内收入与出口额的比例，大幅上升到2013年的273%。这充分反映了中国持续开放国内市场，外资企业在中国市场的扩张效应。

表6-4　2001—2013年外资企业出口与国内收入增长情况

年份	外资企业出口额（百万美元）	外资企业国内收入（百万美元）	国内收入/出口额
2002	169985	206836	122%
2003	240306	286544	119%
2004	338592	360126	106%
2005	444183	514586	116%
2006	563779	677042	120%
2007	695371	954284	137%
2008	790493	1319464	167%
2009	672074	1527515	227%
2010	862229	1925392	223%
2011	995227	2352379	236%
2012	1022620	2493494	244%
2013	1043724	2852293	273%

（资料来源：中国统计年鉴各年号数据；由恩莱特·司各特咨询公司整理，参见米高·恩莱特著《助力中国发展：外商直接投资对中国的影响》，北京：中国财政经济出版社，2017，第36页）

第三节　加工贸易企业进入内销的发展阶段

对于没有品牌、没有市场知识和经营资源，更没有产品渠道且处于加工制造低端的企业来说，加工贸易转内销是一个十分艰苦和需要企业付出耐心、大量资金和战略谋划的过程。

加工贸易转内销所指的内销，主要不是指零部件、组件这类中间产品的本地销售，即延伸价值链的内容，这个部分在加工贸易中属于深加工结转或转厂，而是主要指加工贸易企业创商品品牌直接走向国内市场的进程。这是因为中间产品的生产并不面向市场，而是面向生产企业、面向制造过程，属于产品和产业制造中分离出来的部分。一般来说，中间产品的生产企业往往不需要品牌，即使有，也非市场品牌，可以称之为制造品牌，只有同一产业的业界所知，其信息并非为市场和消费者所熟悉。例如生产芯片原料，占全球供应30%以上的日本信越电子，就是这种企业。而真正进入市场的产品是制成品。因此，本部分探讨的内销，属于最终产品进入市场的部分。

一、加工贸易转内销的主要阶段特点

加工贸易企业转内销、实现内销拓展，是一个相当长的过程。可以在短期内取得成功的企业实在是凤毛麟角。在加工贸易转内销的大量实践中，不少企业面对庞大的中国市场，起初雄心勃勃，最终铩羽而归，并非罕见。其原因如下：一是加工贸易企业作为一个单纯的生产单位，长期以来并无面向市场经营资源的积累，也无资金实力，导致市场和品牌开发难以落地。尤其是开发市场需要大量资金，实难为仅从事加工制造环节的生产企业所能负担的。还有很多企业即使筹到资金，也难以承受长期市场开发的费用，走到中途资金断裂，难以为继，败下阵来者不在少数。二是中国市场不规范，透明度低且交易成本很高。产权保护力度差，一旦市场出现新产品，则仿造假冒追风而至，将极大地挫伤企业开发市场和建立品牌的意愿。因此，加工贸易转内销并非企业一哄而上就能大胜归来，而是需要企业做出经营方针的重大改变，对于其进程和发展阶段有着清楚的认识，有着十足的耐心，才能真正谋划好企业转型升级、进入内销市场的战略策略。

在具体的实践中，加工贸易转内销基本上需要经历三个发展阶段：市场进入前阶段、市场测试阶段、内销渠道建立阶段。每个阶段均涉及政府因素、行业因素、企业行为。而每一个阶段都对企业形成前所未有的挑战。从根本上看，加工贸易企业进入国内市场是一个十分艰巨、长期的系统工程，不能一蹴而就。加工贸易转内销的过程，涵盖了企业形态从来料加工的非法人转向三资企业的独立法人，从加工贸易的贴牌生产转向品牌开发、产品设计，从单一的生产经营转向市场开拓，从国际市场转换为国内市场。其含义就是加工贸易企业的根本性升级。

表6–5按照加工贸易企业转内销的三个基本阶段，具体地列出了每个阶段的主要内容。

表6–5　加工贸易企业转内销三大步骤／阶段①

阶段	影响因素	具体步骤
市场进入前阶段	内地政府因素	1.企业从“三来一补”转为“三资企业”，以获得内销经营权，涉及内地海关、地方政府等部门 2.内销产品的完税，涉及内地海关、地方税务部门（所有产品） 3.内销企业的商标注册、专利登记，涉及内地工商行政管理部门、知识产权部门（较多适用于消费品） 4.内销产品的内地认证，涉及内地质量技术监督、认证、卫生监督等部门（适用于消费品）
	企业行为	1.初步决定内销产品系列 2.利用设计、科技研发改善产品规格和外观形象
市场测试阶段	政府因素、行业因素、企业行为	1.与中间商（代理商、分销商）／连锁零售商对接 （1）参加内地行业展览会（内地行业因素） （2）参加政府或公营机构主办综合型内销展销会，如中国加博会（政府因素） 2.与消费者直接对接 （1）参加政府或公营机构主办综合型内销展销会，如中国加博会（政府因素） （2）在公营机构主办的展销平台寄售（政府因素） （3）在内地出口转内销产品专柜寄售（政府因素） （4）产品直接销售给内地零售商（企业行为） （5）网上直接销售（企业行为） （6）直接建立自己的零售专卖店（企业行为）

①封小云、翁海颖：《推动珠三角港资企业开拓内销》，2011年。

（续表）

阶段	影响因素	具体步骤
内销渠道建立阶段	企业行为	1.决定内销产品 2.决定销售渠道 3.建立营运系统 4.组建销售团队 5.品牌推广 6.财务安排 7.售后服务安排
	内地政府因素	1.内销产品的认证和日常商检 2.内销产品的完税，涉及海关、地方税务部门 3.开店监管审批（适用于自建连锁零售渠道）
	行业因素	1.特定行业的产品认证标准 2.客户信用风险评估（适用于中间商、加盟商作为销售渠道）

首先，在市场进入前阶段，也即市场准入阶段，所涉及的是加工贸易企业的转制。这个阶段所需要经历的步骤基本可以分为4个：来料加工的非法人企业转为三资企业取得法人资格后，才能通过审批程序获得进入内销的经营权；本身是法人制的三资企业，要把加工贸易的制成品转入国内市场，需要对原来保税进口的物料履行完税手续之后，才能进入内销市场；企业的商品进入市场，必须进行商标注册和专利申报；加工贸易企业生产的产品即使已经符合海外商品检测标准，但是转入国内则需要符合完全不同的中国标准，即中国的检测和认证标准（3C认证）。企业经过以上4个步骤的政府审批、完税、商品注册、认证标准之后，才能进入内销产品的开发、设计等进程。可以说，市场准入是企业转型最具挑战的部分。

其次，是第二阶段的产品市场测试，即测试企业生产的产品是否符合市场的需求、是否具有长远的市场前景和高成长性。这个阶段的市场测试，主要通过各类的展会或寄售、网上销售等形式，与经销商、消费者直接接触。在这个阶段，政府举办的展销会是减轻企业成本、打开产品销售的一种有效形式。在实施的鼓励外资企业内销的政策体系中，最能产生即期效应和清除内销的制度性障碍形成较为有效的内循环的是，政府资助和实行一站式内销办理绿色通道的展销会，例如加博会。其原因在于，加博会确实解决了内销的主要制度性障碍，即企业进入内销的准入通道和产品进入市场的销售通道。

最后，则是企业的内销渠道建立阶段。这个阶段的关键，是企业形成自己长期的营销队伍、积累营销资源，打通各类渠道，形成自己的营销网络。这也是企业从简单的生产单位最终建立自己的市场核心资源，完成企业最终转型，走向成熟的阶段。

二、加工贸易企业进入内销市场的渠道与评估

无论是国内市场，还是国际市场，在商品销售上，一直是渠道为王。加工贸易转内销，企业在完成市场准入之后，最大的挑战是开拓渠道。原则上，加工贸易厂商可循四大渠道进入内地市场，分别是代理商、批发商／分销商、零售商和厂商直销（见图6–1）。现实中，内地批发环节的低价经营模式难以被加工贸易企业采纳。零售环节的分布式发展，令企业倾向于与连锁零售商合作。零售环节的房地产式发展使企业在百货商店／购物中心建立专柜经营，或建立网上店、加盟内地电商，实为厂商直销。这使得厂商的市场渠道实质为：中间商（代理商／分销商）、连锁零售商、厂商自建渠道。就厂商回馈的内销模式来看，厂商较多采用中间商和厂商自建渠道（自设实体或线上零售店铺）进行内销。

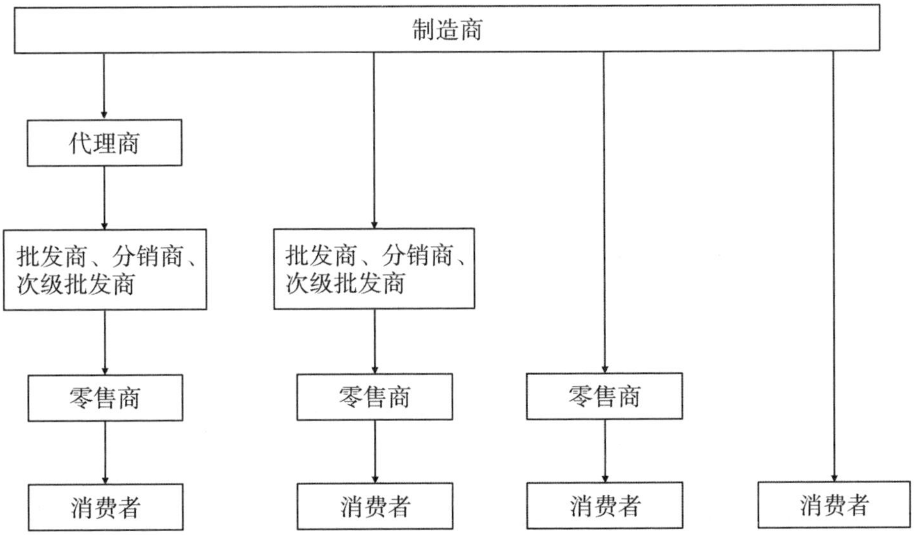

图6–1　厂商进入内地市场的渠道

（资料来源：利丰研究中心）

在内销的实践中，每种内销模式皆有其利弊（见表6–6）。从中小型厂商的角度来看，较理想的内销安排是与中间商和连锁零售商合作，将自身精力集中在产品开发和成本管理上。但是，内地中间商和连锁零售商系统的信用风险、中间商的侵权风险，以及高昂的通道费用，迫使加工贸易厂商自设零售店铺推动内销，以保护品牌效益、知识产权和控制财务风险。为此，加工贸易厂商在推动内销时，要把经营范围从生产管理延展至厂商自建渠道环节，且要兼顾品牌建立和内地多元化消费文化。经营跨度之大，人力和财力需求之大，实非中小型厂商所能负担。这正是加工贸易厂商不愿涉足内销，或在内销时损足而返的深层原因。

随着中国内地电子商贸的蓬勃发展，以及配套法规、物流基建、配送方式的进一步完善，厂商透过互联网直接接触消费者，借以减少中间层次，庞大的广告支出和产品流通成本的降低，成为一种新型的渠道。例如：阿里巴巴旗下的淘宝网，成了外贸转内销企业及其重要的供货来源；而一些企业则自己开设网上商店，借助电子商务开辟内地市场；2011年阿里巴巴更推出网购平台“良无限”，专门为出口转内销的生产企业提供网上销售平台，同时提供质量检测、物流和售后保障等多种增值服务；中国邮政的内销平台中邮电贸也与中国电信公司合作，为电信公司的客户提供网上购物的信息；广东省政府设立的广货网上行平台更对进入网站的企业进行资金资助和补贴。中小型的厂商可以借助这些平台展示商品和推广，实现网上交易，提升产品的市场渗透率。

表6–6　加工贸易企业在内地销售渠道的评估

渠道	优点	缺点
中间商（代理商／分销商）	利用中间商的分销网络，短时间内进入区域市场； 新产品较易打入连锁零售商网络，并降低通道费； 资金的控制力较强	让利于中间商； 中间商对货品的关注度较低，影响货品销售和消费意见的收集； 内地中间商素质参差不齐； 存在信用风险； 中间商存在售卖冒牌货的侵权风险
连锁零售商	较短时间内提高货品覆盖面、品牌知名度，推广品牌	支付名目繁多、金额不小的通道费用，利润空间受到挤压； 零售商采取赊销形式，占压供货商的资金，存在倒闭损失风险

（续表）

渠道		优点	缺点
厂商自建渠道	总体上	有利于发现和掌握市场需求； 有利于树立和展示品牌形象	需要大量的财力投入； 需要新建销售团队
	自设零售店铺	有利于强化顾客服务； 利润空间相对较大； 直接回收现金	较难租到合适的店铺； 店铺扩张时，须与政府和百货公司建立良好关系
	特许经营	有利于较快开拓市场、提高品牌知名度； 利用加盟商了解陌生市场； 投资少，见效快	自身须具有较高的经营管理水平、品牌知名度、物流配送能力； 加盟商的信用风险、行为风险
	网上直营	网购市场急速增长； 不受时间和地点限制，偏远的消费者亦能订购； 不受陈列空间限制，可销售所有货品； 运作成本较低	消费者仍喜欢亲身感受商品； 网上商店繁多，不易突围而出； 自设网站涉及许多物流、科技、人员、宣传投入

（资料来源：部分资料引自香港贸易发展局的《中国内销指南》中的“8.2分销方式的利与弊”，2009年5月29日，资料另经整理、增补并制表）

三、加工贸易转内销的关键因素

通过对加工贸易转内销的阶段，尤其是外资内销各阶段进展的全面分析，可以发现，外资企业、外贸企业进入中国内销市场必须面对两个方面的问题：

（1）加工贸易企业传统经营模式的根本性转型，即从长期形成的面向出口市场的传统路径转向面向国内市场，实现市场的根本转换。由此，掌握中国消费市场的信息、把握产品的需求与客户群定位、开拓新产品与新市场、建立内销品牌和开发新消费方式，以及选择和组建市场销售管道等，必然成为加工贸易企业开发国内市场的主要内容。企业经营模式的转型，代表着企业在内部积累自身的经营资源要从简单的制造加工转为主要面向国内市场，在市场经营上转变。

市场的开发属于微观范畴，依靠的是企业与企业家精神。加工贸易企业过去传统的加工贸易经营模式以及这个模式产生的路径依赖，使市场开发成为企业的“短板”。然而这个“短板”并非不可逾越，随着企业进入内销市场时间的推移和经营经验的积累，学习效应最终会产生，从而推动企业越过经营“短板”。归根结底，市场开发是依靠企业、企业家创新精神而非政府行为最终达致的。在微观的市场范畴中，政府政策的作用仅是帮助企业缩短取得学习效应的时间，或部分降低企业的转型成本，这是一种辅助作用。

调查显示，进入内销市场的加工贸易企业必须做好以下的策略调整：

①当企业转换角色进入商业流通环节时，须在策略上、心态上做出调整。商业流通市场对产品多元化、动态时尚性的偏好性，与企业对生产标准化、稳定化、规模化的偏好性形成强烈对比。发达国家企业通过整合批发分销环节，将消费者多元化消费倾向集中在一起，继而向企业统一采购。内地市场缺乏统一的中央采购环境，批发分销主体环节严重分割的相对真空，令企业须直接面对客户，这要求企业需具备更灵活的生产体系，应付量少款多的要求。

②建立新零售管理团队，核心成员需具备国内背景或长期在国内城市生活背景。零售的服务本质，要求服务提供者需充分了解、贴近本地消费文化，将此产品特点糅合至终端服务。即使国际顶级品牌在内地开展销售，亦会建立本地采购团队，根据当地需求在集团产品系列中，选出较适合本地消费习惯的产品，而不是照搬总店产品系列。直接面对客户的店铺经理和前台销售员，必须是内地人才。零售管理层需与前线员工开展情感交流联系，以便前线员工把相同的体贴温馨服务给予消费者。生产体系的集体化和军事化管理，绝对不适用于零售体系。

③企业在技术研发、产品特色、质量管理方面需更具竞争力，以争取内销市场的B2B业务。商业机构采购者的行为相对较为规范，往往综合平衡各方面因素做出采购决定。

④内销是一个长期性安排，涉及品牌建立、产品定位、分销渠道、物流、售后服务和税务安排等方方面面的事宜。企业须做好长期抗战的准备，以5~7年逐步建立内销渠道。相对地，政府的内销扶持工作亦需与厂商同步，进行中长期规划，根据企业发展进程逐步调整政策措施方向。

（2）破除内销市场的制度性障碍。开发国内市场是由企业完成的，必须依靠企业与企业家精神。但是，企业的微观活动是建立和发生在特定的制度框架之上的。这个制度性框架将决定企业的行为选择和企业活动的有效性。也就是说，企业开发市场与经营模式转型的成功，必须建立在一个高交易效率、低交易成本的市场环境和制度框架上，而提供这种制度正是政府的职责和责任。政府是制度与市场环境的主要供给者。加工贸易企业进入内销所面对的制度性障碍，表明了政府作为制度供给侧的提供者，必须对国内的市场流通体制作出制度性的重大变革。这必然成为中国供给侧改革的一个主要内容。

要彻底地转变加工贸易企业的传统经营模式，扭转企业对出口的行为偏好，根除企业对国际市场的长期路径依赖，实现从国际市场到国内市场的根本性转换，政策与制度设计必须建基于对现存国内市场体制的改革，也即把改革的重心从体制外转向体制内，内外市场的统一是加工贸易转内销最根本的途径。其中所涉及的关键问题有以下两点：

其一是市场准入制度的变革。内销市场的进入包括两个方面：一是企业取得进入内销市场的资格，称为市场准入；二是产品的市场准入，即产品的认证与检测。这是国内内销市场与国际市场对接的最主要方式。

加工贸易企业进入内销市场，办理内销资格当时采取的是政府的准入审批制，其步骤达40个以上，涉及10多个政府部门，需耗时4个月。2009年国家为外资企业出口转内销推出了“内销快速通道”，以简化内销手续，并实施“先销后税，集中申报”等便利化措施。经海关批准后，允许企业采用“多次内销，一次报关”的方式办理内销业务。在加博会上开辟一站式办理的绿色通道。但这充其量仅是简化审批手续，缩短审批时间，并未提供制度上的根本性变革。在加工贸易转内销的发展进程中，以及中国政府不断地改善营商环境的努力中，国内市场的内销权申报，已经逐步实现从审批制向备案制的过渡。从这个角度看，可以说，加工贸易转内销的进程推动了中国内外贸管理体制的一体化。

在产品的认证与检测方面，加工贸易企业实行的是产品国际性认证与检测，在出口时，国际性认证和标准不因进入不同国家而存在差异，企业不需要对产品进行重新检测和认证。但是，企业的产品要转内销进入中国市场，企业原有的国际性认证和检测却不被中国市场予以认可。中国实施的是异于其他国家和地区的标准（主要为3C认证），需要企业从指定的商检监管机构重新办理登记手续和进行货品的质量、卫生及安全等检验，在获取商检合格证书和在产品加入认证标志后，产品才能通关销售。其检测环节不仅层次多且费用高，也更费时。加工贸易企业既要出口，又要内销，就必须取得国内外市场两种不同的认证和检测。更为奇怪的是，即使是国内生产的同一种产品，进入内销与外销的检测标准，产品配方要求也完全不同。例如，宝洁公司的洗发水，供应中国香港、台湾与中国内地市场，即使是同一个牌子，配方、标准也不同，其他产品均有同类现象。

中国市场与国际市场存在不同的产品认证、检测标准，本身就是中国内外贸市场分割的一个体现。不同的进入标准和认证，直至今天仍然是加工贸易企业转内销的一个准入障碍，这也常为加工贸易转内销的企业所诟病。因此，中国市场要真正与世界市场接轨，实现内外贸易一体化的发展，实施与国际市场认证和检测统一的准入标准，将是一个长期发展的过程。实际上，多年来中国国民去境外购买食品，尤其是奶粉等，海外代购商品已经成为一种消费潮流，消费者的行为已经做出了最终的投票和选择：中国国内消费者更多地认可国际标准，而非对中国实施的3C认证投下赞同票。

其二是要形成内外市场基本平等的市场环境。想要从根本上解决内销市场的内循环堵塞，除了提供内外统一的市场准入、降低企业的进入成本外，还要纠正企业行为决策中长期形成的出口偏好。

在内外市场统一的制度设计上，必须创造出与国际市场交易成本基本相同的国内市场，即同一商品以及同一交易行为不因内外市场的不同，其准入标准、交易规则、交易价格以及监管而出现极大差异，造成交易成本的极大落差，从而对企业形成不同的经济刺激，扭曲企业的行为选择与偏好。

内销市场与外销市场要走向统一，最忌的是缺乏中性化、基本平等的市场环境。而这种环境的营造，主要体现在海关管制体系与内外市场的税务体系上。

首先，海关是营造内外市场基本平等环境的第一个关口。提供中性化的贸易政策，使出口的交易成本与进口的交易成本基本相等，是中性化贸易政策的关键。这主要体现在对进出口实施同等的管理程序与同一的审价机制。在过去长期实施出口导向战略的影响下，国内形成了一整套系统的“扬外抑内、限入奖出”的贸易政策体系，由此造成了出口交易成本的降低和高昂进口交易成本的政策倾向与路径惯性。加工贸易企业是由出口转为内销，意同进口。鼓励出口政策下保税加工的便利性、优惠性，与进口程序中申报批文与产品审价的繁复性与严苛性形成交易成本的明显差异，从而造成企业行为选择的出口偏好。尤其是对进口产品实施歧视性的畸高的海关关税、审价偏向，使得产品进入内销市场与进入外销市场具有极大的价格差异。即使是从根本上消除在鼓励外资加工贸易转内销政策的条件下，要改变出口导向战略下形成的“重出口、轻进口”的惯性思维与路径依赖仍然需要时间。此外，在保税物流区营造自由港类似的海关监管环境，在简化报关手续、缩短报关时间的条件下，提供增值税的退税政策，以及允许在保税区内开展进口产品的分拆、拼装业务，可以说这是一种减少企业对国货复进口业务偏好的海关监管方式，应当长期采用。

其次，税务体系是创造内外市场基本平等环境的又一重大因素。目前的出口退税政策致使企业在内外市场上形成不同的营业成本；内销市场的税制与规费，尤其是地方政府各种费用的大量征收，更是同一商品在内外市场上价格具有极大差异的直接原因（据商务部发言人称，有20种在国内生产的品牌消费品的国内市场价格比美国贵51%，比欧洲贵72%）。中国是实行流转税为主体（主要体现在增值税）的国家，流通环节的流转税制本身会造成企业与消费者行为的扭曲，导致资源配置效率的低下。因此，从长远看，从流转税为主转向直接税的税制改革，是中国国内市场的交易效率提升的关键。

中国增值税全面改革，要彻底实现从“生产型、多环节、目的地”的增值税制向“消费型、多环节、目的地”的税制转型（目前全球135个实施增值税的国家大部分为消费型）。虽然从2009年起国内已经开始向“消费型”增值税转型，但是目前的转型仍然十分不到位。企业无论是进口还是在本土购进或自创资本品（包括固定资产与无形资产），仍然没有实施全面和充分的抵扣（因目前对资本品实行的并非免税，而是先征后退的抵扣。由于资本品大多是无法当期完全抵扣的，必然会造成抵扣延期。而资金是有时间价值的，后期的抵扣必然存在对资金低估，造成资本品抵扣得不充分的问题）；产品出口、进口物料退税而国内采购物料不退税，直接造成了企业行为的扭曲和效率的下降。

将当期企业购进的中间产品和资本品排除于增值税的税基之外，实行免税而非目前的先征后退，真正体现增值税仅对产品与劳务的增值部分课税，既能减少资本品重复课税而导致价格不合理上升，也能使产品无论进入国内还是国外销售，其生产所需的中间产品与资本品（不管是国外购入还是国内购入）均纳入征收免税而非抵扣范围。因消费型增值税仅对加工贸易的加工费（扣除外购资本品部分）进行退税，由此不仅将极大地减低企业国货复进口的行为诱因，从而为企业提供基本平等的内外市场环境，也可以减轻来料加工企业转三资的完税负担（因为转型必须对过去不作价设备完税，而在完全的消费型增值税下，所有资本品均不在征税范围内）。

目前世界上推行增值税的国家大多把增值税收入占全部税收收入的比重控制在25%之内；亚太地区中的国家与地区均实施消费型的增值税，日本与中国台湾的税率为5%、韩国为10%、泰国与新加坡的税率为7%。这都极大地低于中国大陆目前的17%增值税率。为了提高企业的经济效率、缩小国内商品与劳务的价格与国际市场价格的巨大差距，需要我们彻底纠正目前增值税一税独大的问题。[①]2010年国家实施了消费型增值税转型，增值税占国家税收比重仍然维持在29%以上的高位。由此，适当地降低增值税是一个发展方向，否则必然造成国内市场比其他国家市场的企业税务成本过高的状况。

此外，按照增值税设计的价税分离原则，需要真正实施“先销后税”。增值税的征收对象是企业销售额中，扣除资本品、外购中间产品后的增值部分，属于价外税。而目前“未销先征”的做法，实质上是在增值并没有实现的条件下，实施的提前预征，违背了增值税的立税原则，加大了企业的成本负担，不利于企业产品转内销。

最后，彻底清理地方政府不合理以及繁杂的政府规费，尤其是要制止各级地方政府与职能机构以红头文件形式，自行制定不合理的政府规费。按照WTO规则和法治要求，所有出台的税种与规费必须由全国人民代表大会通过确立，而非由政府制定产生，这更是提供一个交易成本很低的内销市场的必要条件。

除上述的海关与税制的两个因素之外，内销市场的规范更是涉及中

①严才明：《增值税的效率分析》，中国财政经济出版社，2008。

国流通体系的重构、市场对产品知识产权保护与地区市场割据等问题，这些问题的最终解决，均需中国在内外统一和不断成熟的过程中，逐步走向规范。

第四节　广东的实证经验

广东是中国加工贸易最早兴起，也是全国加工贸易最为密集的地区。其加工贸易的企业主体，与江苏、上海不同，主要为港资和台资。港资企业是中国加工贸易的开拓者，他们最早将加工贸易形式带入珠三角地区，而且30年来一直在珠三角地区固守这一经营模式。由于加工贸易是产业链中最短的生产链条，上游的研发与下游的品牌、市场均被跨国公司掌控，而企业与跨国公司、国际市场的网络和通道联系是通过香港实现的。这是港资在国际市场上的优势。

但是，港资在开拓内地市场上，上述的优势无法发挥，反而因过分依赖国际市场，缺乏适应国内市场的产品、品牌和流通渠道，处于不利地位。加上长期以来港资企业固守加工贸易模式，缺乏自主开拓国内市场的动力，因而成为外资企业中内销率最低的企业，即港资企业是内地的最早进入者，却是内销市场的最晚进入者。与早已进入内销的外资企业相比，港资企业缺乏在内销市场积累的学习效应，当早进入者已经享受内销成果之时，港资企业正处于艰难进入的初期阶段。由此，港资企业面对的不仅是加工贸易模式转变的艰辛，更是作为内销市场的后来者，面对一个全新而十分不了解的国内大市场，要独立从事过去很少涉猎的市场开拓与营销工作。其难度之大可想而知。

加工贸易进入广东的第二波，是中国台资企业。这类企业分为两类：一是已经在台湾失去优势的消费品产业，实行的是贴牌生产；二是电子信息产业，属于生产者驱动的价值链，为跨国公司代工，在海外市场也没有自己的品牌。广东也是台资企业最早进入的地区，大多以中小企业为主。2000年以后，台湾技术和资本密集度高的电子信息产业转移至大陆，因广东土地开发饱和，台资规模企业遂转而进入上海、江苏等地。因此，江苏省的苏州，虽然与东莞同被认定为中国加工贸易转型升级的试点地区，但是因其产业资本密集度较高，当地多数企业属于规模型企业，资金实力较为雄厚，可以两线作战，即使转为内销，其压力也远比广东的台商要小，且非主要的改革对象。遂令加工贸易转型升级的试点压力集中在了东莞。由此，这类台资企业成为广东加工贸易转内销中的又一主要群体。

而其后进入的韩日、欧美的跨国公司，本身就具有十分强大的资金实力，有的加工制造企业也有自己的品牌。例如为手机提供液晶显示的三星视界、生产复印机的日本京瓷等。他们本身就是两线作战：产品部分为加工贸易提供出口，同时部分产品就在中国以自有品牌销售。日本京瓷之所以在珠三角地区落地，就是看中珠三角地区拥有中国办公设备占比6成以上的市场，而非主要以加工贸易出口为目的。因此，这类加工贸易企业本身就兼具内销，并非转型升级的主力。至于以模块化整包生产服务而存在的全球电子产业大型合同承包商，例如深圳的富士康、珠海的伟创力等，他们的生产链条本身延伸很长，规模很大，主要为欧美品牌电子商服务，产品早就跟随国际品牌的流通渠道进入中国大陆市场。若他们在中国大陆建立自身品牌，将与现有企业形成竞争，影响代工订单，因而也就不存在创品牌转内销的需要。

由此可见，与国内其他地区相比，加工贸易转内销当是广东产业转型升级的一个主要部分。其原因在于加工贸易转内销的企业群体主要为港资和以中小型为主的台资企业。2008年中国加工贸易转内销之际，广东地区的加工贸易企业总数为3.6万家，其中港资、台资就占了2/3以上，这些企业大多为中小型企业，成为广东加工贸易转内销的一个主要群体，也是难度最大的群体。在此，企业、政府、商会与行会三者结合，才能最终取得成功。

广东作为加工贸易转内销的全国重镇，其演化和发展的进程，为外资企业进入内销市场提供了许多十分有益的经验。

一、突破转型与市场准入的制度性限制

加工贸易企业转内销的必要前提是获得内销经营资格。其过程分为两个

步骤：

第一步是来料加工企业转为三资企业，方具法人资格进行内销活动。广东，尤其是珠三角地区的港资、台资加工贸易企业，与江苏、上海的不同，在中央尚未改变加工贸易政策前，出口导向的加工贸易企业安于“来料加工”身份，只需缴纳一定费用给所在的村镇政府，即可免除与地方税务部门打交道。这种做法确实有利于不具资金实力的中小企业的发展。

但是，面对企业转型的需要，来料加工企业转为具有资格的内销法人企业，即三资企业并不容易，主要困难体现为：

一是补税金额巨大、手续复杂。“三来一补”厂房的机器将保税进口设备转移到新成立的三资企业，须向内地海关补缴关税及增值税；来料加工厂将余料转移至三资企业、在内地销售制成品时，须经商务部门审批并补交税款。若账目与海关不符，或会牵涉漏税的刑责风险。

二是当来料加工中的港资企业转为三资企业之后，进行来料加工时，香港特区政府根据《税务条例》第39E条，要求追收7年境外机械设备及模具折旧退税。这令不少港企补缴数十万乃至上千万税金。

三是企业转型为三资企业后，既要缴纳国税部门的增值税和所得税，又要缴付一定费用给地方，尤其是给村镇的费用。

四是就目前中国常规制度下的市场准入和海关管制，仅是来料加工企业转三资企业，首先必须停产9~12个月，由海关进行保税设备与物料等核算，在核算之后对设备与物料补缴关税及增值税；其次是申报三资企业，要面对10多个部门逾40个许可审批，需时至少4个月；最后则是对进入内销的商品办理各种检测和认证，不仅耗时数月，更必须付出大量的检测、认证费用。也就是说，仅在准入环节，就必须耗费将近2年时间和大量费用。

面对企业升级的困境，广东省政府，尤其是东莞市政府联同海关，自2009年起首创在全国试点开辟来料加工企业不停产转型“无障碍通道”，实行10多个相关机构一站式办公模式，试行不停产转三资企业，以及对转型企业的补税费用试行财政补贴。仅东莞市政府就拨出了10亿元的企业减负补贴基金。同时，为企业将加工贸易保税进口，尚处于海关监管的不作价设备，作为三资企业的投资部分，免予补缴进口关税和进口环节的增值税。①由此，不仅突破了原有的制度障碍，极大地减轻了企业的负担，而且不影响企业的生产经营，也节约了转型成本。

第二步是内销产品的完税，这是加工贸易企业进入内销市场的最大挑战。

根据海关的加工贸易管理制度，海关对加工贸易企业进口料件的关税和进口环节税实行保税管理，根据出口成品实际耗用料件数量，免收关税和进口环节税。一旦加工贸易企业决定从事内销，他们要么全部料件征税进口，然后根据成品出口量申请退税，要么单就内销部分补税。②

大部分加工贸易港企出口比重很大，内销部分较小，乃至在起步阶段，内销时补税是更合理的选项，也减少了他们的资金占有量。为了协助加工贸易企业内销，海关允许企业建立两个仓库，分置出口、内销物料，易于补税管理。对于信用良好的企业，海关允许他们先行内销保税料件或其制成品，并在内销当月内集中办理内销缴税，无须逐单申报。③

在实践过程中，内销产品的关税完税非常复杂和不规范。厂商为了保持生产效率，对相同产品型号进行规模生产，不会分割出口、内销订单的生产，保税物料管理因而十分困难。加上不同物料的关税率差别可以很大，令

---

①根据财关税〔2009〕48号文件，自2009年7月1日至2011年6月30日，来料加工企业以外商提供的不作价设备出资设立法人企业的，准予对其在2008年12月31日及以前已经办理了加工贸易手册备案，并且在2009年6月30日及以前申报进口的尚处在海关监管年限内的不作价设备，免予补缴进口关税和进口环节增值税。根据海关总署公告〔2009〕第62号文件，对于申请享受上述税收优惠政策的不作价设备，外商投资法人企业应在2011年6月30日之前一次性向主管海关提出减免税申请，经主管海关审批同意后，按照《中华人民共和国海关进出口货物减免税管理办法》（海关总署令第179号）的有关规定办理相关手续。

②征税方式主要分为两种：进口环节先征税后内销；在核销环节补税，然后内销。加工贸易港企的加工产品往往全部出口，有权享受免收关税和进口环节税的安排。资料来源于香港贸易发展局《中国营商指南》（2008年版）的“2.3 加工贸易管理”部分和香港贸易发展局的《中国内销指南》中的“1.3 加工贸易保税进口料件内销的政策”。

③根据东莞市规定，符合内销“集中申报”加工企业的保税加工货物，仅限于联网监管企业和非联网监管的AA类、A类企业及部分符合条件且正在申请或准备申请A类管理的B类企业的内销保税料件及其制成品。

地方海关在决定应征物料量和关税率时具有高度的主观判断性。部分加工贸易企业为了彻底避免来自关税的困扰，在他们的内销比重达到较高时，索性把全部物料完税进口，出口时要求海关退税。处于起步阶段的加工贸易企业，全部物料完税进口将占用其大量企业资金，他们不愿也不具财力去承受这个昂贵的代价。

为此，2009年广东省政府在国家的支持下，为外资企业出口转内销推出了“内销快速通道”，以简化内销手续；海关首次在广东实施“先销后税，集中申报”等便利化措施。经海关批准后，允许企业采用“多次内销，一次报关”方式办理内销业务；广东在全国加工贸易内销博览会上，开辟集中申报一站式办理的绿色通道。东莞市政府建立了外经贸、海关、检验检疫、加工贸易企业四方联网的“东莞加工贸易服务管理平台”，并且出台了政府的内销帮扶重点企业计划，每年推动一批企业进入内销市场。

二、设立多元、常设的内销平台和直销中心

对内地消费市场的了解是加工贸易企业成功推动内销的必要前提。对于仅有海外销售经验的加工贸易企业来说，必须通过市场测试阶段，初步与中间商／连锁零售商、最终消费者对接，掌握内地销售渠道的结构、消费文化和生活习惯，从而制定市场和产品战略，才能为全面进入市场做好前期准备。

成功完成市场测试阶段的任务对中小型企业尤为关键。这可协助他们更深刻地了解自身优劣所在，扬长补短，降低他们在内销渠道建立阶段的风险，避免内销常常出现巨额亏损。在市场测试阶段，企业一般需推动小批量的销售工作来测试市场走向，在这种情况下，各类展销会、博览会应是很好的市场测试平台、产销连接平台。

自2009年起，广东省政府积极扶持出口转内销，采用政府推动、行业参与的方式，每年举办100多场的内销产品展销会，鼓励加工贸易企业积极参与，与采购商对接，并测试产品的市场认可度。根据加工贸易企业的反映，

展销会是企业开拓内销市场途径中性价比最高的途径。[1]而从政府的角度看，展销会也是内销政策中即期回报最高的政策。例如，广东省政府自2009年起，每年以500万元资助外资企业内销博览会（简称“外博会”），所有参加者的参展费、食宿费从500万元中支出，而每次外博会的合同成交额均在500亿元以上。如果仅计算政府征收的增值税一项，以成交额的30%计算增值额，作为增值税的征税基础，按照增值税一般税率17%计税，则效益（增值税总额）与成本（政府财政补贴）之比达500以上。

表6-7　广东外博会即期回报与政府补贴支出情况

年度	政府补贴①	成交金额	增值税总额②	效益成本比②/①
2009	500万元	500亿元	25.5亿元	510
2010	500万元	539亿元	27.5亿元	550

（资料来源：依据广东外博会资料计算）

2012年外博会由国家商务部改为中国加工贸易商品内销博览会，即中国加博会，商务部亲自组织中国本土大型的海内外品牌超市、百货商场等作为采购商参会，全国加工贸易商都可以参展，与上述销售商对接。中国加博会由商务部、国家知识产权局和广东省人民政府联合主办，广东省商务厅和东莞市人民政府共同承办。每年参展的商家日益增加。

2017年加博会吸引了国内15个省区市共859家企业参展，集中展示了我国加工贸易创新发展的最新成果。加博会真正成为加工贸易企业的“造梦空间”。在参展的859家企业中，70%拥有自主品牌。依托加博会平台，许多企业走出了属于自己的创新发展之路，实现了从过去的OEM（贴牌生产）到ODM（原始设计制造）再到OBM（自有品牌生产）的华丽转型。

加博会进一步向专业化、市场化、国际化推进，通过办展模式的创新，帮助参展企业迅速打响品牌，实现内外贸一体化发展。其中的电商和国际物流展成为加博会的一个创新亮点。阿里巴巴、百度、顺丰、中国邮政速递等行业龙头汇聚一堂，向广大加工贸易企业展示最新的电商平台、仓储搬运和分拣系统及各种先进的信息化管理平台。其次，为推动加工贸易产品“全球

①SME：促进中小企业经验交流，香港贸发局网站，2011。

行”，加博会在保持与国内重点商协会、连锁商超巨头合作的基础上，也加大了邀请国际买家的力度。欧美工商会、马来西亚中国总商会等近20个境外机构组团赴会采购，沃尔玛、家乐福等跨国连锁商超巨头也派出专业采购团队入驻，国际买家的数量比上届增加一倍，国际影响力凸显。

值得关注的是，加博会的国际买家来自“一带一路”沿线国家——新兴市场日益增多。之所以出现这种情况，是因为“一带一路”沿线国家有旺盛的市场需求。以广东为例，2016年广东对“一带一路”沿线国家累计进出口1.3万亿元，同比增长6.5%，占全省进出口的20.7%。过去加工贸易企业主要给欧美传统市场生产贴牌产品，而现在这些企业有了自主品牌，通过这些国际买家进入“一带一路”新兴市场，跟过去以代工为主的出口走的是截然不同的道路，这对于提升我国加工贸易企业在全球价值链中的地位将产生巨大的促进作用。

中国加博会创办9年来，在推动加工贸易产业升级、拓展企业国际国内市场合作等方面发挥了重要作用。据统计，前八届加博会累计促成成交金额近6000亿元，一大批加工贸易企业依托加博会走上了自主品牌营销的道路。

除了加博会之外，还有2009年由东莞台商协会主办、政府资助的一年一度的台湾商品博览会，香港贸易发展局举办的香港时尚购物展，2010年香港工业总会建议成立的珠三角港企产品总经销中心，2010年广东省政府鼓励加工贸易企业参加的“广货全国行”展销会，2012年广东省政府推出5亿元的“广货网上行”等。这对协助加工贸易企业了解当地消费习惯、提高品牌知名度、引发当地中间商的代理分销意愿亦有帮助。这些都是加工贸易产品市场测试、产销连接的上佳渠道。

展销会模式是开拓市场的一种初级方式，有速度快、开支小的优点，主要目标在于了解市场需求和进行企业推广，带有试探性质，适合处于进入内销市场初期、缺乏内地市场品牌知名度的加工贸易企业参加。展销会使得企业有机会找到有合作意向的经销（代理）商，因而获得进一步深度合作的机会。

三、企业开发内销市场的渠道创新：从大麦客到电子商务、新零售

在中国内销市场这个商业机制仍然不成熟的情况下，内销并非外销市场的复制与延伸，而是需投入极大的市场资源，花费巨大的资金、人力与时间成本。对于有志于开拓内销市场，摆脱无品牌、无渠道的加工贸易企业来说，建立内销通道，即分销管道应当成为企业从过去的生产主导转向销售主导进程中资源分配和重组的重点。这是内销最终成功的关键。

“渠道为王”，这是市场销售的经典总结。通过对广东加工贸易企业的调查，无论是在国内设厂的制造型企业，还是拥有某些品牌所有权或代理权的企业，苦恼的大多是在于如何建设国内的分销管道。中国幅员辽阔、发展差异大，需要分销管道有更大的覆盖性、更强的控制力和更高的灵活性及适应性，这对加工贸易企业来说是一个很大的挑战。企业要在国内拓展业务，就必须发挥自身优势，主动切入，成为有竞争力的供应链中的核心企业。

因此，开展内销的首要问题就是选择分销管道。分销管道是指商品或服务从生产者向最终使用者转移的途径，一般是由不同类型的成员构成，且有多种组合方式和选择方案。分销管道既可以为买卖双方创造空间价值和便利性，也可以增加商品的展示和销售机会。一旦企业建立商品品牌，从OEM向OBM发展，分销管道或销售渠道的建立，就成为企业最为重要的经营资源。但是，建立或选择分销管道需要相当长时间的投入和努力。

根据调查，广东加工贸易企业进入内销市场，对于分销管道的选择，可以归纳为五种形式：专卖店模式、经销（代理）商模式、展销会模式、多渠道模式以及专业服务模式。专业服务模式是自己提供代理、物流等专业服务，帮助合作企业进行销售。另外，还有无品牌的企业通过收购品牌的方式，利用收购品牌的现成管道打入内地市场。

面对庞大的中国内销市场，广东加工贸易企业在转内销的进程中，通过开发新型的分销管道模式为中国流通市场的现代化做出了有益的实践。

其中最为有特色的就是台资企业为自己打造的仓储式批发销售大卖场“大麦客”（T-MARK）。这是东莞台商协会在东莞市政府支持下的一个渠道创新。

中小企业为主的台商一向是“逐水草而居”的“游牧民族”，哪里成本低就往哪里跑。在这个关键的拐点，是继续游牧式，还是就地修炼、转型升级，成为台商必须面对的问题。在台商最为密集的广东东莞，台商协会经过多次研讨，得出了一致的结论：就地修炼、转型升级。台商长期以来以外销为主，实行OEM生产，完全没有内销的经验。现在开始转战大陆内销市场，面临最大的难题是没有品牌和缺乏销售管道。东莞台商决定迎难而上，联合起来以蚂蚁雄兵之力，为中小企业的台商建立大陆内销的品牌与销售通道。

2009年东莞台商协会发动台商集资，以每股30万港元，在香港成立了台品流通事业有限公司，2010年以香港为总部，在东莞成立了T–MARK，即大麦客商贸有限公司，2011年5月正式开业。这是台商在大陆品牌与管道的一次联合创新。它第一次在大陆打出了台商内销的联合品牌T–MARK，T代表台湾厂商，T–MARK也就是台商的共同品牌。这是第一家台商联合而成，服务台商内销的商贸大卖场。大麦客的经营项目有：以美国仓储批发式卖场好市多（Costal）为模式，占地21000平方米的大卖场；小区型消费的连锁便利店小麦客；9000平方米的东莞加工贸易产品订购中心；专营台湾精品（MIT）的电子商务平台；现代物流配送中心。

大麦客体现了台商共享共赢的概念。所有台湾产品，无论是大陆制造（MIC）还是台湾制造（MIT），或台商在海外制造，都不用支付任何通道费、上架费就可进入大卖场，且大卖场以买断、一周内实时回款，并以批发价销售。与国内现有的分销渠道，尤其是大卖场形式的家乐福、沃尔玛相比，具有相当的优势。国内大卖场常用的方式，即厂商付出高昂的通道费、上架费，并以赊销形式铺货，回款期则需要3~6个月。其费用中小型制造商往往难以负担。

大麦客的经营方式不仅可以大大降低厂商进入内销市场的成本，让利于广大的消费者，而且这也是大陆流通领域的一次管道创新。与此同时，进入卖场的所有台商产品均以T–MARK品牌推出，如台商已有自己品牌的，则可以将原有品牌和T–MARK形成联合品牌销售。

使大麦客的共享共赢概念走得更远的是，东莞市政府委托大麦客经营的东莞加工贸易产品订购中心，只要是东莞加工贸易产品，无论是内资、台资，还是外资，均可以进入中心，享受其提供的订购、展示、检验、电子商标与物流等一条龙服务。

大麦客开业后，仅仅2年，共自创品牌（T–MARK）208项，协助厂商创联合品牌（厂商自有品牌+T–MARK）78项。销售商品6000多种，其中35%为东莞本地台商外销转内销自有品牌产品，30%为珠三角其他地区台商企业优质名牌产品，20%为台湾引进精致产品，15%为国外进口台商生产的著名品牌产品。而其中已经进入卖场的东莞台商企业360家，商品接近3000种。目前大麦克经销产品总计7000种，且在不同居民小区成立了连锁便利店——小麦客。

大麦客以仓储式、批发式卖场作为台商商品进入大陆市场的一个尝试，其经营者持有前期无法盈利的心理准备。对此，东莞市政府给予了无偿划出土地给予经营的扶助。全球的仓储式批发经营的经验表明，这类经营模式依靠的是商品品种、数量规模取胜。一般的经营商品品类要求在数万种以上。大麦客的经营局限于台商，而台商商品在中国市场较有竞争优势的主要是食品，例如康师傅、徐福记，还有电子产品中的消费类产品。大麦客只有数以千计的产品，规模效益明显不够，很难分摊庞大的前期投入。由此可见，大麦客经营的盈利模式如果仅扎根于台商产品，就难以取得最后的成功。

与此同时，广东的港商也在探讨如何快速进入中国内销市场的分销管道。香港贸易发展局在了解中国内销市场之后，投身于香港品牌集合店建设，2013年分别在北京和广州开设“香港·设计廊”，形成香港品牌的集合店，搭建了一个香港品牌产品与内地消费市场进行对接的平台。设计廊以推广100%香港设计为主要目的，向内地消费者推介40多个香港优质品牌及设计师的最新创作系列产品，包括珠宝首饰、手表、时尚饰物以及创意家居摆设和礼品等。这有助于香港品牌拓展内地市场，增加知名度，扩大销售网络，为香港品牌及产品提供一个长期展销的平台。

品牌集合店是指在一家统一名字的店面里，汇集多个品牌的当季新品。虽然每个品牌的风格与设计理念不尽相同，但互相融合就成了一个值得关注的品牌集合店。香港品牌在内地高端市场上难与欧美品牌竞争，因此以参加集合店的方式，“抱团”开拓内地市场，省去了注册、物流、店面设计等方面的繁复工作，节约了产品进入市场的时间和成本。“香港·设计廊”在内地开设了2年，已经向内地消费者推介了超过100位香港设计师的作品。

在设计廊之外，也有不少港商组成联盟，通过资源、运输、品牌、管理、营销和宣传等资源的共享，形成规模经营，降低成本，提高议价能力，共同开拓内销市场。例如，由5家港商组成家居用品销售联盟，建立共同的零售品牌店“几米几何”（Joyhere），联手涉足中国内地的家品市场。由香港德国宝、雅芳婷、东方红等港商，共同组成香港品牌联盟，涉足国内百货店、超市和展示会，既提升了香港品牌在内地市场的渗透度，又扩大了销售范围。

2015年以后，中国电子商务急速发展，网络购物逐步成为大量消费者的主流购买方式。由此对线下的实体零售店形成巨大的冲击，大量零售实体店纷纷结业转为网上销售，或是自己创办网站。而制造商，尤其是中小型制造商，则能够进入阿里巴巴等平台开办旗舰店，或是直接在网上销售自己的产品，无须经过大量的中间环节、花费巨额的广告费和通道费，与消费者直接对接。网上销售无疑是加工贸易企业进入内销市场最短、交易成本最低的销售渠道。为此，广东省的加工贸易企业，在2014年之后，大量进入各类电子商务的网上平台，网上销售成为加工贸易转内销最为成功的一个通道。有鉴于此，跟随中国内需市场的新销售模式和潮流，大麦客在2016年宣布结业，而“香港·设计廊”也紧跟退出。虽然大麦客和设计廊这类的企业渠道创新最终没能够持续，但是这类渠道创新客观上为企业进入内销市场的品牌开发，初步打开了产品的市场渗透度。同时，也为台资、港资企业了解内销市场、内地消费者的动态，提供了市场信息的积累，更为企业最终走向网络销售奠定了良好的市场基础。

据阿里巴巴的数据，目前阿里巴巴旗下的网上销售产品绝大部分来自广东的珠三角地区，其中仅是东莞一地，就占据了阿里旗下网络销售产品市值的40%以上。这个数据充分显示了加工贸易转内销最为重要的渠道，就是电子商务。这也促使广东成长为全国电子商务和网上销售的最大集聚地和市场。随着中国市场商业模式的进一步创新，线上与线下融合的新零售开始崭露头角，中国商业模式的持续创新，将为加工贸易转内销提供更为多元化的销售渠道。

四、广东政府的内销政策与香港、台湾公营机构的合作参与

在全球与中国经济转型的形势下，市场主导、政府协助、企业运作三者不可缺一。加工贸易企业开拓内销市场，政府的内销政策不可缺位。就加工贸易转内销的进程看，政府既是这一转型的推动者、倡导者，更是调整资源分配、投入大量资金、突破制度局限、营造政策环境、全力协助企业进入内销市场的主要帮扶者。

此外，作为广东加工贸易转内销的主要企业群体，港资企业和台资企业进入内销市场，不仅得到广东政府的政策扶持，也得到其来源地——香港特区与台湾的相关方——香港特区政府、香港半官方机构、台湾公营机构的协力配合。

2009年以后，广东政府会同港台公营机构，支持广东港台厂商，在既有“制造升级”“创新科技升级”的基础上，新增“市场转型”内销战略。此为改革开放以来，政府部门、公营机构与民间的首度协作之举，手笔甚大。

事实上，广东省政府与珠三角地方政府很早就介入了港台企业的市场转换过程，并制定了一系列鼓励港台企业进入内销市场的政策。广东省政府及珠三角地区政府出台的扩展外资企业内销政策在政策强度与支持力度上为全国之首。从广东是全国加工贸易转内销的主战场看，广东省政府对加工贸易企业转内销制定了十分完备的政策体系。作为全国的加工贸易转型升级试点地区，东莞市政府也为之做了配套性的政策。2009年广东省财政一次性安排了10亿元的加工贸易企业转型升级专项资金，其中涵盖了对加工贸易企业转内销的扶持和鼓励；而东莞安排了6个“10亿元的专项资金”，即10亿元的加工贸易转型升级专项资金、10亿元的中小企业和加工贸易企业融资专项资金、10亿元的科技东莞专项资金、10亿元的创业东莞专项资金、10亿元的企业减负专项资金和10亿元的支持“三旧”改造专项资金，借以推进整体经济的转型，鼓励加工贸易企业转内销。

香港特区政府近年来也关注港商内销的问题，不仅资助香港半官方机构——香港生产力促进局、香港贸易发展局对港商内销提供咨询、内地市场

信息、辅导以及展销平台，而且在2012年推出了10亿港元的“发展品牌、转型升级及拓展内销市场的专项基金”（BUD）。台资企业则通过向台湾当局反映其内销诉求，推动了台湾生产力促进中心、电机电子工业同业公会、中卫发展中心、金属中心等15家公营机构直接进入广东，为台资企业提供产业转型升级的辅导，配合台资企业打通中国大陆内销市场的渠道。

就广东政府、香港和台湾对推进加工贸易企业转内销的作用看：广东政府的政策着力点在制度和资金支持层面，直接帮助企业打开市场；而香港特区政府、台湾公营机构则将主力放在微观层面上，尽力缩短企业取得开拓市场学习效应的时间。广东将主力放在政策扶植上，港台则将主力放在企业活动的辅导方面。

至今为止，广东省已经形成了加工贸易转内销的完整的政策体系。在表6-8中我们把广东政府介入加工贸易企业转内销的政策，根据不同的内销阶段，组合成完整的政策链条做了较为清晰的显示。在内销的每一个主要阶段，政府都有与之配合的政策，其每个政策的实施范围、目标和推进的方向都是显而易见的，且彼此间形成相关的政策链条。香港和台湾公营机构配合着内销的不同发展阶段，从内销入门、启动、产品开发到市场扩展等各个阶段均有参与，形成与广东内销政策的叠加效应，推动加工贸易企业转内销的发展。

港台地区与其公营机构积极参与中国内地加工贸易转内销，产业转型升级的进程，这可以看作是全球产业升级的一个合作典范。

表6-8　广东省加工贸易转内销的政策体系与香港、台湾公营机构的介入

内销阶段	政策内容与主要执行机构（参与机构）
内销入门	内销证照办理：①成立三资企业或加工贸易转三资企业取得内销资格。其政策包括减少审批手续、降低行政收费及地方政府予以费用补贴（例如东莞市政府提供的10亿元企业减负专项资金）。执行机构：广东省政府与地方政府 ②来料加工企业不停产转三资企业，对企业在转型中需补缴的税项提供财政补贴（例如广东省政府安排1亿元作为扶持资金）。执行机构：广东省海关、税务、工商、环保、商检等十多个部门一站式办理

（续表）

内销阶段	政策内容与主要执行机构（参与机构）
内销启动	市场调研与企业诊断：①转型升级一站通平台计划。其内容为：企业辅导诊断。基本评估5万元，政府资助4万元；深入评估10万元，政府资助5万元；深度辅导政府最高资助额度30万元。执行方：地方政府，如广东省政府与东莞市政府各自设立10亿元的加工贸易转型升级专项资金。香港特区政府BUD基金（总额10亿元）。执行机构：香港特区政府。参与方：中国台湾电机电子工业同业公会、生产力中心等10多个机构、香港生产力促进局 ②内销调查资助：香港特区政府工贸署从“中小企业发展支持基金”拨款100万元就中国内销问题进行调查研究，并发放最新资料介绍内销市场的情况。执行机构：香港生产力促进局、香港贸发局。香港特区政府BUD基金。执行机构：香港特区政府
内销产品开发	产品研发：①新产品研发平台资助、科技基金专项（广东省加工贸易转型升级基金、东莞市政府安排的10亿元的科技东莞专项资金）。执行机构：广东省政府与地方政府。香港特区政府BUD基金。执行机构：香港特区政府 ②粤港创新科技基金*。执行机构：广东省科技厅、香港特区政府创新科技署 ③专利申报：专利申报费用补贴。执行机构：广东省政府与地方政府、香港创新科技署（补助费为最高15万港元或专利申请费90%） ④企业融资：加工贸易融资专项（例如东莞市政府拨款10亿元对银行贷款补偿担保、贷款贴息）。执行机构：各地地方政府。中小企业信贷担保计划SGS（每笔上限600万元、保证期最长5年）。执行机构：香港工贸署与多家香港银行 ⑤出口信用承保范围向内地内销市场延伸。执行机构：香港出口信用保险局
内销市场扩展	品牌开发：①品牌注册费补贴与奖励（广东省政府设立的加工贸易转型升级专项基金中对创立内销品牌的外资、加工贸易企业给予资金鼓励；珠三角各镇、市对获取省级、市级以及国家级品牌分别给予30万~50万元不等的直接奖励，广东省实施了名牌带动战略，最高补贴500万元）。执行机构：广东省政府与地方政府。香港特区政府BUD基金。执行机构：香港特区政府 ②香港品牌推广项目：香港工贸署拨款340万元资助香港品牌在内地成立精品廊等，推广香港品牌。执行机构：香港贸发局。香港特区政府BUD基金。执行机构：香港特区政府 商标注册与广告：企业在内地注册商标，其注册费用可获全额资助。产品推广宣传费、广告费等最高补贴10万元。执行机构：珠三角各地地方政府。香港特区政府BUD基金。执行机构：香港特区政府

（续表）

内销阶段	政策内容与主要执行机构（参与机构）
内销市场扩展	销售通道：①2009年起广东省政府与各地政府每年免费为外资企业及广东企业开展上百场展销会（例如广东省政府每年资助500万元，举办中国加工贸易商品博览会），并建立多个加工贸易产品与广货直销中心，以及推广网上销售。执行机构：广东省与地方外经贸局。香港政府BUD基金。执行机构：香港特区政府 ②加工贸易企业可以参加广东（广货专项基金）的“广货全国行”等重大经贸活动，以及省外广东商贸城建设、“家电下乡”、“万村千乡”等工程，深度开拓内销市场。2012年8月广东省政府推出5亿元的“广货网上行”计划，对在广东注册企业上网销售给予补贴。执行机构：广东省政府 ③加工贸易企业可申请广东省支持流通业发展专项资金（每年财政拨款3000万元，以补助、贴息、鼓励方法扶持企业）。执行机构：广东省政府 ④提供内销“一站式”服务，在加博会上由相关部门现场办公，受理内销业务，提供政策、业务咨询。执行机构：外经贸、海关、税务、工商、检验检疫、质监、知识产权等部门 ⑤2009年举办第105届广交会，向国内采购商开放，促进内外贸对接。执行机构：商务部、广东省政府、中国对外贸易中心 ⑥香港特区政府资助香港贸发局每年在内地举办相关产品时尚展会，以及香港贸发局在内地淘宝网开设香港产品商城。执行机构：香港贸发局 ⑦成立珠三角港企产品总经销中心（华南城），由税务、海关、检验检疫、工商等部门对港企产品内销提供绿色通道服务或便利直通车服务。执行机构：深圳市相关职能部门、香港工业总会 ⑧成立台商T-MARK大卖场，提供场地支持和政策支持。执行机构：东莞台商协会、东莞政府 经济与税务鼓励：①内销纳税大户进行鼓励，最高鼓励资金每户100万元（广东省政府设立3亿元的外资、加工贸易企业扩大内销扶持基金）。执行机构：广东省外经贸厅、省财政厅、国税局与广东海关 ②内销增长鼓励，最高鼓励资金每户100万元（东莞市政府对内销年度增长的港澳台资、外资、加工贸易企业，在内销新增缴纳增值税中提取10%用以奖励，此政策已经普及珠三角各市）。执行机构：珠三角各市外经贸局、国税局等 海关措施：①设立内销“快速通道”，实施“集中申报、集中担保”模式，开设保税料件转内销业务绿色通道，推进内销便利化 ②对转内销产品的增值税征收实施“多次销售、集中申报”，以及“先销后税”；2012年东莞市政府为先销后税提供3000万元担保金 ③建设保税物流中心，将加工物料出口复进口变为“监管仓游”内销，减少运输成本。执行机构：广东海关

（资料来源：根据广东省政府网站、东莞市委政研室资料及广东、香港调研整理）

★为与内销有关政策，而非仅对内销鼓励的政策，如加工贸易转型升级基金专项、科技创新基金专项，其中就含有直接鼓励内销，或鼓励科技开发新产品，进入内销市场的内容。

第七章　加工贸易转型升级的实证观察：以东莞为例

东莞是中国第一个加工贸易试水的地区，也是全国加工贸易的重镇，被誉为中国的“国际加工贸易之都”。当1978年8月全国第一家来料加工的东莞太平手袋厂开业之时，谁也无法预料，正是这个被农田环绕的小型加工厂，拉开了中国制造纳入全球生产网络的历史性帷幕。也正是加工贸易，急速地把东莞这个广东历史上传统的农业大粮仓，彻底地改头换面，使之成为全球价值链中闻名国际的“世界工厂”。中国出口导向战略是外向带动经济起飞和发展的成功缩影。通过加工贸易嵌入全球价值链，东莞跨越了传统工业化的发展路径，从起步就以加工出口工业制成品，迈出走向工业化的第一步，并在这个进程中根据国际市场的变化，承接国际资本的一次次转移，由此促进了产业的快速转变和升级。至今为止，东莞的产业转换和新产业的兴起，一直走在中国地区经济发展的前列。因此，在国人眼里，东莞是以加工贸易为主要经济发展动能的外向型经济，并称之为东莞模式。

改革开放的前30年，东莞凭借加工贸易的外向型经济带动，创造了惊人的经济增长速度，崛起并成为全球价值链中的“世界工厂”的组成部分。2008年全球金融海啸之后世界经济进入一个颠覆性的大变局时期，美国主导的经济全球化的终结，宣告了东莞加工贸易拉动经济增长的阶段已结束。东莞随之进入了一个十分艰巨的历史转折期：国际市场萎缩，贸易摩擦激化，企业结业浪潮涌起，危机和压力不断叠加。面对经济增长进程中的第一次巨大挑战，东莞迎势而上，直面挑战，展开了一场突破重围、绝地反击的转型升级攻坚战。2010年，东莞被确立为国家级加工贸易转型升级示范区。在国家的大力支持下，东莞整体经济经历了华丽转身、凤凰涅槃的蜕变过程。现在，这个中国的“加工贸易之都”已经和加工贸易渐行渐远，一个全新的东莞经济正在孕育和成长之中。

第一节 东莞加工贸易的发展进程

中国改革开放40年，是东莞从一个农业经济大县彻底地转变为全球生产网络中的“世界工厂”且不断探索求变，在激烈的国际市场竞争中持续奋斗，持续推动经济提升和发展的40年。在东莞经济发展的奇迹中，可以说，最主要的经济动能和第一推动力，应当归功于加工贸易。从“三来一补”起家到制造业立市，东莞开始步入国际贸易的角力场。

东莞以加工贸易参与国际分工和推动工业化的发展，从当时的历史看纯属偶然。因为当时国家实行对外加工装配业务的最初动机，是弥补和增加中国的外汇逆差和收入，并无以此促进和带动整个工业化发展的初衷。1978年8月，当全国第一家“三来一补”企业诞生之时，这个港商仅投资几十万元，每制成一个产品给东莞一毛钱加工费的小型工厂，就这样率先掀开了这个加工贸易的序幕，成为东莞对外贸易超前先行的一个重要标志。1978年当东莞首次外贸出口达到0.39亿美元之时，这个数字不仅给中国对外贸易的发展带来了启示，更为东莞带来了思想观念的第一次冲击和无限的想象空间：加工贸易不仅可以为东莞积累财富，更是东莞农业经济实现跨越性地向工业化发展的一个路径选择。偶然的举动背后是经济规律的必然。自此之后，东莞就紧紧抓住加工贸易这个经济发展的引擎，在广阔的农田上一座座厂房拔地而起，星罗棋布的工厂覆盖大地，一个崭新的工业化城市，中国的“国际加工贸易之都”就此崛起。东莞模式在中国改革开放的画卷上开始留下浓墨重彩的一笔。

一、洗脚上田：东莞选择的历史背景与特点

东莞处于珠三角的东岸地区，北靠广州，南接深圳，毗邻香港，东与博罗隔江而立，西与番禺隔海相望。在改革开放前的近30年间，东莞与当时的

宝安（深圳所在地）、惠州（包括博罗等地，属于惠阳地区），是珠三角地区中的农业大户，不仅工业落后于珠三角中心地区，工业化水平更是低于珠三角西部的江门新会，也没有可以被称为城市的地区。其中的东莞县，在改革开放前，每年稳定向国家上交粮食4亿多公斤，排名在全国县级的前3位。其“中国大粮仓”之名并不虚传。东莞当时唯一的规模以上的工业就是与甘蔗种植相关的、广东省属的国营东莞糖厂。与当时工业最为发达、经济发展程度较高的珠三角中心地区即广佛地区相比，在商品经济十分短缺的情况下，东莞人唯一自豪的是作为大粮仓，虽然基本没有什么规模以上的工业企业，人民收入很低，但是他们能吃饱饭。

东莞1978年全部人口为111万人，其中农业人口93万人，占比84%；非农业人口18万人，占比16%。这个农业大县在1978年本地生产总值为6.11亿元，三次产业的产值分别为：2.72亿元，2.68亿元和0.71亿元。三次产业之比，第一产业占比为44.5%，远远超过广东省当年的29.8%的比重（见表7–1）。

表7–1　1978年广东省与东莞三次产业比例（%）

地区	第一产业比例	第二产业比例	第三产业比例
广东省	29.8	46.6	23.6
东莞市	44.5	43.9	11.6

（资料来源：《东莞统计年鉴2013》）

谁也无法预料的是，正是在这种一无资金、二无技术、三无人才，更无工业积累的情况下，东莞能够在短短的几十年内，迅速地成长为中国登上全球经济大舞台的一个先行者，一个经济奇迹的创造者。而成就这个经济奇迹的主要因素，就是加工贸易。

东莞的起飞发展离不开中国改革开放的历史大背景，也离不开中国香港加工业借地缘优势向中国内地的转移。这些都是珠三角地区所共同面对的历史性发展的大机遇。但是，加工贸易没有在珠三角的中心地区集聚，没有在东莞南边紧邻香港的深圳长期扎根，更没有大规模地进入珠三角地区的西部，其主要原因与东莞自身经济发展的历史和当时面临的政策环境，以及土地制度等因素相关。

东莞虽然是全国第一个“三来一补”的试水者。然而，也就是在1978年，珠海第一个由外资投资的毛纺厂开业；1978年底，“三来一补”的大进制衣厂也在顺德设立。因此，东莞作为先行者并不具有时间上的绝对优势。加工贸易之所以在珠三角地区的东莞形成密集之势，根本性的原因就在于东莞本身没有工业的历史积累，缺乏自主发展工业的技术、人才和内生的经济增长能力。“借船出海”，依靠外来资本、外来技术和外来市场，紧随外部国际市场的变化而变化，成为东莞经济起飞的唯一选择。这就是东莞以加工贸易集聚，成为中国“加工贸易之都”的根本原因。

东莞南部的深圳，在1979年之后成立了中国第一个经济特区，深圳所具有的先行先试的政策优势，促使大量内外资本和企业进入集聚，“内引外联”以及全国人才的“孔雀东南飞”，为深圳的飞速发展注入了资本、技术和人才。由此，加工贸易仅在深圳初期起飞阶段占据主导，但迅速被后来深圳本土的新兴产业和企业所替代。

东莞北部的珠三角中心地区，其轻纺工业从明清起步，是中国的丝绸、陶瓷基地。其积累了百年基业的发展，在广东具有资金、技术和人才的优势。虽然改革开放后，广州周边的南海、顺德、番禺也有部分的“三来一补”加工业。但是，这些地区的工业化加速，主要依靠的是本土的企业和技术力量。南海、顺德、番禺与东莞在20世纪80年代的经济腾飞，被广东人称为“广东四小虎”。但是，除东莞依靠出口导向的加工贸易之外，其他“三小虎”则主要实施的是进口替代、创造本土品牌、开发本土市场的发展路径。以顺德最初的“三来一补”发展看，一般签约合同不超过3年，顺德以加工费抵加工贸易进口的设备费，3年期满，外商撤出设备留下。顺德的第一个加工贸易企业——大进制衣在3年后成为本土企业，后来更发展成为多元经营的大进集团。而起步于顺德北滘的美的，一开始就是两线作战，一是为外商进口的设备贴牌生产电风扇，二是利用这些设备生产自己品牌的电风扇。直至今日，美的成为从事家用电器、机器人生产的全球工业500强企业。很明显，顺德开展“三来一补”的目的不是依靠其发展经济，而是为了现代设备的引进，以达到自我为主地发展生产。

广东省的经济中心——广州，具有比较完整配套的工业体系，改革开放后更致力于重化工业的引进和发展，加工贸易从来没有形成主导之势。2008年底加工贸易企业仅有不到900家，且大多为中小企业，所占比重很小。

至于珠三角的西部地区，因交通不便，外商加工贸易进入的数量不多，也无法成为大规模的加工贸易集聚之地。

由此可见，实事求是地说，东莞之所以成为全国的“国际加工贸易之都”，并非外商企业的有意为之，也非东莞市政府主观设计所致，而是因为东莞作为珠三角地区的农业大县，与南部的深圳相比，没有特区的优惠政策。与具有百年产业基业沉淀的珠三角中心地区相比，则长期缺乏工业发展的产业、技术和人才积累。东莞只有抓住经济全球化的历史大机遇，以引进外资、发展加工贸易作为工业化发展的主要拉动力，“借船出海”才能在全球经济和市场中扬帆万里。

东莞加工贸易的密集发展，也离不开当时土地制度的支撑。东莞经济发展起步于1978年的“三来一补”生产模式。当时中国的农村土地改革没有开始，包产到户还没有实施，农村土地仍然由集体所有。这种以村为主的土地集体所有制，由村统一土地的使用开发，为加工贸易的外商顺利地大量进入开了绿灯，促使东莞形成了以村镇为单位的加工贸易土地租赁、外商土地使用权购买的土地开发模式。这种模式促使东莞形成了村村点火、镇镇冒烟的加工贸易布局，而且村级统一土地的开发管理，无形中降低了加工贸易外商进入的交易成本，极大地便利了加工贸易企业的营商业务发展。事实上，在东莞之后珠三角地区加工贸易的发展，往往遇到包产到户之后土地征地的较高交易成本，这也是仅有东莞成为“国际加工贸易之都”的又一个制度性原因。例如与东莞加工贸易齐名的苏州，就是通过政府的征地，建立工业园区取得加工贸易的发展。其中政府的征地必然需付出很大的补偿成本。

东莞没有工业发展的百年基业积累的工业技术和经验，更没有大量熟练的技术工人和人才，只是由汗水湿背的农民洗脚上田，在外商进口的设备和流水线上辛劳作业，逐步开始原始的资本积累和技术学习，锤炼第一代的产业工人。从简单的制成品出口，逐步进入熟练技术操作的较为复杂制成品的制造，这就是东莞在当时的历史条件下，通过嵌入全球价值链推动本土工业化发展的途径。

由此可见，东莞长期以来单一的农业经济，缺乏工业起飞的资本、技术、人才，是东莞以加工贸易，即全球价值链的下游低端，参与国际分工和经济全球化的根本原因。也正是囿于上述的历史性因素，形成了加工贸易在东莞长达30年，由外资、外部市场、外来技术主导，即外向型主导的经济体系。并且在相当长的时期中，东莞并没有形成经济内部的自主成长能力，孕育本土的龙头产业，更缺乏本土的市场品牌力量。这一发展路径的局限性，成为2008年之后，东莞在加工贸易转型升级的10年进程中，面对经济困境绝地求生，重新对整体经济谋篇布局，使其经济发展动力发生根本性转换的主要原因。

二、加工贸易的主要发展历程

从第一家加工贸易企业投产直到今天，东莞加工贸易由生产传统轻工业品为主的简单加工装配，扩展到零部件、机电产品的加工装配，再发展到高新技术产品加工装配及本地化配套，并逐步实现由OEM到ODM，进而向OBM转变。东莞经济得以“借船出海”，扬帆万里。从1978年东莞外贸出口总额0.39亿美元，到2017年外贸出口达到1040亿美元，为1978年的2667倍。其中加工贸易出口2016年为571亿美元，增长了1463倍。人均出口额也从1978年的36美元，成长为2016年的79402美元，增长了2206倍。可以说，加工贸易的发展，使得东莞在40年间发生了翻天覆地的变化。40年的加工贸易大致经历了以下几个发展阶段：

第一阶段：1978—1984年，起步探索阶段。以太平手袋厂为发端，香港地区加工业开始向内地转移，东莞承接了第一棒。东莞充分利用毗邻香港、劳动力和土地资源丰富、价格低廉的优势，加上香港数十万的东莞同胞促使“三来一补”在东莞遍地开花，使在东莞的加工贸易企业成为国内最早依靠市场规律运作的企业。加工贸易当时吸收本地30万富余劳动力，使东莞逐步完成资金的原始积累。到1984年底，东莞引进外资5000万美元，来料加工项目2600多宗，外贸出口1.3亿美元，为1979年的2.4倍。加工贸易雏形初步建立。

这个阶段加工贸易主要以服装、玩具、鞋和箱包等低附加值、劳动密集产业为主。

第二阶段：1985—1993年，蓬勃发展阶段。1985年东莞撤县建市，同期国家开始实施出口退税政策，这为加工贸易大发展提供了政策性支持。台资开始紧随港资逐渐进入东莞。1992年邓小平南方谈话之后，东莞掀起了新一轮引进外资、加工贸易快速发展的热潮。1993年东莞外贸进出口额首次突破100亿美元，达到102.8亿美元。1992年，东莞加工贸易企业达到7229家，其中“三来一补”企业6086家，三资企业1143家。这个阶段的产业仍然以低附加值、劳动密集的轻工业品加工装配为主。

第三阶段：1994—2000年，提升阶段。这一阶段加工贸易企业从数量型向数量型与质量效益型相结合转变，从劳动密集型向劳动密集型与资金技术密集型相结合转变。东莞开展了“第二次工业革命”，全市高新技术企业从1家增加到66家。资金来源从中国港澳台地区扩展到欧美国家和地区，加工贸易结构发生变化，进料加工迅速发展；机电、IT产业的加工贸易迅猛上升。尤其是1995年以后，全国最大的来料加工生产基地——深圳，由于特区土地、资源等约束，以及外资企业优惠政策到期，大批来料加工厂转移至东莞，遂使东莞加工贸易业务迅猛增加。深圳这个中国最大的来料加工生产基地的退出，使得东莞在这个阶段开始替代深圳，真正成为中国最大的加工贸易基地。1998年加工贸易占东莞对外贸易的比重高达95%以上，1999年东莞加工贸易总量更为全国总量的14.4%，“国际加工贸易之都”的地位由此确立。2000年东莞外贸进出口额320.3亿美元，是1994年的2.3倍。

这个阶段：一是加工贸易企业规模与技术含量大幅提升；二是进料加工在2000年超越来料加工，在加工贸易中占了54%的比重；三是外商从租用厂房到更多地买地自建厂房；四是IT产业开始逐步发展成为东莞第一大产业。

第四阶段：2001—2008年，转型升级的初步阶段。2001年中国加入世界贸易组织，整体经济开始融入全球市场。随着跨国公司进入中国的投资力度不断加大，中国不断调整外资引进政策，以产业政策指导外资的进入。2003年中国政府首次提出加工贸易转型升级的战略，东莞顺势推动加工贸易从“三来一补”为主向“三资企业”为主转变，从简单加工装配向深度加工及产业配套转变，企业产品的附加值、技术含量不断提升。与此同时，东莞利用全球IT制造业大转移的时机，积极吸引跨国公司在通信设备、计算机等高新技术领域的投资，加工贸易开始由劳动密集型产业为主，逐步向技术、资金密集型过渡，高新技术产业逐步形成规模生产，配套产业链进一步延伸。

2007年东莞对外贸易突破1000亿美元，达1069亿美元，比2001年增长了2.1倍。至2008年底，加工贸易企业已经超过了1万家。彻底摆脱了农业大县和“中国大粮仓”的地位，成为真正的“世界工厂”，一座工业化的现代城市拔地而起。所谓“东莞塞车，全球缺货”就是这一时期的写照。全球生产的10双鞋中，就有1双来自东莞；全球每5个人中，就有1个人穿着东莞制造的毛衣。至于全球电脑及零部件产业链的供应，更是占据不可或缺的地位。

这个阶段的特点：一是吸收外资以世界500强企业、跨国公司为主，三资企业以独资为主；二是企业技术含量有所提高；三是加工贸易产业结构进一步优化，2008年机电产品出口占东莞总出口的73.8%，高新技术产品出口占30.7%。

第五阶段：2009—2017年，加工贸易转型升级攻坚阶段。全球金融海啸之后，中国出口导向的发展战略终告结束，中国进入经济动力全面转换的新常态时期。东莞以外资、加工贸易拉动的经济增长面对经济增长动力转换的重大挑战。海外市场紧缩，贸易保护主义抬头，贸易摩擦集中爆发，一批批企业倒闭结业，东莞处于“风暴眼”中，外向型经济面临生死边缘。

出口导向战略的终结，致使东莞加工贸易的拉动力从正转负，标志着加工贸易进入根本性的转型升级阶段，终结了东莞“国际加工贸易之都”的地位，成为走向全新经济形态和模式的历史性转折点。事实上，如果没有前一个转型升级初步阶段所奠定的基础，没有中国政府的战略支持和东莞自身的努力，30年经济增长动力的骤然消失，对于东莞来说，将是一个不可承受之痛。痛定思痛，东莞决心壮士断臂，开始经济社会的双转型，从“借船出海”走向自主创新的“造船出海”。

2008年东莞市被列入广东省加工贸易转型升级试点市，2010年中国政府把苏州、东莞作为全国加工贸易转型升级试点市，为东莞加工贸易转型升级提供具体的指导和政策支持。历经10年的艰苦攻坚，东莞终于华丽转身，“腾笼换鸟”，凤凰涅槃，摆脱了“国际加工贸易之都”的头衔，走向了科技东莞的创新型城市，取得了攻坚战的最后胜利。

2017年加工贸易在东莞对外贸易的比重，从2008年的87.7%，直线下降为48%，于是加工贸易退出了外贸主导地位。在2017年东莞加工贸易的10572家外资企业中，已经有5912家从加工贸易全部转为一般贸易，占比56%。剩余的4660家加工贸易企业中，44%的企业拥有自主品牌，36%的企业设立了研发机构。1678家加工贸易企业设立研发中心或内设研发机构，464家企业已经申请成为高新技术企业。这个事实充分说明，东莞已经不是在下游和低端参与全球价值链，而是已经开始逐步进入全球价值链中附加值更高的链条。

三、加工贸易转型升级的本质

如前所述，加工贸易从改革开放初期的外资试水进入东莞，到20世纪80年代的大面积落地东莞，90年代的高度繁荣，以及2000年之后的持续发展，加工贸易在东莞对外贸易中占据了绝对地位，不仅是东莞对外贸易的主要方式，更是东莞经济增长的主要动力。20世纪90年代至2006年，东莞的加工贸易一直维持在对外贸易中占比90%以上，1998年更攀升到95%以上。

然而形势比人强。2008年的全球金融海啸戳破了美欧国家用金融杠杆吹大的消费泡沫，全球市场急剧萎缩，以美国主导的经济全球化宣告了终结。全球经济失衡的大调整持续推进。发达国家的去杠杆化，凸显了发展中国家的产能过剩，同步而来的是去产能化的过程。全球供给结构与需求结构都在发生巨大的变化。由此，世界经济开始进入一个长期增长缓慢的“大衰退”时期。

美国主导的经济全球化终结，也意味着中国过去30年参与全球化的出口导向战略的终结。出口拉动经济增长的动力全面丧失，中国经济开始重新寻求增长的新动力与探索发展的新路径。经历了2008—2013年中国经济失衡的重大调整之后，在全球经济增长进入大衰退之时，融入全球经济的中国，最终也不能一枝独秀，由此进入一个转换动力、中速增长的经济新常态。事实上，作为经济全球化中，依靠美欧市场泡沫扩张的需求而迅速崛起的中国制造业，其去产能化，调整产业结构，提升经济体质的素质，更加突出与重要。

中国经济的这个重大战略性转变，成了东莞加工贸易面对的最大挑战。世界市场的萎缩、国际贸易的低迷可以说是全球贸易的新常态。这个新常态从需求方面使得出口拉动的主动力丧失，加工贸易荣景不再；而中国整体经营环境的变化，人口红利的消失、廉价生产区位不复存在，则从供给及生产方面挑战着加工贸易在东莞的生存。供给与需求两个方向的急剧变化，极大地压迫与缩小了加工贸易在东莞的生存空间。由此，在新常态下，东莞产业面对的，不仅仅是加工贸易体系的调整，而是转型升级、经济增长动力的根本转换。

1978—2008年，历经30年外向型的工业化发展，东莞已经成为全国现代化制造业名城，电子信息产业和高新技术产业排在全国前列，“国际加工贸易之都”的靓丽城市名片已经全国皆知。以外资为主体的加工贸易成为经济增长的重要拉动力。2008年东莞外贸出口总额是1978年的1680倍，30年间年均增长28.1%，以1996—2006年10年间，东莞的出口增长对国民经济增长的弹性系数看，出口每增长1个百分点，则拉动东莞GDP增长0.711个百分点，由于东莞出口中加工贸易占据95%以上的比重，由此可见，加工贸易对东莞整体经济成长的重要性。

东莞以加工贸易作为发展的主动力，也导致了整体经济的外贸依存度远远超越全国、全省最高水平。这个事实既揭示了东莞整体经济增长的主要动力，也暴露了东莞在享受经济全球化贸易大餐的同时，“看天吃饭”的尴尬与日俱增。毕竟“借船出海”不仅要经受海上飓风暴雨的冲击，况且船本身不属于自己，一旦翻船对于跨国公司的船东来说，损失的仅是一条船，而东莞则是自己的全部家底。

表7-2　1993—2008年东莞、广东省、中国的外贸依存度（%）

年度	东莞外贸依存度	广东省外贸依存度	中国外贸依存度
1993	544.2	129.1	31.9
1994	798.5	179.4	42.3
1995	632.4	146.0	38.6
1996	605.6	133.5	33.9
1997	603.1	138.6	34.1
1998	541.0	125.9	31.8
1999	451.1	101.3	33.3
2000	538.8	131.3	39.6
2001	493.0	121.3	38.5
2002	544.6	135.5	42.7
2003	454.8	148.2	51.9
2004	461.8	156.8	59.8
2005	280.2	157.0	63.6
2006	256.5	160.7	66.5
2007	259.1	157.9	66.8
2008	229.0	144.5	67.9

（资料来源：黄埔海关、东莞市人民政府：《改革开放30年东莞对外贸易白皮书》，中国海关出版社，2008）

以加工贸易，也即全球价值链的下游参与全球生产，其本质就是一个经济体被动地被跨国公司的国际分工所主导，从属于跨国公司的资源配置，而非以我为主地参与国际分工、主动地利用国际国内的资源提升经济体的质量。东莞自身经济资源主要面向国际市场进行配置，一方面经济发展紧随外部市场起伏波动，另一方面自身的产业成长和社会需求始终无法得到培育和满足。这种发展路径一旦形成依赖和惯性，对一个地区的整体经济发展将埋下长期的隐患。因此，东莞加工贸易的转型升级，不仅能提升东莞在全球价值链中的地位，更为重要的是，要在这个进程中培育经济体内部自生发展的动力，孕育能够在全球经济中扎根本土、长期发展的百年基业，且不断地通过创新，强化本土产业的国际竞争力。这就是东莞在过去10年加工贸易转型升级的本质。从“借船出海”到“造船出海”，就是东莞自2008年之后所努力达成的愿景和目标。

第二节　转型升级攻坚战的主要成果

广东省政府在2008年出台《广东省人民政府关于促进加工贸易转型升级的若干意见》，拉开了整体调整加工贸易政策体系的序幕，以此提高加工贸易企业的水平，推动省内产业转移，协助厂商开拓国内市场。2008年8月东莞被定为广东省加工贸易转型升级试点市，2010年东莞更被列为国家级的加工贸易转型升级试点市。整体来看，以2008年作为加工贸易转型升级的转折点，东莞加工贸易体系开始了根本性的转变，其变化的速度、规模、结构、质量，以及在东莞经济中的地位，都有了大幅度的调整。这个调整进程不仅体现了产业转型升级的结果，更反映了东莞整体经济体制的长足发展。

一、加工贸易数额的急速收缩与动力减弱

2008年金融危机以来，东莞加工贸易体系开始进入一个急速下降的通道。其一为加工贸易年均增长率逐年大幅减缓，使得其总量的扩张势头日渐减弱；其二，在增长率大幅减缓之下，自2014年起加工贸易由正增长转为负增长。

2014年已经成为加工贸易在东莞从成长到衰退的拐点之年。通过将东莞2010—2017年加工贸易的年均增长，与其他经济指标相比（见表7-3），可以判断，加工贸易整体的衰退将是东莞长期发展的趋势。

表7-3　2010—2017年东莞各类主要经济指标增长状况（%）

	GDP	出口	加工贸易出口	出口顺差
总量增长	77.3	41.8	-3.2	33.1
年均增长	8.5	5.1	-0.4	4.2

（资料来源：根据东莞统计年鉴各年号数字，按照实际汇率计算）

从表7-3的数据看，2010—2017年，东莞的GDP、出口及出口顺差的总量增长率及年均增长率均有较大幅度的增长，唯有加工贸易出口出现负增长。从持续几年的低速增长最终转为负增长，这个走势必然反映了两个基本的事实：一是加工贸易在东莞经济地位的下降；二是东莞经济增长动力的根本性转换，从过去长期的以加工贸易为主动力，转换为新的增长动力。否则不会出现在加工贸易出口萎缩之时，GDP仍然保持8.5%的年均增长率。

首先，加工贸易在东莞外贸结构中的占比在2017年大幅下降至48%。与1998年高峰期的95.1%相比，下降幅度接近5成（见图7-1）。分阶段看，1998—2008年的10年间，下降幅度仅在7.4个百分点，而2008—2017年的9年间，则下降了39.7个百分点。这充分显示了在2008年之后，加工贸易快速调整的进程。

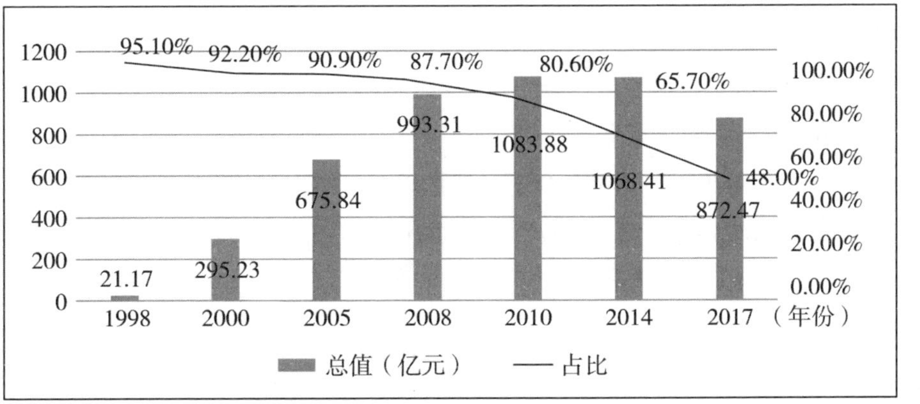

图7-1　1998—2017年加工贸易总额与进出口总额占比变化

其次，随着2008年后加工贸易体系的大幅调整，东莞开始逐步培育新的增长动力，这个过程表现为加工贸易净出口或顺差占GDP比例持续下降，从1998年加工贸易高峰的84.5%，下降到2017年的20.3%（见表7-4），占比收缩超过五成；而加工贸易顺差占东莞全部顺差则从1998年的1.28倍，下降到2017年的86%，降幅几乎高达50个百分点。加工贸易顺差占全部顺差比例的持续下降的背后，是一般贸易开始替代加工贸易，开始成为顺差的构成部分。

表7-4　1998年、2008年、2017年加工贸易顺差占GDP与全部顺差的比重（%）

	1998年	2008年	2017年
占GDP比重	84.5	39.3	20.3
占全部顺差比重	128.0	118.0	86.0

（资料来源：根据东莞统计年鉴各年数据，按照实际汇率计算）

追踪东莞经济增长的足迹，我们可以看到，2008年前的30年间，东莞经济增长的主要动力是出口拉动，其中2006年以前，出口拉动的GDP年均增长在10个百分点以上。也就是说，东莞经济过去双位数的增长率中，出口占据主导地位。而这一时期，加工贸易占东莞整体贸易的比例为90%以上，由此可以得出加工贸易就是东莞出口拉动经济增长的主因这一结论。

据测算，2008年东莞GDP增长为14.0%，而其中由出口带动的增长为8.8%，占总体增长的63%。也就是说，当年6成以上的增长是由出口拉动的，而其中加工贸易占据很大的比重。加工贸易体系的急剧收缩，更直接体现在出口对东莞经济增长动力的减缓之上。2008年出口拉动的经济增长，占据东莞全部经济增长的6成以上。而2016年其拉动为负增长，即-13.8%。这充分显示了出口拉动、加工贸易拉动的动力全面丧失，新动力正在兴起并替代原有的动力。

表7-5　2006—2016年东莞出口对GDP增长的贡献

年份	GDP增速（%）	净出口额（美元）	净出口增量额（美元）	净出口增量引致GDP增长（%）
2006	20.1	105.28	30.44	10.9
2007	18.1	136.97	31.69	8.9
2008	14.0	177.26	40.29	8.8
2009	5.3	161.83	−15.43	−2.8

（续表）

年份	GDP增速（%）	净出口额（美元）	净出口增量额（美元）	净出口增量引致GDP增长（%）
2010	10.3	198.75	36.92	5.2
2012	6.1	257.16	–95.62	–13.8
2014	7.8	316.08	29.52	3.9
2016	8.1	255.59	–142.05	–13.8

（资料来源：根据东莞统计年鉴各年号数字，按照实际汇率计算）

二、加工贸易内部结构的调整与优化

加工贸易的转型升级进程，也包含其内部结构的升级与优化。2008年通过急速的调整，在加工贸易的结构变化上，东莞的加工贸易呈现出“来料加工从一枝独秀到逐渐消亡，进料加工占主导；传统产业占比下降，新型电子信息产业迅速提升”的发展态势，其加工体系的技术水平得到不断提升。

东莞的加工贸易自来料加工起步，且一直占据加工贸易的主导地位。其进出口数额持续增长。2008年突破400亿美元达到最高峰的414.1亿美元。随着东莞加工贸易企业参与国际产业链分工的程度日益加深，产业链条体系逐渐完善，自1984年起，东莞开始走上从委托性来料加工为主向自营性进料加工出口为主的加工贸易方式变迁之路，来料加工比重开始逐年下滑。1998年，进料加工比重首次超越来料加工，此后逐步占据贸易方式的主导地位。2008年，东莞加快推动来料加工企业不停产转三资企业，来料加工在对外贸易中的比重急剧下滑，进出口总额由2008年最高峰的414.1亿美元下降至2014年的187.9亿美元，下降了54.6%，年均降幅为12.3%；来料加工进出口额占东莞进出口总额的比重从36.6%下滑到11.6%，下降了25个百分点，2017年更是下滑到7.8%（见图7–2）。

从全球生产价值链的治理结构看，从来料加工走向进料加工，不仅意味着生产链条的完善，更意味着加工企业从对主导企业的完全依赖以及这种依赖关系决定的价值链中利益分配格局的改变。从来料加工演化到进料加工，是加工企业自主权提升的第一步，这种提升势必导致加工企业与主导企业的

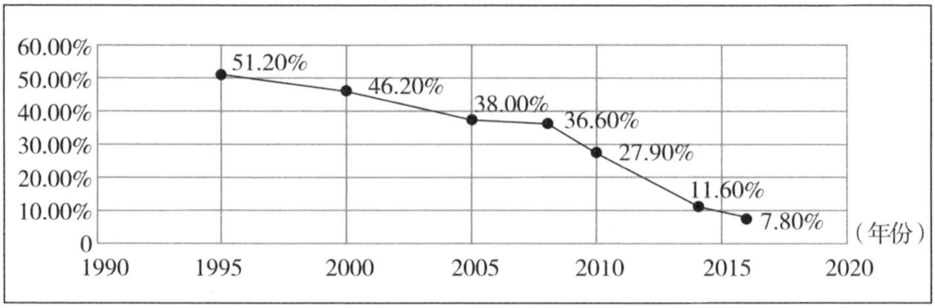

图7-2　1995—2017年来料加工进出口额在进出口总额中占比变化

（资料来源：根据东莞统计年鉴各年数据整理）

博弈关系发生改变，因而价值链中的利益关系也会改善。虽然这种改善不是根本性的，但仍然成为加工贸易体系提升的第一步。

加工贸易体系升级结构上的又一种表现是加工产品结构的变化。东莞加工贸易体系的加工产品起步于买家驱动型的加工链条。由此，形成了纺织服装、鞋具、皮具箱包、玩具、家具的传统支柱产业，且持续至今。1995年传统产品出口总额达到35.1亿美元，占同期全市外贸出口总额的45.1%，达历史最高峰。2008年以后，随着东莞由劳动密集型向资金、技术密集型产业转型以及经营成本的不断上升，上述五大传统产品出口增幅有所放缓，占比呈现逐年下降的趋势。1995—2016年，传统产品出口额由35.1亿美元上升至214.2亿美元，但占总出口的比重由45.1%下降至18.8%（见图7-3）。

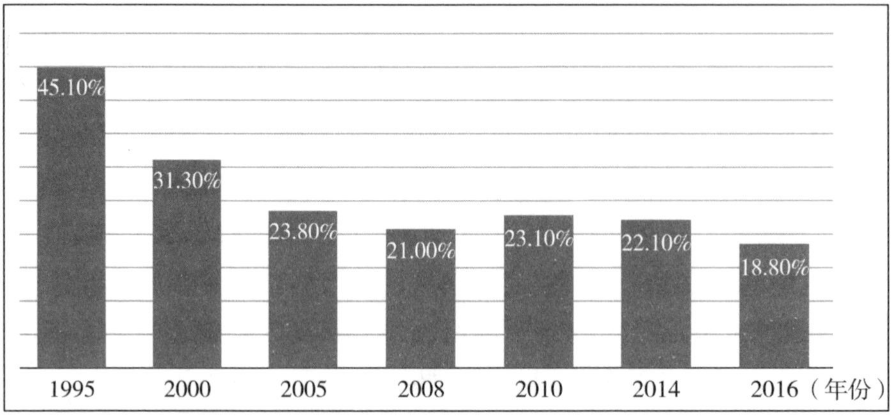

图7-3　1995—2016年传统产品出口额占总出口额比重变化

（资料来源：根据东莞统计年鉴各年数据整理）

20世纪90年代以来，随着国际产业的转移，东莞加工贸易开始进入生产者驱动的全球生产价值链，机电和高新技术产品迎来高速增长期。1995—2017年，东莞机电产品出口额由33.9亿美元上升至788.6亿美元，年均增长15.40%，高于东莞全市出口增速，占出口总额的比重由43.50%提升至74.50%，增长了31个百分点（见图7–4）。高新技术产品出口额由1995年的5.9亿美元上升至2017年的435.5亿美元，年均增长21.60%，超越全市出口增速，占出口总额的比重由7.60%提升到41.10%，增长了33.5个百分点，成为出口的第一大产业（见图7–5）。

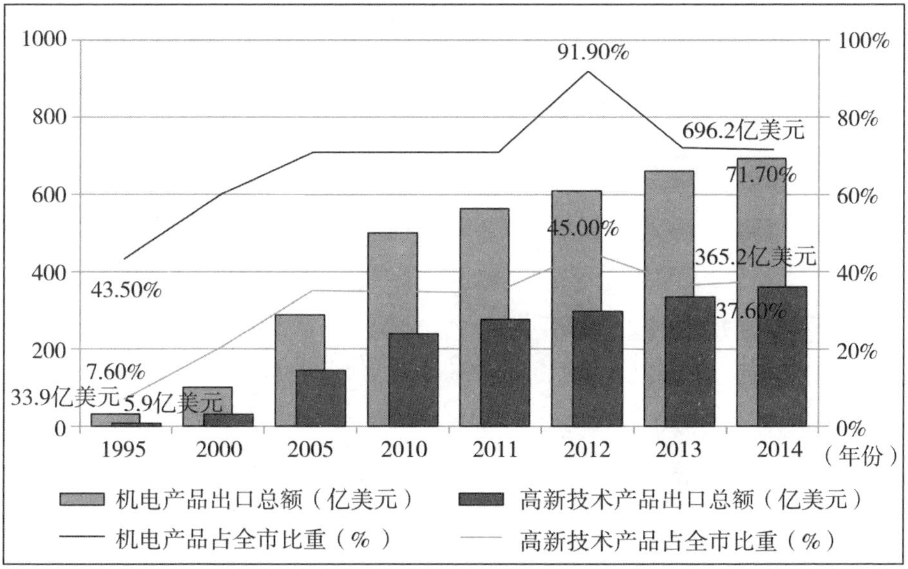

图7–4　东莞机电产品与高新技术产品出口状况

（资料来源：东莞市商务局、广东省科技创新中心：《顺势而为、重塑动力——寻找东莞经济新常态的新支点》，2015）

东莞机电和高新技术产品出口目前仍然以加工贸易为主，2014年的占比分别为71.7%和37.6%。2008年以后，新型电子信息产业，尤其是智能手机生产，作为加工贸易的新加入者，无论在投资还是出口方面均获得了迅猛发展。2008—2014年，东莞从事新型电子信息产业的企业投资总额由4.3亿美元提升至8.3亿美元，年均增长11.58%；出口总额由285.6亿美元上升至428.9亿美元，年均增长7.01%，占东莞出口总额的比重从43.6%提升至44.2%。这些企业主要从事智能手机、平板电脑及其核心零配件生产制造（见图7–6）。

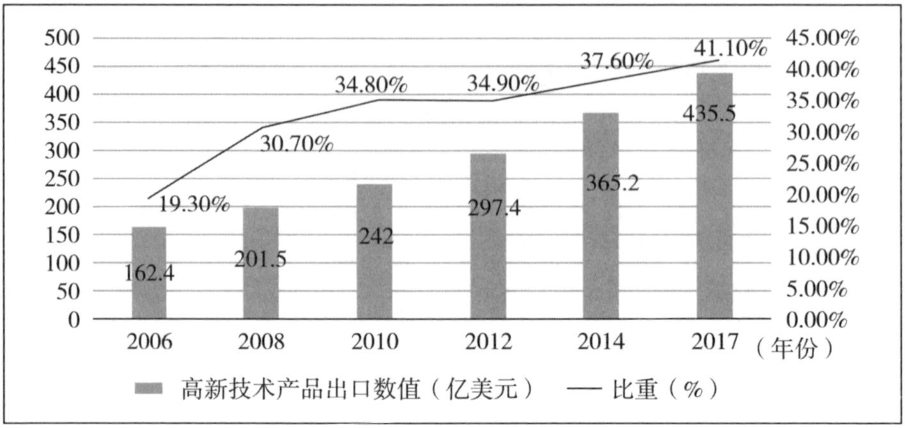

图7-5　高新技术产品出口数值及其占出口总额的比重

（资料来源：根据东莞统计年鉴各年数据整理）

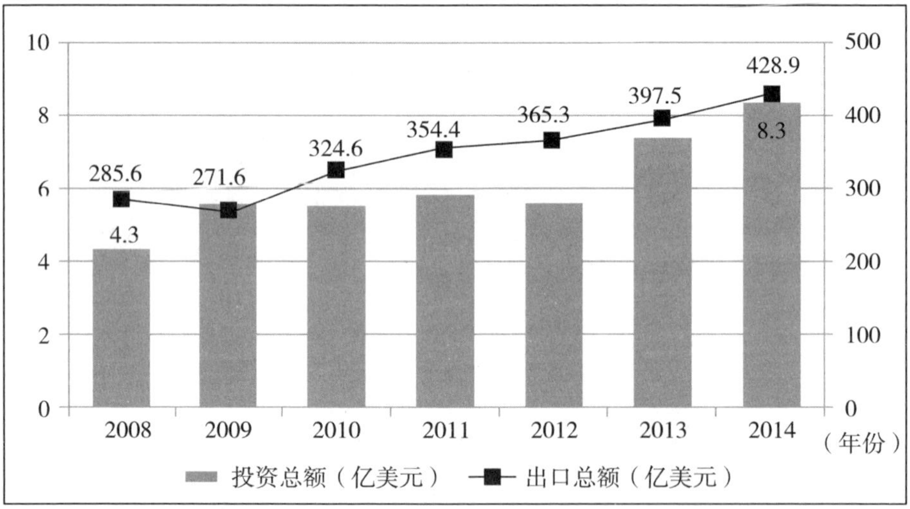

图7-6　2008—2014年电子信息产业的企业投资与出口走势

（资料来源：东莞市商务局、广东省科技创新中心：《顺势而为、重塑动力——寻找东莞经济新常态的新支点》，2015）

三、加工贸易体系持续提升，且向中国企业主导的加工贸易体系转换

首先，加工贸易体系的提升集中反映在整个体系增值率的增长上。

在加工贸易结构优化的同时，东莞加工贸易的质量逐步提升。从加工贸易的毛利率走势看，虽然近年来东莞及珠三角地区的总经营成本不断提升，尤其是加工贸易最为倚赖的劳工成本，2008—2014年以年均双位数增长。据相关资料披露，珠三角地区的劳工成本，目前已经接近美国劳工成本的96%。在各类成本轮番攀高的情况下，东莞加工贸易的毛利率水平在2008—2014年，一直维系在36%~40%，并没有产生成本大幅侵蚀毛利率的现象。

加工贸易毛利率持续稳定的背后，是加工体系从粗加工走向深加工的过程，包括技术提升、生产自动化和产品换代升级。这个过程实际上是加工贸易产业链的制程与产品及功能升级的内容。这种升级近年来不仅改变了总成本持续大幅走高的趋势，且更拓宽了加工贸易产品附加值提升的空间。

2008—2017年，在加工贸易总量减幅达到12%的情况下，东莞加工贸易增值率却从53.4%上升到70.6%，增幅为17.2个百分点，且呈逐年上升态势（见图7–7）。

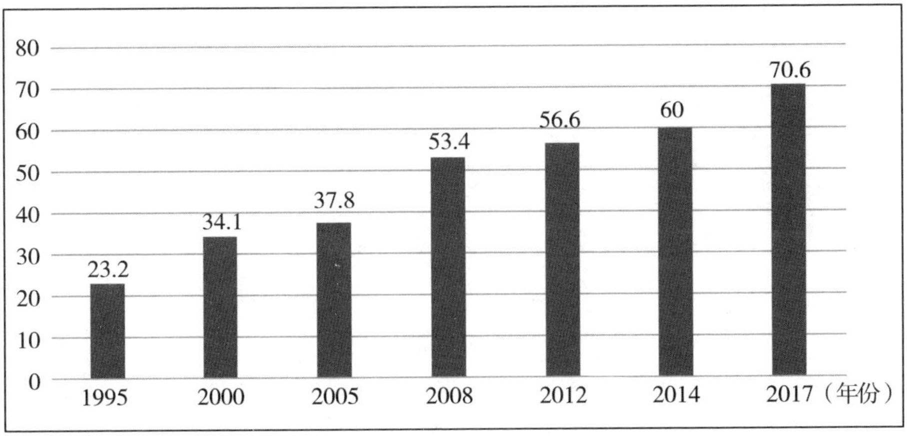

图7–7　1995—2017年加工贸易增值率走势（%）

（资料来源：根据东莞统计年鉴各年数据计算）

2014年加工贸易出口价格指数为204.5，出口商品单价比2008年翻了一番，预示着加工贸易订单单价的提升，即增值率的增长。以传统产品看，一双鞋的单价由2008年的4.8美元提高到2014年的18美元，增长了275%，每个箱包单价提高了475.4%，每件家具单价提高了241.4%，每套餐具单价提高了203.8%等。这充分说明，东莞制造产品已逐渐拥有自己的品牌，具备一定的市场竞争力，并呈现“增长平稳、效益提升”的发展态势。

其次，加工贸易体系的升级及增长率的提升，又与加工方式的转变直接相关。东莞加工贸易过去长期以OEM方式进行加工生产，近年来随着加工贸易企业内部经营资源的不断积累，以及政府转型升级政策的配合，大多企业已经从OEM加工方式走向ODM，更有一些企业已经发展为OBM生产。例如在机电、电子信息产业中，2008—2014年，ODM+OBM混合生产模式出口占比从32%提高到56%，提高了24个百分点。混合的加工出口结构，一方面提升了加工贸易的增值率，另一方面也是东莞加工贸易体系转型升级的一个主要方向。

再次，加工贸易体系的升级更以跨越跨国公司全球生产价值链，纳入中国本土主导企业形成的本土生产供应链为其特征。这个跨越与其说是升级，不如说其意义更接近于加工贸易体系的根本转型。近年来，随着中国产业进口替代战略的实施，本土企业的不断成长，中国企业已经在本土构筑了完整的生产价值链与供应链，而且开始向海外扩张。例如，智能手机的生产和产业链的完善。东莞的国内品牌华为，本土品牌OPPO、vivo、酷派、金立等，已经成为东莞本土的企业龙头，并开始构筑海外的生产供应链。这是一个典型的由进口替代起步，转换为出口的过程。中国自己的生产者驱动加工生产价值链开始启动。而东莞在电子信息产业形成的加工贸易体系，为这个产业价值链的形成奠定了基础。目前，东莞不少电子加工贸易企业已经成了智能手机价值链或供应链中的主要供应商，有的企业甚至进入了中国品牌海外出口的价值链体系之中。这个发展趋势甚至延伸到一些国际品牌在东莞的加工供应商，如韩国三星视界，目前已经为华为等国内品牌手机加工配件。这就是东莞近年来成为智能手机出口重镇，尤其是国产品牌手机对“一带一路”沿线国家，特别是对东盟地区的手机出口，年均增速达255.4%的主要原因。

东莞本土的大型手机及配套企业，由2008年的33家上升至2014年的107家，增长了224%；出口额由2008年的55.8亿美元上升至2014年的200.3亿美元，年均增长23.7%。2017年，东莞以华为、OPPO、vivo为代表的东莞智能手机出货量从2013年的2亿台攀升到3.5亿台。全球每5台智能手机中就有1台是东莞制造。现在可以说，东莞塞车，全球手机缺货。而现在的东莞货已经不再是外资品牌产品，而是货真价实的中国品牌和中国制造。由此，东莞已经成为全国乃至全球的手机生产出口重镇。

可以预期，中国自己的全生产链手机业，或其他产品的生产链将批量地进入全球市场。也就是说，未来会有更多的本土加工商、供应商纳入中国品牌的本土对外加工贸易网络之中。把国际跨国公司的加工贸易网络，转变成本土主导企业的加工贸易网络，是近年来东莞加工贸易转型升级所提供的特别可贵的实践。而这个实践在全球新兴经济体过去的产业转型升级中是没有的，可以说是全球工业化中的中国范例。对于东莞来说，这种加工贸易体系的转换，还具有加深外资企业的植根性的意义。因为这种转换，将会把现时的加工贸易“飞地”转变为“本地”。

四、内销比重逐步上升，贸易结构及动力开始转换

如前所述，加工贸易转内销市场或转向一般贸易，是加工贸易转型升级的主要路径。

近年来，随着加工贸易转型升级的深入推进，内外贸一体化趋势逐步形成。2008—2014年，东莞加工贸易企业产品内销总额由1673.6亿元上升到3356.3亿元，年均增长12.3%，增幅高于同期外贸出口5.6个百分点，占内销比重由27.3%上升到36%，增长了8.7个百分点，实现了三分天下有其一（见图7–8）。特别是2014年，东莞规模以上工业企业内销比重达51.6%，首次超过外销。经过多年的培育发展，拓展内销已成为外资企业的广泛共识，内外贸一体化格局基本形成。2017年东莞的规模以上工业产值中，内外销比更达到61：39。

与内销同步发展的是一般贸易。因为内销与一般贸易的前提是企业品牌的建立。因此，这二者可以说是企业品牌在国内外市场上的两种实现方式。

一般贸易在东莞起步较晚，1993年以前进出口总额不足1亿美元，1993—2004年仍处于低速发展期，占全市比重基本维持在1%~5%。2006年一般贸易占进出口总额的比重突破6%，随后进入跳跃式发展阶段，以每两年5个百分点的速度攀升，由2008年的占比8.3%上升至2016年的29.4%，增长了21.1个百分点。2009年，一般贸易进出口额突破100亿美元，2011年突破200亿美元，2014年突破400亿美元，实现了“五年翻两番”，年均增长28.8%，

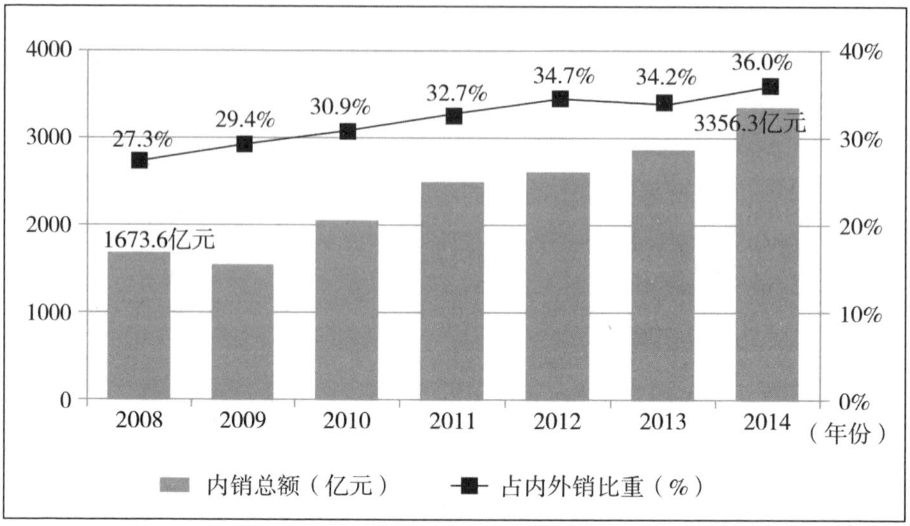

图7-8　2008—2014年东莞加工贸易企业产品内销状况

（资料来源：东莞市商务局、广东省科技创新中心：《顺势而为、重塑动力——寻找东莞经济新常态的新支点》，2015）

高于同期加工贸易增速27.6个百分点，成为拉动全市外贸增长的核心动力。2017年，一般贸易达到了643亿美元，比2014年增长61%，年均增长17%，占东莞整体对外贸易比重已经达到35.4%。在加工贸易逐年萎缩，呈现负增长的情况下，据测算，若能保持同样的增长速度，2020年，东莞一般贸易将成功取代加工贸易，成为东莞的主要对外贸易方式。

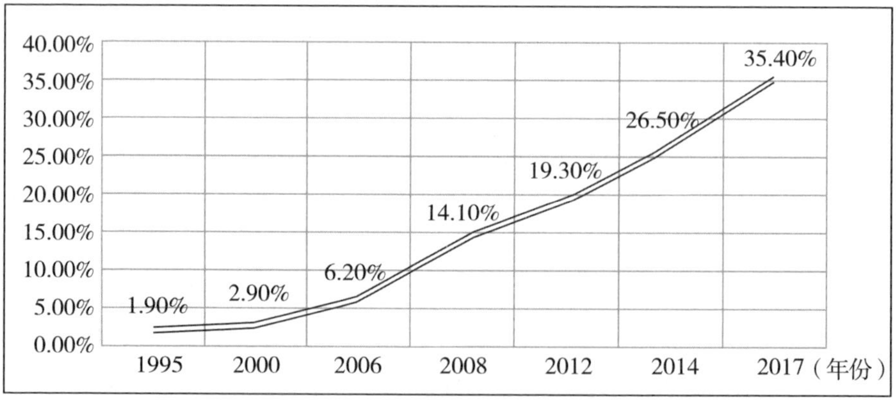

图7-9　东莞一般贸易比重变化

（资料来源：根据东莞统计年鉴各年数据整理）

东莞一般贸易迅猛发展的同时，也是其从贸易逆差逐步转向顺差的过程。与加工贸易的顺差不同，一般来说，加工贸易顺差是地区廉价加工区位的体现，而一般贸易顺差则是地区本土产业竞争力的体现，代表的是本土的制造实力。东莞一般贸易从逆差根本性地转变为顺差，其拐点之年正是2008年。自2008年起一般贸易持续顺差，逐步开始替代加工贸易，成为拉动东莞经济增长的动力之一。

五、加工贸易企业的转型加快，企业素质持续提高

加工贸易转型升级的实质，也就是加工贸易企业的转型升级。东莞企业转型升级包括了企业形态、生产自动化与规模化扩张等，更为重要的是企业自身经营资源持续积累，即品牌建立、R&D队伍建立的活动。这类活动反映的是企业在价值链中的功能升级。

外商投资企业一直是东莞加工贸易与外贸的中坚力量，最高峰在2005年达到15654家，其中来料加工企业在2001年达最高峰，为10093家，占全市的74.1%。2008年金融危机后，随着市场竞争的优胜劣汰和国家政策的调整，来料加工企业已难以适应新时期发展形势，从2008年的7128家急剧下降至2014年的1291家，占全市外资企业总量的比重由48.2%下降至11.6%，下降了36.6个百分点；三资企业由2008年的7647家上升至9806家，占全市外资企业总量的比重由51.8%上升至88.4%，增长了36.6个百分点。2017年，全市曾经从事加工贸易的10572家外资企业中，已经有5912家转型升级成为一般贸易企业，占比达到56%。目前仅剩下4660家外资企业仍然从事加工贸易。

加工贸易企业的研发机构建立，标志着企业从OEM走向ODM的功能性升级。2008—2014年，东莞外商投资企业每年新增研发机构从5家提升至266家，增长了52.2倍。2016年东莞外资企业（包括加工贸易企业）设立研发机构共计1712个，比2008年的5家增长了341.4倍。设立研发机构的企业出口总额由2008年的62.4亿美元提升至2016年的170.1亿美元，增长了172.6%，高于东莞同期出口增速124.4个百分点。2017年，东莞加工贸易外资企业中，1678家加工贸易企业设立研发中心和内设研发机构，占外资加工贸易企业总数的36%。另外，2017年加工贸易的高新技术企业已经达到464家，占全部加工贸

易企业的10%。

贴牌加工曾是东莞加工贸易企业的主要经营模式，没有自己的品牌与营销渠道，完全依赖于母公司外销品牌和销售网络，是加工贸易企业被锁定在价值链底部的主要原因。建立自身品牌与销售渠道，是加工贸易企业从OEM到ODM，再发展到OBM，最终完成转型升级的主要标志。

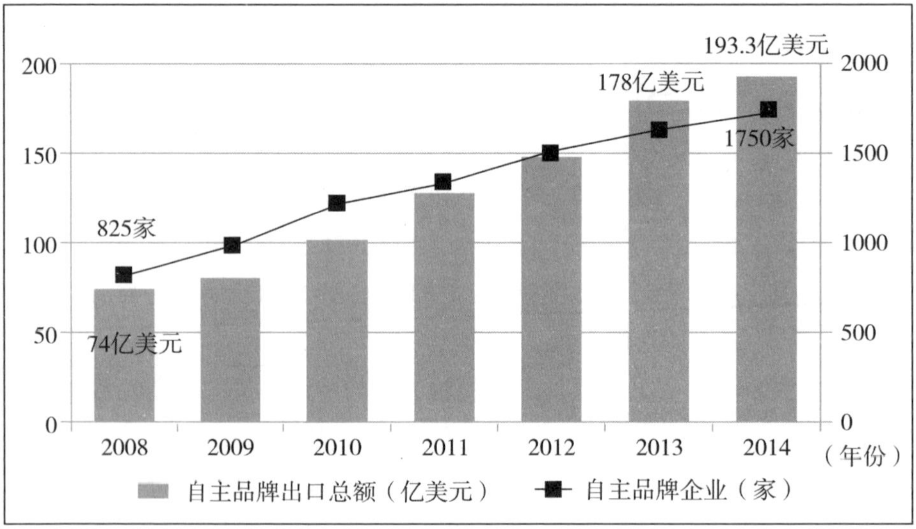

图7-10　2008—2014年东莞拥有自主品牌企业出口情况

（资料来源：东莞市商务局、广东省科技创新中心：《顺势而为、重塑动力——寻找东莞经济新常态的新支点》，2015）

2008—2014年，东莞外资加工贸易企业拥有自主品牌数由2308个提升至9111个，增长了294.8%，其中国内注册的自有品牌8852个，占97.2%；拥有自主品牌的外资企业数达1750家，占东莞外资企业总数的比重由5.5%提升至15.8%，出口总额由74亿美元上升至193.3亿美元，增长了161.2%，高于同期东莞增速124.5个百分点（见图7-10）。在机电、电子信息产业中，2014年ODM+OBM混合生产模式出口占比从2008年的32%提高到56%，充分显示了加工贸易企业的内部经营资源积累的状况。截至2017年，拥有自主品牌的加工贸易外资企业从2014年的1750家，上升为2855家，占全部加工贸易外资企业的43%。

六、加工贸易转型升级政策体系的形成与完善

一个地区产业的转型升级，在其具体的进程中，绝非企业的自发行为，更非市场“看不见的手”的单一作用。事实上，世界产业发展与升级的历史与现实，证明了政府在其进程中不可或缺的重大作用。产业的发展、转型升级，均是市场、企业、政府力量三方配合、同步进取的结果。从东莞的实践看，政府的积极参与与配合，尤其是加工贸易转型升级政策体系的形成与完善，对加工贸易的转型升级具有十分重要的战略意义。

东莞市政府在加工贸易转型升级中，追随广东省政府专设每年6个“10亿元专项基金”（加工贸易转型升级专项、科技创新专项、资金支持专项、创业广东专项、规范清理行政事业收费专项、为加工贸易企业缴纳保证金提供反担保专项），也设立了与广东省政府同样内容的东莞每年6个“10亿元专项基金”。同时还增加了“机器换人”的财政补贴。针对加工贸易的企业主体——港台企业的特点，邀请港台公营机构进入，例如香港贸发局、生产力促进局。台湾中华生产力促进中心、电子工业协会、亚洲贸易中心等，共同建立加工贸易转型升级辅导平台，政府给予各种辅导活动补贴。此外，东莞市政府还搭建了新产品开发平台、技术创新平台、加工贸易融资平台、内销拓展平台以及人才培育平台等，为企业提供综合配套服务，以全力支持、推进加工贸易转型升级。广东省政府与东莞市政府更努力优化各类服务，其中包括取消、减免200余项行政事业性收费，为企业减轻负担，提供更为宽松的市场经营环境。

东莞加工贸易转型升级的政策内容，涵盖了加工贸易的企业转型、加工贸易产业价值链的制程、产品及功能升级的全过程，形成了一个较为完整的政策体系，推动着转型升级持续向高阶迈步。

总体而言，2008年以后，是东莞加工贸易转型升级的重大突破期，也是中国开始进入经济新常态，中国制造提升战略实施下，地区产业升级的具体实践期。从目前的进展看，加工贸易企业的素质持续提升，使得内销及一般贸易不断增长，ODM+OBM混合加工出口模式形成，以及中国企业主导的全球加工生产价值链出现，等等。由此我们可以判断，东莞的加工贸易转型升级已经基本完成了最终攻关阶段。

表7-6　加工贸易转型升级的政策体系

升级内容	具体政策
企业升级（企业形态升级与内部经营资源的优化）	（1）加工贸易企业转三资企业：行政费用补贴；来料加工企业不停产转三资企业税项财政补贴 （2）转型升级辅导专项补贴：包括基本评估、深入评估及专项辅导费用补贴 （3）新增项目或增资项目补贴：新增企业或企业增资补贴 （4）总部设立奖励：国家认定的总部与省级认定的总部分别给予数额不等的奖励 （5）加工贸易融资专项：对银行相关项目的贷款进行补贴担保、贷款贴息
制程升级	（1）设备进口关税减免：企业进口先进设备减免关税 （2）生产制程自动化奖励：企业生产流程自动化，包括“机器换人”奖励 （3）生产制程精细化、科学化管理补贴：转型升级辅导中对制程管理专项辅导费用实施补贴
产品与功能升级①（向上游的研发链条升级）	（1）企业研发机构设立资助 （2）新产品及科技基金专项 （3）产品、技术专利申报费用补贴 （4）企业员工培训补贴
功能升级②（向下游的品牌、销售链条升级）	（1）加工贸易转内销鼓励：给加工贸易企业内销提供“一站式”服务，推进内销便利化，包括海关设立“快速通道”，实施集中申报、集中担保模式，开设保税料件转内销业务的绿色通道；对加工贸易转内销产品实施“先销后税”；建立保税物流中心，将加工物料出口复进口转变为“监管仓游”内销 （2）内销通道建立与资助：参加展销会补贴；设立加博会、台博会，以及各类加工贸易产品直销中心 （3）品牌注册费补贴及奖励：企业注册品牌费用补贴；获得国家级、省级、地方级品牌的企业分别给予不同金额奖励 （4）商标注册费用豁免与广告费补贴：企业注册产品商标费用全免；商品广告费予以补贴 （5）广货全国行与广货网上行计划：港台企业可以申请加入计划，并获取省政府的资助 （6）广东省名牌带动专项与省流通业发展专项基金：港台企业可以申请加入计划，并获取资金资助

第三节　东莞模式的转换与发展新阶段

东莞在40年前，依靠“三来一补”的加工贸易起步，通过嵌入全球价值链带动本土经济的工业化和对外贸易的飞速发展。30年来，东莞“国际加工贸易之都”的确立，标志着东莞在历史上第一次告别了长期以来的由农业经济主导，成长为现代工业主导的新兴城市。在珠三角地区，东莞的GDP总量、工业总产值排名第四，工业就业人数排名第一。

表7–7　2009年东莞GDP和就业三次产业分布（%）

产业	第一产业	第二产业	第三产业
GDP	0.4	48.4	51.2
就业人口	1.8	63.9	34.3

（资料来源：根据《东莞统计年鉴2010》整理）

2008年以后，东莞经历了近10年的加工贸易转型升级进程，经济增长的主要动能转换和经济体质的不断提升，使得今天的东莞又一次告别“国际加工贸易之都”的地位，迈向创造新生代经济的崭新阶段。

一、产业集聚与供应链城市的根本转换

东莞加工贸易的发展能够在过去30年大规模地兴起，吸引了近2万家的外资企业扎根东莞，使其成为制造业名城和“世界工厂”，且产业结构持续优化。其背后固然有很多客观的影响因素，但是可能最为关键的一个因素，就是各类企业在不同的地方逐步扎堆，形成产业集聚和企业集群。通过先进龙头企业落户，拉动一大批上下游配套企业进入，当地采购、当地生产，在一个地方构筑完整的产业链。由此提高了产业的国际竞争力，也促进了企业在当地的植根性和持续地随着产业升级而发展。

东莞加工贸易的产业集群，正是世界知名学者总结的“供应链城市”的概念。东莞作为加工贸易供应链城市，已经为全球所知。2008年以前，在这个城市中的产业集群，主要是由外资企业作为出口导向生产平台而建立的。但是其中不可缺少的是政府对于外资进入的鼓励政策，以及地方政府对基础

设施、物流服务，以及当地生活服务设施的投资和建设。

东莞市政府与时俱进，紧紧抓住每一时期的国际产业转移机遇，有意识地引导外资进入，并形成若干产业集群。截至2005年，东莞的15600多家外资企业形成了以电子信息、家具、服装、机械模具为支柱的产业集聚。从产业内部看，形成了产业间和上下游产品之间的产业配套体系，配套能力达到95%以上。新产品的开发所需部件和原料不仅可以就地采购，而且因产品升级所需部件、组件的改型，基本可以不出镇区，在一天之内制造完成。这种灵活、及时且完整配套的供应链体系，极大地提升了东莞制造的国际竞争力。

例如厚街镇的家具产业，形成了从设计、新产品开发、原材料、零部件生产、组装到家具展会、营销的垂直型产业链。到2008年家具企业自有品牌达到2000多个，设计开发和生产能力均位列国内同行前茅。依靠强大的产业支持，2005年厚街“名家具展”通过了全球展览业协会（UFI）的国际化认证，并被列入商务部重点支持的展会名单，成为全国家具行业唯一入选项目。

表7-8就是2008年以前，东莞加工贸易所形成的产业集聚。从当时的产业集聚和分布看，具有以下特点：一是以镇区为基本区域，形成镇区经济圈；二是企业集群以外资企业为主体；三是集聚的产业，除电子信息产业之外，主要是传统产业。这种产业集聚和企业集群成为2008年东莞作为供应链城市的主要特点。

表7-8　2008年以前东莞产业集聚状况

镇区	特色产业	镇区	特色产业
虎门	服装业	石龙	电子信息产业
大朗	毛织产业	清溪	电子信息产业
常平	毛织产业	黄江	电子信息产业
厚街	家具业	寮步	电子信息产业
大岭山	家具产业	塘厦	电子信息产业
长安	机械五金模具和电子信息业	中堂	造纸业
石碣	电子信息产业	茶山	食品业

（资料来源：黄埔海关、东莞市人民政府：《改革开放30年东莞对外贸易白皮书》，中国海关出版社，2008）

2008年以后，东莞加工贸易转型升级，再一次对产业布局进行了大规模的调整。随着加工贸易渐行渐远，新兴产业不断产生和出现，新的产业集聚和企业集群开始替代原有的供应链。过去由外资进入，通过土地、劳动力等资源驱动的产业发展，开始向创新驱动的新产业成长转换。东莞的支柱产业，从2008年的以电子信息产业和传统产业为主，转向2016年的以电子信息、电气机械和设备制造业为支柱。

表7-9　2016年东莞规模以上工业增加值中支柱产业状况

支柱产业	增加值
计算机、通信和其他电子设备制造业	988.78亿元
电气机械和设备制造业	556.95亿元
总计占比	52.0%

（资料来源：根据《东莞统计年鉴2016》整理）

与此相适应，东莞的产业集聚和布局发生了翻天覆地的变化。2001年成立的松山湖国家高新科技园区，成为此次产业集聚和企业集群的中心。新集聚的产业全部是面向未来和践行国家《中国制造2025》规划的战略性新兴产业。其中的智能手机及其配套产业，2016年的工业总产值已经接近2000亿元，成为东莞的第一大产业，东莞成为全球智能手机的密集生产基地。

表7-10　目前正在兴起的产业集聚

镇区	特色产业
松山湖—长安	智能手机产业
松山湖	智能机器人产业
两岸生物医药产业聚集区（松山湖）	生物医药产业
粤海银瓶合作创新区（谢岗）	新能源汽车零部件、电子商务物流
虎门、石碣	电子信息产业
横沥	高端模具产业
滨海湾新区（长安新区）	电子核心部件、智慧产业
中子科学城（大朗）	国家大科学装置、国家重要实验室、世界新材料前沿产业

（资料来源：根据东莞“十三五”规划整理）

表7-10的内容是目前东莞已经兴起和正在兴起的产业集聚和地方分布。此次的集聚和分布具有如下特点：一是不再以镇区为主，而是由东莞市政府统一划定园区，根据不同的园区产业发展的要求，吸引龙头企业和配套企

业进驻。二是企业集群基本以内资企业为主体。例如智能手机品牌华为、OPPO、vivo等，主要集聚在松山湖（华为）和长安镇（OPPO、vivo）周边。而松山湖的300家智能机器人企业中，松庆智能科技、天机工业、李群自动化等都属于广东省的机器人骨干企业。东莞智能机器人产业在2017年被列入“科技部第三批国家级创新型产业集群试点”。思沃精密机械自主研发的产品市场占有率达到60%，全球排名第一。上述企业基本都是内资企业。三是集聚的产业主要是国家的高新科技或新兴的战略性产业，其发展直接关系到东莞的未来制造业走向。

位于大朗镇的中国科学院散裂中子源研究基地，在10多年的研究之后取得了重大技术突破，目前正在进行二级实验室的开发。散裂中子源的产业运用十分广泛，是世界级新材料的技术基础。通过技术的二级开发，将会在东莞形成很多世界级新材料的前沿产业。目前东莞已经建立了中子科学城，逐步推进新材料产业在东莞最终落地成型。东莞过去的加工贸易产业，目前的电子信息产业，都是在产业技术标准化、产业化之后进入东莞的。东莞缺乏以自行研究、创新开发的植根性产业。可以预见，以散裂中子源为基础研究、科技开发、产业创新所组成的东莞世界级新材料产业发展，最终将彻底地终结东莞缺乏百年产业基业的历史，将东莞的产业真正推向世界级制造的前列。

东莞作为全球知名的供应链城市，其产业和供应链的根本性转换应该是2008年以后加工贸易转型升级和东莞产业创新升级的直接结果。这也体现了过去以外资企业为主的东莞制造真正转变为以内资企业为主的东莞智造体系。2009年东莞工业中的内资企业仅占31%，外资企业占比为69%；2016年外资企业数量大幅减少，占比为49.1%，下降了20个百分点，而内资企业则上升至接近51%，成为数量最大的企业主体（见表7-11）。

表7-11　2009年、2016年东莞工业各类企业占比变化

	2009年			2016年		
	内资企业	港澳台企业	外资企业（不含港澳台企业）	内资企业	港澳台企业	外资企业（不含港澳台企业）
企业占比（%）	31.0	45.4	23.6	50.9	32.2	16.9

（资料来源：根据《东莞统计年鉴2010》《东莞统计年鉴2017》整理）

东莞内资企业的快速增长源于2008年以后内资企业投资比重的直线上升。2017年东莞固定资产投资中，内资企业的投资占比达到了82%，远远超过外资企业18%的比重。与2008年相比，内资投资比重提升了11个百分点，而外资投资比重则下降了10个百分点。更为突出的对比是，2016年与2009年相比，东莞内资工业总产值增长了3.1倍，年均增长率为22.5%；而同期港澳台企业增长了67%，年均增长9.4%；外资企业增长了50.4%，年均增长仅有9.1%。也就是说，这一时期，内资企业的工业总产值增长是全部外资企业增长的4~5倍。

在东莞内资企业逐步替代外资企业的同时，东莞目前支柱产业中的龙头企业作用日渐凸显，本土经济的内生增长动力开始形成。例如华为终端（东莞）有限公司、东莞市欧珀精密电子有限公司、维沃通信科技有限公司、东莞华贝电子科技有限公司和东莞市金铭电子有限公司等一批具有较大影响力和辐射带动作用的龙头企业。而智能机器人的天机工业、电子核心组件的紫云芯片，也在成长和建设之中。

二、创新型城市的孕育

东莞加工贸易转型升级，就是东莞经济以创新驱动替代原有的资源驱动，实现经济社会双转型的过程。

东莞的创新驱动发展战略主要体现在：

一是科技创新主体的增大。2016年，东莞开展R&D（研究与开发）活动的规模以上工业企业有1709家；国家高新技术企业总量达2028家；高新技术培育入库企业达2003家；规模以上工业企业研发机构覆盖率达34.2%，其中国家级工程中心1家、省级工程中心166家、国家级企业重点实验室1家、省级重点实验室12家；全市R&D活动人员7.3万人，每万从业人员中R&D人员为111人。科技创新主体队伍快速壮大，表明东莞科技创新主体培育成效凸显，科技创新能力全面提升。

二是科技创新能力显著增强。2016年，东莞全社会R&D经费总量164.8亿元，R&D经费占GDP比重达到2.41%，在广东省的排名从2012年的第7位跃升至第3位，仅次于深圳和珠海，超过广州、佛山、中山、惠州等市，高于全国平均水平（2.08%）0.33个百分点。

三是科技创新体系日趋完善。2016年东莞有科技创新平台（采取校地合作、协同创新的方式与国内著名高校院所合作组建新型研发机构）32个，数量居全省第3位，累计服务企业超过2万家，创办和孵化企业641家，成果转化和技术服务收入达72.95亿元；建有科技企业孵化器59个，孵化面积达150万平方米，在孵企业超过1500家；国家级、省级众创空间总量19家，居广东地级市首位。"众创空间—孵化器—加速器—专业园区"的全链条创新创业孵化体系逐步形成，为产业的转型升级提供有力的科技支撑。此外，与国际的合作、交流明显增强。与国内100多个高校院所建立了产学研合作基地，组建了31个省部产学研示范基地、10个省部产学研创新联盟、21个省级以上国际科技合作基地。认定34个省级技术创新专业镇，涵盖电子、家具、服装、毛织、物流、五金模具、造纸等多个产业。

四是科研产出成果不断涌现。2016年，全市发明专利申请量和授权量分别为1.7万件和0.37万件；全市每万人发明专利申请量和授权量分别为20.63件和4.46件；国内有效发明专利量1.1万件；获得国家和省专利奖共11项，省科学技术奖4项；工业新产品销售收入4642.7亿元；发表科技论文218篇；拥有注册商标7603件；形成国家或行业标准154项。科研成果不仅数量快速增长，而且质量显著提高。

东莞科技创新动力的培育，离不开东莞市政府的政策支持和资金扶助。东莞市政府制定了《东莞市推动建设科技产业创新中心走在前列行动计划》。市财政每年安排20亿元实施"科技东莞"工程，扶持战略性新兴产业和企业科技创新；安排10亿元实施"人才东莞"战略，重点引导创新科研团队项目。同时设立总规模20亿元的创业引导基金、2亿元信贷风险补偿资金等专项资金，从高企培育、新型研发机构、孵化器建设、科技金融融合等方面推进科技创新发展。

此外，政府加快推进科技金融产业融合。利用信贷风险池、贷款贴息、科技保险、引导基金和种子基金等科技金融政策工具，撬动社会资本支持科技创新发展。设立了总规模20亿元产业转型升级及创业投资引导基金、首期5000万元的创新创业种子基金和每年2000万元的创业投资机构风险补助资金，推动各子基金完成40多个项目共约7.5亿元的项目投资。开展普惠性金融试点工作，以企业“技术流”和“能力流”为审批标准，为科技型中小微企业提供新型金融产品。设立了2亿元的信贷风险准备金和每年6000万元的贷款贴息专项资金。2016年东莞银行向企业发放科技信贷149.6亿元。强化科技金融集团的投资主体作用，发挥现有科技金融服务网络以及知识产权交易服务中心、科技金融产业信息共享平台等资源优势，拓宽社会资本参与科技创新的渠道。组建了科技支行、东莞市科技金融集团、东莞市科技创投联合会、广东省科技金融综合服务中心东莞分中心等机构，在全市各镇街（园区）和相关孵化器设立了38个科技金融工作站，形成了覆盖全市的科技金融服务体系。

2017年，东莞先进制造业和高新技术制造业占工业增加值比重分别达到50.5%和39.0%。东莞已经成为全球最大的智能手机生产基地，智能手机主营收入超过3000亿元。华为、OPPO、vivo手机出货量进入全球前六，稳居全国前三。在智能手机走向发展高峰之时，东莞开始敏锐地感觉到，一个产品的高峰也就是产品进入成熟周期，预示着新产业和新产品创新阶段即将来临，调整产业结构刻不容缓。东莞产业升级要从零开始。

为此，2017年，东莞提出产业升级的新规划，聚焦五大领域、十大产业：新一代信息技术领域（新一代人工智能、新一代信息通信、智能终端）、高端装备制造领域（工业机器人、高端智能制造装备）、新材料领域（先进材料）、新能源领域（新能源汽车、高性能电池）、生命科学和生物技术领域（生物医药、高端医疗器械）。并且针对新的产业规划，政府提出和整合了配套的政策组合拳，以推动产业进一步升级。

表7-12　东莞近期推动产业创新发展的主要政策

领域	政策	主要内容
针对重特大项目	重特大项目招商十条	最高奖励2亿元；超出标准部分“两免三减半”；特大项目可“一事一议”加码扶持
针对外资企业	高质量利用外资十条	安排10亿元专项资金扶持，省市联动最高奖励2.5亿元；对市级财政年度贡献首次过亿元的外资项目可一次性奖励2000万元；企业实际资本到位最高可奖励1000万元
针对总部经济	扶持总部经济发展政策	新迁入落户一次性最高奖励1亿元；其中40%可直接奖励给高管；新增项目按固定资产实际投资额的1%奖励，最高2000万元；每年建设用地指标的10%用于保障总部企业发展用地

（续表）

领域	政策	主要内容
针对独角兽企业	扶持独角兽企业发展政策	奖励资金不设封顶，提供独角兽大厦办公，最多免租6年；提供最多20套人才公寓；研发投入一次性奖励1000万元
针对企业上市	扶持企业上市发展政策	上市公司并购重组最高支持1亿元；创新上市公司土地供应模式，设立“上市公司总部基地”，集中解决上市企业用地需求
针对未来重点突破的产业	对不同产业量身定制扶持政策	其中“人工智能产业扶持”，每年安排3亿元专项资金；行业领军人才（团队）带项目入驻最高奖励3000万元
针对项目落地提速	出台《东莞市优化建设工程项目审批流程实施办法》	审批事项及办理时限都压缩60%以上，重大项目最快6个工作日完成施工许可
针对企业质量、效益提升	企业高质量倍增计划	选取1000家企业给予10个政策扶植，以2017年为倍增基础年，5年时间内实现规模与效益1倍增长

（资料来源：根据东莞市人民政府网站整合）

东莞对新产业规划的布局，除了把重心放在松山湖国家高新区外，更在2017年广东省政府发布建立广深科技创新走廊规划之时，设立了连接广州与深圳的滨海湾新区，形成与松山湖组合的东莞科技双核基地。目前滨海湾新区被广东省定位为粤港澳协同发展先导区，并被列为广深科技创新走廊十大核心平台和省沿海经济带规划的珠三角14个重大区域发展平台，被赋予了粤港澳融合发展先试先行、科技创新核心带动的平台使命。新区将聚焦海洋生物医药、先进制造业、高端电子信息等高端制造领域，构建以创新为引领的产业空间体系。

2018年，东莞召开规模巨大的对外招商活动，6月的招商大会上就与国内科技巨头企业签订了高达4000亿元的投资协定。其中2600亿元的项目落户滨海湾新区，占比超过60%。其中的紫光芯片一个项目就超过1000亿元。滨海湾新区正在成为继松山湖国家高新区之后，科技创新产业集聚的又一块热土。

如果说加工贸易是改革开放30年东莞的“前世”，那么一个创新型城市的孕育，就是改革开放30年之后的10年，东莞经济和社会的“今生”。

图7–11　东莞滨海湾新区规划

第四节　企业个案提供的启示

前面的分析着重于东莞加工贸易转型升级的发展和走势。实际上，转型升级的主体是企业，企业具体的转型升级实践要比宏观和统计上所显示的分析更为精彩、丰富与生动。从中更可以感受到东莞制造如何走向提升的趋势性走势。

事实上，企业转型升级的进程，虽然是共性的一般经济规律的表现，但是，因在价值链中所处地位的不同、产品不同及所处不同的寿命周期阶段、不同的市场需求特点以及应对的具体困难差异，尤其是企业采用的转型升级战略的区别，致使企业转型升级的具体轨迹各不相同，内容各具精彩。下面我们根据不同企业案例的具体路径，归纳出转型升级路径中的10个具体案例。

一、以企业转型推动价值链的功能升级，形成内生的动力转换

从来料加工到三资企业的企业转型，是企业独立法人主体的认定。这不仅意味着企业本土植根性的加强，更是企业强化自身自主经营的能力，逐步摆脱其在加工价值链中依赖附属地位，提升企业地位的前提。由此，企业转型是其走向自主经营的第一步。转型不仅使企业的经营方式、治理结构得以优化，生产规模扩大，市场竞争能力大幅提高，而且使企业能够独立面对市场，逐步通过建立研发队伍、促进产品升级、培育与积累企业的经营资源，从而发展壮大。

对于长期从事加工贸易、为国际品牌代工的来料加工企业来说，转型之后的研发、产品升级换代，均会强化自己在代工方面的竞争地位。但是，涉及新产品开发与建立自己的品牌，则是国际品牌客户不愿看见的。因为代工厂商开创自主品牌，会使国际品牌商忧虑代工者可能参考品牌商的设计元素，或是与己竞争。一般来说，代工厂商为了挽留规模客户，即使已经成为独立法人企业，也基本会放弃品牌建立。这就是代工企业长期困于固定价值链中的原因。

而栢能公司提供的，却是另一路径，即避开原有价值链中国际品牌商的产品（ATI显示卡代工），另辟新径，开发出新的产品系列（微型电脑），打造自己的自主品牌——索泰，并准备大力开发国内市场。这种产品转换与市场转换，在目前国际品牌商的订单逐年减少的情况下，无疑为企业未来的发展，培育了内生的新成长动力。

案例：东莞栢能电子科技有限公司

东莞栢能电子科技有限公司是于2009年7月由东莞栢能电子厂就地不停产转型成立的独资企业，是由PC Partner Limited（香港）栢能科技有限公司投资设立的港资企业，截至目前投资总额为2560万美元，注册资本为2160万美元，设立地点在东莞市厚街镇三屯村。厂区占地面积约8万平方米，厂房建筑面积约11万平方米，员工约3000名。公司经营范围是生产和销售电脑（电脑主板、线路板插件、显示卡）及配件、便携式微型计算机、计算机数

字信号处理板卡、卫星导航定位接收器和关键部件及电话机。

近年来公司主要从以下四个方面主动转型升级：

一是转变企业形态促转型。公司充分认识到转型升级对企业生存与发展的重要性，主动抓住机遇，于2009年7月10日转型成立东莞栢能电子科技有限公司，并通过增资扩产，使公司企业形态、经营方式、治理结构等进一步优化，生产规模和市场竞争能力大幅提高，发展成为目前拥有近40条SMT生产线的大型机电企业。

二是加强研发促转型。公司计划投入2000万元内设研发机构，提升企业产品开发能力，目前已投入800万元组建拥有110名专业研发人员的团队。为满足研发需要，确保产品品质，公司不断引进各种先进生产线及生产设备。转为独资企业后，公司通过四次增资后共投入1860万美元进口先进设备（包括来料转过来的560万美元），并引进和利用国内外先进的生产技术，确保打造自主品牌和设立研发机构等。

三是实行品牌战略促转型。公司为ATI显示卡最核心的代工生产商，产销能力每月达到120万片，其中包括SAPPHIRE（蓝宝科技）代工显示卡产品，在显示卡、计算机主板等主打产品的生产领域，位居全球业界前列。在此基础上，公司自2007年创立自主品牌“索泰”以来，发展势头良好，公司下一步计划开发针对国内市场的产品，大力打造自主品牌“索泰”，开拓内销市场。

四是注重培养人才，创建优秀团队。企业在不断发展壮大的同时，非常重视发掘人才、培养人才以及吸引和留住人才。首先，公司经常举办各种面向一般员工的技能培训，以提高员工的生产效率，并设立各种奖励制度增强员工的归属感；其次，从员工中发掘及培养公司的基层管理干部，激发员工的潜力与创造力，提升公司的管理水平；再次，针对公司中高层管理人员，聘请专业的培训公司与导师进行各种管理职能培训，以提高企业的全面管理水平。

二、实施自动化、智能化生产，加快产品升级换代与品牌开发

面对汇率持续升值、劳工成本不断攀高、土地及资源价格连年上行的营商环境，自动化、智能化制造，促进产品的升级换代，必然成为企业转型升级进程中化解成本压力、扩大增长空间的首选。

2008年以后，自动化、智能化生产，是东莞加工贸易转型升级的普遍现象；而生产一旦进入智能化，则产品的升级换代速度也就必然加快，企业在价值链中的竞争地位也随之提升。下述多宝公司的转型升级进程就说明了这个事实。

从价值链角度观察，自动化、智能化属于制程升级，而产品升级换代则属于价值链延伸的产品升级。中国制造的总成本在数年时间内的急剧攀升，尤其以劳工成本升幅最大。目前中国的用工成本已经逼近美国，而人均产值却仅为美国的1/7。用工成本与人均产值关系的严重失衡，不仅是全球制造业从中国迁移到发展中国家、回流发达国家的原因，也是中国制造面对的巨大挑战。而解决这种严重失衡，根本途径就是尽快提升严重偏低的人均产值。由此，自动化、智能化制造也就必然成为首选。

在这个过程中，政府政策实施的方向至为关键。一是对企业自动化、智能化生产要实施鼓励及适度补贴政策且要落到实处。在对企业的走访中得知，东莞目前虽然已经出台了“机器换人”的鼓励措施，但是鼓励目录中过于强调机器人。然而，实际生产中的自动化、智能化过程，并非局限于机器人。由此，使得一些企业的自动化设备进口与投资，因没有被列入鼓励目录，而无法享受鼓励政策。在目前总成本已经持续多年高企，企业的承受力空间已经极小的情况下，政府只有控制成本过快上升的势头，减少政策变化对成本拉起的影响，营造稳定的营商环境，给企业一个稳定的发展预期，才能稳定生产与经济。

案例：多宝针织服装（东莞）有限公司

多宝针织服装（东莞）有限公司位于东莞市常平镇，是由香港东瀚集团有限公司于2001年9月投资设立的港资企业，目前投资总额7729万美元，生

产和销售针织服装及毛衣（配套洗水工序）、采用计算机集成制造系统的服装。其生产和销售的各种款式新颖的针织T恤衫及毛衣，大部分销往美国，在美国占有一定的市场份额。该企业推进转型升级的做法有以下几个方面：

一是引进先进技术设备，普及自动化生产，提高企业的生产力。自2008年起，该企业就陆续引进德国的先进STOLL全自动电脑针织机，现拥有该种生产设备1200余台。该设备的特点是高效、节能，产品质量稳定，品种多样。采用全自动化电脑织机生产，一名工人可同时操作多台电脑织机，大大缩短了产品的生产周期，既缓解了人力资源紧缺的难题，也节省了部分的人力成本，提高了产品和企业竞争力。自主创新是提升企业核心竞争力的重要手段，该企业自成立以来，着力于产品自主研发，拥有高级技术人员10多名，中高层管理人员10多名，技术、管理专业力量雄厚。企业积极适应国内外市场消费需求的变化，努力把应用新技术、新工艺、新原料，开发毛衫花色品种，作为毛衫产品结构调整的突破口。对产品设计、生产流程、工艺分析等领域进行攻关，将机器设备进行技术改良更新，降低单位生产能耗，降低生产成本，紧跟服装市场的潮流与变化。2008—2010年连续三年获得香港国际针织片设计大赛最佳创意奖。企业转型升级步伐加快，加强新产品研发和不断推出新产品，进一步提高了产品的科技含量，增加了产品的附加值，提升了产业的竞争力。

二是实施集团公司品牌战略。该企业利用其集团公司在香港与美国的办事处，直接面对客户，尽可能减除中间环节，降低成本，以达到自主吸纳大量订单的目的。依靠集团公司在国内外所拥有的注册品牌包括酷杰姿、娉姿涛、Crystal-Kobe、Kobe Kids、Isabella's Closet、Alex Stevens、Heather b、Smudge、Yarn Art、Sweater Project以及近年所收购的Anxiety、Requirement等，不断开拓市场，树立和推广品牌，提升品牌价值，提高企业的竞争力。

三是与关联企业紧密合作，实现双赢。不断开发具有潜质的供应商，通过互派技术人员参观学习，交流行业技术资讯风向等保持紧密的接触，以满足企业之间业务发展、技术进步、质量提升及管理促进等方面的需求，以达到互惠互利。

四是清洁化生产，节能减排，构建环境友好型企业。2010年8月委托环境保护部华南环境科学研究所为技术依托单位，协助和指导开展清洁生产审核工作。通过审核准备、预审核、审核、方案产生和筛选、可行性分析、方案实施、持续清洁生产七个阶段的努力工作，在该企业全面推行清洁生产技术，进行全方位的技术改造和管理提升。该企业已被东莞市经信局、科技局、环保局联合认定为2011年第二批东莞市清洁生产企业，该企业也将以此为新的起点，持续开展清洁化生产，构建环境友好型企业。

五是注重人才培养，构建和谐企业。人才是企业发展的重要因素，该企业十分注重对人才的培养，定期对有发展潜力的员工提供各种培训，使之掌握更多专业技术。目前该企业长期拥有稳定的员工约1300人，拥有本科以上文化员工30余人、专科文化的员工120余人；同时不断提高职工福利水平，改善员工的生活环境，积极协调员工关系，营造良好的企业文化氛围。企业多次获得常平镇员工满意企业、和谐企业、企业文化建设先进企业等称号。多宝针织服装（东莞）有限公司为当地创造了大量就业岗位，也带动了企业周边地区经济和社会的发展。

三、工艺技术创新，拓展加工贸易高附加值空间

加工贸易企业往往被锁定在价值链的底部，即低附加值链条，尤其是劳动密集型的传统产业中的企业。在产业价值链的变动中，存在两个相悖的走势：一方面，处于主导地位的跨国公司不断进行廉价生产区位的转移，而一再地把底部降低，即把加工链条的附加值降低；另一方面，加工环节企业的链条升级与延伸，呈现了力求把底部拉高，提高附加值的走势。这种拉高底部价值增值努力的具体体现，除了自动化、智能化生产的选择之外，下述晶苑公司的实践，给出了另一条出路。

晶苑公司虽然是一个大型的国际品牌代工企业。但在2000年起就开始了提升生产制程高附加值的努力。通过成立附加值工艺车间、深化高附加值工艺技术，使得公司在接受国际知名品牌商的订单时，因具有独占的加工工艺与技术以及在此基础上的高品质保障而获得品牌商的青睐，订单的产品单价持续上涨，实现了高附加值的生产流程。

与此同时，企业研发设计能力不断提升，从为客户代工延伸到为客户设计与研发，即ODM生产，也极大地提高了订单的附加值。

基于公司对未来国际市场与订单发展的预期，目前晶苑公司已经开始自主创立内销品牌，其产品在国内市场开始有一定的知名度，而且销售势头不错。但是当时鉴于国内市场秩序混乱、信息不透明、国内服装企业行为短期化等因素，晶苑公司对内销市场的开拓仍然不容乐观。

案例：东莞晶苑毛织制衣有限公司

东莞晶苑毛织制衣有限公司是（香港）益力坚实业有限公司于1993年在常平镇投资成立的一家大型港商独资企业，其母公司香港晶苑集团是香港最大的制衣企业之一，在业界享有盛誉。目前，公司投资总额11611万美元，注册资本5628万美元。占地面积近10万平方米，拥有员工7000余人。主要生产和销售各类针织服装、袋类制品、针梳织制品，客户为优衣库（UNIQLO）等著名国际品牌。公司以国际市场为主，产品80%外销，主要销往日本、韩国、美国、英国等国家。

作为典型的传统劳动密集型企业，为应对市场的变化，近年来公司积极采取一系列措施，从过往单纯的加工制造逐步转变为集高端研发设计、先进生产制造和品牌营销于一体的一流企业。

（一）明确高附加值发展方向

面对持续上升的成本压力和客户对产品品质要求的不断提高，公司管理层及时调整经营策略，明确了提高产品附加值的发展方向，并于2004年成立成衣附加值工艺车间（VAP），致力于提高产品附加值。一是扩大VAP生产线。从2004年引进第一条高附加值工艺生产线至今，公司共投入资金1.03亿元，目前共有高附加值工艺生产线20条，总长450米。2013年公司投资6200万元改建其他厂房扩大VAP生产车间。2013年高附加值产量达3572万件，占比由2008年的15%提高到75%。二是深化高附加值工艺技术。公司产品由小面积印花、绣花等工艺，逐步发展到车花、钉珠、激光等工艺，至今可在同一产品上实现多种工艺的展现。工艺的提高增强了企业面对客户高品质要求的信心，提高了获取订单的竞争力。三是转移低增值产品。公司将用工成本高、生产周期宽松的产品转移到东南亚生产基地，把附加值高且生产周期短的新产品保留在国内生产，以便充分利用华南地区完整的产业链，更高效地满足客户要求。四是吸纳专业技术人才。2011年，公司拥有技术人员203人，研发人员62人；目前拥有技术人员292人，研发人员111人，分别提高44%和79%。公司近年累计引进先进设备投资9000万元，提高了自动化水平和生产效率。过去几年，用工成本每年节省超过2000万元，2012年产品单价涨幅达27%。

（二）全面整合优化资源配置

一是优化人力资源。为对抗成本压力，公司采用“精英制”管理模式，为员工设定红黄绿三个效率级别，高效员工达到精英效率标准，可获得月薪15%的精英奖，这极大地提高了员工的积极性。每千万元出口额的用工人数，2008年为110人，2012年为46人，产能提高了55%。二是优化土地资源。为节约用地，公司投资1.45亿元，把部分绿化地改建成集生产、办公、设计、研发为一体的综合楼，土地利用率由1.8%提高到2.4%，新增面积4.3万平方米，新增销售额3.2亿元。三是大力引进自动化设备。2008—2013年，公司投入9500万元，引进自动裁床、自动调浆机、自动绣花机、自动吊挂系统等先进自动化设备，降低了劳动力成本，促进了新产品开发。四是建立技术研发中心。为提高生产力，2011年公司投资70万元成立技术研发中心，改良和研发机器取得了较好的效果，并获得3项国家专利，还有11项专利正在申请中。

（三）实施品牌战略提升企业竞争力

一是成立产品设计研发中心。公司成立研发中心，建立客户工作休息室，打破了传统的“客户提供设计工厂代加工”的局面，为争取更多、更大的订单提供了有利条件。2012年由产品设计研发中心设计的产品直接销售额达1.8亿元。二是实施品牌战略。公司实行“代工品牌”与“自主品牌”两条腿走路。一方面加强与国内外知名品牌合作，打造高端代工品牌。目前，代工的国际知名品牌有UNIQLO、MANGO、GAP等12个，国内知名品牌有美特斯邦威、凡客等5个。另一方面，积极发展自主品牌，创立了面向国内市场的“瞳非是”品牌。该品牌以电子商务作为主要销售平台，运营第一年取得了8000万元的良好业绩。另一自主品牌BLACKSOYA处于开发和摸索阶段。三是建立可持续的企业文化。公司注重企业文化建设，设计了员工关爱LOGO，将“用心·传递爱”的关爱理念渗透到员工的工作和生活中，设立“员工互助基金”，开展多种大型关爱活动，有效提高了员工满意度。近年来，公司春节回工率均保持在98%左右。

（四）重视节能环保承担社会责任

公司积极参与世界自然基金会的低碳制造计划（LCMP），减少碳排放。近年来投入近1亿元改造环保设备，高效利用资源，先后获得“香港恒生珠三角环保大奖绿色奖章”“广东省清洁生产企业”等荣誉称号。在环境保护方面，公司制订了五年环保计划，并在新办公大楼采用蓄水式制冷系统和LED节能照明灯，利用尾气和污水处理系统，提高尾气废水利用率，采用新增生物质锅炉和洗水房纤维粉尘处理技术等，实现了清洁生产，达到了节能降耗、降低污染、减少生产成本的目的。在社区参与方面，公司与玉清慈善基金会合作，鼓励员工参与慈善活动。截至2012年，晶苑完成约90万美元的社会投资，协同社会可持续发展。公司在中国地区植树30万棵，参与NGO环保活动，成立的晶苑集团志愿者服务队是东莞市在企业内部建立的第一支服务队，并参与助学和献血活动，取得了良好的社会效益。

公司将进一步推动转型升级，优化资源配置，加大研发投入，提高产品附加值，成为VAP（高附加值制造）的领导者。通过其全球订单的统一配置，将附加值低的简单产品订单转移到其他地区，把高附加值产品留在东莞生产，提高企业的市场竞争力。同时，进一步实施品牌战略，大力发展自主品牌，开拓国内市场，使自主品牌成为公司下一个重要的利润增长点。

四、构筑国内、海外生产新布局，全面提升中国制造的能力

企业问卷以及案例都凸显了两个重要事实：一是随着珠三角地区廉价加工生产区位优势的丧失，劳动密集型产业向国内后发地区、海外的东南亚、非洲等地转移，这已经成为不可逆转的发展走势，尤其是传统产业中的企业，大多已经开始“走出去”，在海外展开地区布局。二是在企业进行生产的海外布局的进程中，东莞或珠三角地区因其30多年积累的工业加工基础与能力以及产业配套体系的完善，从3个方面使其仍然作为制造业的基地：第一，跨国公司的“中国+1”战略，往往要求企业将部分订单仍然保留在中国生产；第二，企业在生产线的布局上，往往会把加工精确度高、供货时间周期短的生产安排在珠三角地区，形成国内与海外技术加工程度不同的分工；

第三，则是企业把研发机构、新产品开发试产置于本地，大批量加工布局海外，使珠三角地区成为本土植根性较强的制造总部。

目前东莞不少企业已经具有国内、海外布局的生产基地。例如东莞当地大型的制鞋代工企业，其生产布局先是从国内开始，在国内加工生产取得成功经验之后，于2013年跨出海外布局的最大步伐，率先进入非洲国家埃塞俄比亚，花费巨资打造非洲的轻工业生产园区，成为中国企业大规模进入非洲的典范。2015年这个工业园区已经进入生产阶段。企业根据当地的订单生产，开始以一般贸易方式，从东莞发送制鞋材料，进入当地加工组装。

在海外生产布局的同时，企业在本土推进生产线精益改造、自主研发、人才培育，更成立世界鞋业（亚洲）总部基地，集材料研发、技术创新、产品研发、品牌孵化、国际贸易、物流配送、商务服务、人才培训、信息发布于一体，为全球鞋业新材料应用、新技术研究、新产品发布、新工艺培训提供全方位服务，凸显了东莞的制造总部地位。

但是，企业在海外的扩张，在海关业务上从加工贸易的保税加工，变为一般贸易的材料出口，常常因海关清关审批延误，不仅造成成本上升，更使埃塞俄比亚加工基地的短单流失。这个情况表明，目前国内海关在企业“走出去”方面仍然缺乏有效的配合与努力。

案例：东莞华宝鞋业有限公司

东莞华宝鞋业有限公司位于东莞市南城区，是由华坚国际（BVI）股份有限公司于2004年投资设立的外商投资企业。截至目前，投资总额3500万美元，注册资本3000万美元，厂房面积7.2万平方米，员工约8400人，是一家集研发、生产、销售为一体的先进制造企业。该公司主要生产和销售全球知名中高档的各类女鞋等，产品销往西班牙、美国、意大利、德国等国家，其中内销占5%，约6500万元。同时，华宝也是美国著名品牌“NINE WEST”的主力生产厂，并与巴西派诺蒙、宝伦、万宝乐等国际著名贸易公司建立了良好合作关系。

目前，该公司是全球最大的女鞋产品生产企业之一，女鞋产品占全球市场份额的45%。受国内外市场需求下降、原材料价格以及用工成本上涨等因素影响，2014年进出口额1.5亿美元，同比减少9.4%。

近年来，东莞华宝鞋业有限公司积极响应产业结构调整的号召，大力推动自身转型升级，具体从以下几个方面着手。

一是人力资源转型升级。集团分别于2009年、2010年与上海麦纳哲企业管理公司、北京华夏基石公司合作，以支撑企业升级战略的落地为目标，以企业高绩效管理、人才梯队建设为重心，开展人力资源改善辅导项目。追求内部管理的权责利的高度统一、竞争与公平的高度统一、付出与回报的高度统一，对华坚集团内部管理机制起到消除沉疴、增强活力的作用。同时也将为华坚培养源源不断的人才，而这必然成为华坚集团升级与可持续发展的核心力量。

二是全面推行生产线精益改造。企业从2003年开始，斥巨资进行工业工程技术成果的研究、推广和应用，先后在公司推行以LEAN线（精益生产）为核心内容的精益化生产改造，并取得重大进展；为了配合工业工程技术成果的推广和应用，仅在制鞋设备改良方面的投资就超过1200万美元。通过对生产流程的精益化管理和标准化改良，全面提升了企业的生产效率和效益。通过对业务、采购、制造、物流的流程再造及对制造过程中用工、用料、用电、用气的全面精益改善，可以有效地为企业增加5%的利润率。

2008年，企业与清华大学工业工程系联合成立“清华华坚工业工程研究中心”和试验基地，就如何将丰田精益化生产理念在传统制造业中发展创新和对人因工效进行深度研究并在传统制造业中加以深化推广。通过针对不同的产品特点建立示范性的标杆生产线、合理化生产操作、流程化生产组织、优化生产计划与控制，形成超越精益的生产模式，在生产率、质量、成本、交期和可持续性等核心绩效上全面提升中国传统制造业的效率和效益。

三是投资策略转型。从2002年开始，企业主动进行了产业结构调整，由一地经营转变为多地经营，一体双翼，互联互动。投资赣州，进军越南、孟加拉国，北上项城（河南），分布江门（从粗放型向集约型转变，从单一型向复合型提升，从简单的空间分布到跨越时空的整合）。

加工产地的成本优势，使得在同等的价格下，利润增加3%~5%，而且由于员工本土化，稳定性也相对较高。企业的区域布局和结构转型还大大提升了企业的抗风险能力和可持续发展空间。2013年公司加大了生产转移步伐，在非洲国家埃塞俄比亚建立了规模庞大的制鞋工业园，2015年已经开始对外接受订单生产。

四是加大自主研发投入。2005年以来，企业先后成立7个研发团队，研发人员达到2000人。企业直接从意大利、西班牙等传统制鞋强国聘请设计师和开发人员，从产品的设计、楦头的开发、产品的个性化服务、新材料和新工艺的研究及开发、新技术的推广及应用等进行全方位、多视角的研究。2008年，企业与瑞士联邦技术与创新委员会及瑞士南方科技应用大学联合成立科研小组，就产品个性化定制服务的世界行业标准进行深度科研，并通过对数万个不同脚型数据的采集，重新进行女鞋“百码标准”的设定，全面推行女鞋的个性化定制服务。目前，公司每年研发费用投入达到5700万元。深化产学研合作，与清华大学工业工程系联合成立研究中心和实验基地，就传统制造业的升级创新进行了40多项技术工艺改善。

通过研发，企业不但成功确立了研发运营模式，锻炼并造就了一支成熟的研发队伍，在鞋材研发、制鞋工艺创新、生产线改造、管理软件开发等领域取得了一大批研发成果，目前已取得专利20项并申请发明专利11项，实用新型专利10项。另外，2010年华宝成为广东省国际科技合作基地、东莞市工业龙头企业，获得广东省升级企业技术中心认定。

五是投建世界鞋业总部基地、承办世界鞋业发展论坛。为顺应世界鞋业发展趋势，有效推动中国制鞋业的转型升级，2007年企业投资6亿元打造世界鞋业（亚洲）总部基地，项目建筑面积20万平方米，集材料研发、技术创新、产品研发、品牌孵化、国际贸易、物流配送、商务服务、人才培训、信息发布于一体，为全球鞋业新材料应用、新技术研究、新产品发布、新工艺培训提供全方位服务。

通过建立“为第二产业服务的第三产业集群”，在东莞打造一个国际鞋业高端技术进入中国市场的承接平台、中国鞋业走向国际市场的贸易平台、中国鞋业产业升级科技创新的综合服务平台，并最终实现中国由“世界制鞋大国”向“世界鞋业中心”地位的升级。

2007年、2008年公司连续成功举办世界鞋业发展论坛，得到了温家宝总理以及各级政府领导的支持和帮助。论坛的举办推动了世界制鞋产业的高端对话，打造了一个让世界鞋业倾听来自中国声音的高端权威平台，更给身处困难和迷茫中的中国制鞋业打了一剂强心针，为行业的发展提供了一个有效的沟通交流平台。

六是建成华坚学校培养专业人才。目前社会上鞋业从业人员有2000多万人，却没有一所有关鞋业专业方面培养鞋业人才的专业技术院校。作为鞋行业领头企业，站在行业可持续发展的层面，为响应国家鼓励培养适应企业发展人才的号召，华宝鞋业已经在江西赣州开办了一所制鞋及相关专业的职业技术学院——赣州华坚科技学校，以此来培养鞋业专业方面的高级技能人才，提高鞋业方面的技术水平，为行业、社会发展储备更多更高端的人才。

五、依靠研发实力提升价值链地位，改善价值链治理结构

加工贸易从OEM走向ODM，已经成为东莞企业目前主流的经营模式。而ODM的转变，其主要标志是企业内部研发、设计队伍的建立。其意义是价值链的功能升级。

加工贸易不同经营模式的变化，内含价值链治理结构的变化。而治理结构意指价值链中的企业主体关系，即主导企业（跨国公司）与加工企业之间的关系，这种关系最终决定价值链的利益分配。在OEM阶段，加工企业对主导企业是完全依赖型关系，其利益分配必然处在最低端；而从ODM阶段起，随着加工企业从简单加工向产品设计、研发的升级，加工企业与主导企业的关系开始改变。其治理模式会逐步向关系型（相互依赖）、模块型（企业主体势均力敌）过渡。由此，其价值链的利益分配也会改变。

由此可见，价值链的利益分配关系绝不是一成不变的。这取决于价值链中企业主体之间关系的变化。企业在价值链中的不断升级，意味着其地位实力的持续强化，最终促使企业从价值链中获取的利益增加。

下述提及的企业是一家典型的制鞋国际代工企业，实施ODM生产模式。企业主要为国际品牌商代工。多年来经过生产制程的持续升级，企业在业界获得了很高声誉，成为国际品牌商的主要合作伙伴。在近年全球市场萎缩的情况下，企业订单大量增加，且加工产品单价持续提升。

企业能保持良好的增长走势，其原因主要是依靠自身的研发力量，在全球开发出新的功能性产品，使其成为美国大众化及休闲鞋类品牌商的新宠，

帮助了品牌商扩展市场，由此企业接到大量订单。目前企业生产产品的市场占有率在美国达到80%以上。近年来，企业正是凭借其核心技术与开发能力，在制鞋新材料的研发、环保型产品设计上着力，为国际品牌商不断研发出新型产品，扩大了品牌商的市场渗透率，从而造成了品牌商对其技术、研发与新产品开发诸方面的依赖关系。

由此，企业与其供货商、国际品牌商结成战略性合作伙伴关系，根据市场需求与消费者变化，合力打造引领时尚化消费的新市场，这已经成为企业发展战略的重心。为此，美国的一家以休闲鞋为主打产品的大众化品牌商Skechers已经在东莞这家企业的周边成立了公司的市场开发总部，以配合企业的产品研发和新市场开发的进程。

在这个典型案例中，我们可以看到，即使是ODM的生产模式，企业在核心技术与资源积累上同样可以形成对品牌商的优势，从而与品牌商结成战略联盟，使价值链的治理结构向有利于其利益分配的方向转变。

案例：东莞绿洲鞋业有限公司

东莞绿洲鞋业有限公司是位于厚街镇的一家台资企业，于1998年由（英属维尔京群岛）亚细亚百万控股公司投资兴办。截至目前，投资总额达2580万美元，注册资本2380万美元。厂房占地面积163730平方米，员工近11000人。目前公司已发展为拥有16条生产线，月生产能力达140万双，年产值10亿余元的大型制鞋生产企业。其主要生产和销售皮鞋、女鞋、运动鞋及鞋材，产品主要销往美国和欧洲等国家及地区。

公司自成立10多年以来，一直在鞋业界占主导地位，公司先后通过ISO9001：2000、ISO14001：2004等企业质量认证，引入世界SATRA认证实验室，并取得SATRA：2005证书；多次获得各项荣誉，如2008年度获得广东省“进出口诚信”企业，2004年度获得全国外商投资企业“双优”企业称号，2007年、2008年、2009年均获得中国工业排头兵企业称号。

近年来，公司推动转型升级的主要做法有：

一是产品功能升级，扩大市场份额。公司生产的休闲鞋向功能鞋转变，已成功研发出健康塑身鞋并接到大量的订单，在美国的市场占有率达到80%。目前公司所生产的品牌在美国已占据了前三大销售市场。

二是加强产品研发，提升产品品质。公司主要将重点放在材料的研发、环保型产品设计上。公司拥有强大的技术研发团队，有技术研发能力，并能运用核心技术协助客户抢占市场，从而实现自身从低端制造到高科技制鞋的技术转型。公司在东莞成立了有800多名高级研发工程师及技术人员的研发中心，聘请了几十位专业高级鞋技工程师，配备了世界最为先进的制鞋研发设备，后续将建设自己独立的研发总部大楼。

三是引入先进技术，提高生产效能。公司与客户及供货商合作设计新材料和新技术含量高、款式新颖、质量优良的新鞋款，开发设计工序较少的鞋面，在鞋面上用高周波的方式使鞋变化多样，以吸引消费者购买。减少工序或通过鞋机改良自动化从而提高效率，减少人力。2009年，引进了IP射出技术制作鞋底，每个模具一天可生产160双鞋底，比传统热熔工艺生产效率提高了一倍。同时在2010年公司在生产经营设备新增投入800万元用来引进目前制鞋业先进技术设备和生产线来应付因订单增加的生产，提高了生产效率，降低了生产成本，提高了产品的附加价值。由于投入新设备使公司获得较高的出口单价，从而使2011年每双鞋的单价从2009年平均55元左右提高到了68元。

四是借助本土优势，发挥本土效应。公司充分利用和发挥东莞地区完善的制鞋产业链的优势，带动上下游产业研发力的形成，含鞋材、模具、鞋机等。同时，公司人才本土化，各厂的副经理均为大陆人员。目前，公司不断提升员工的福利待遇，为中高层干部建设独栋公寓楼，实施了很多人性化的措施让这些管理人才留在东莞。

五是完善信息管理，增强核心竞争力。公司ERP系统历经10年的不断发展和完善，现已经形成了完整的企业系统化运作模式，从开发到出货全部环节均实现系统化管理。整个ERP系统覆盖了开发样品管理、订单管理、采购管理、仓库管理、生产管理、预算管理、人力资源管理、财务管理等众多系统，信息化已经深入企业的各个部门，为节能环保、提高效率，公司前几年已致力于无纸化作业，自行开发OA自动化系统，为提高企业效率和竞争力提供保障。

六、研发、销售全球布局，以ODM+OBM方式深耕海内外市场

企业从ODM走向OBM，是价值链转型升级成功的主要标志。但是，这个过程需要长期努力才能最终达致，而非一蹴而就。要在国际市场上成为有影响力的品牌商，并非一朝一夕就能达致。为此，为国际大品牌加工制造的同时，企业逐步在国际市场、国内市场上加大自主品牌的市场渗透度，这就是今天东莞许多企业推行ODM+OBM生产方式与销售方式的原因。

下述的东莞银辉公司是一家总部设于香港的玩具生产商，主要为欧洲、美国大品牌商，例如迪士尼、华纳等品牌商代工生产，同时也在香港注册自主品牌，近年来更主力开发内销市场。

随着企业研发力量的持续发展，企业在1993年就从“三来一补”转型为三资企业，并转向ODM生产。目前更进入ODM+OBM的生产模式。

为了使企业的研发更贴近市场需求，公司分别设立了法国、中国香港、中国东莞3个不同区域的研发中心，更针对市场销售，设立了美、中、法、英、德5个国家的销售分公司。以求通过企业内部的资源全球布局，达到运用新技术、开发新产品与提升市场占有率的目的。

在自主品牌国际市场渗透率较低的情况下，在国际市场上主要以ODM方式为国际品牌代工，而以国内市场支撑和扶植自主品牌可能是企业较佳销售方式的选择。为此，近年来企业设立了国家级的产品安全实验室，提供产品的各项安全测试，以提高市场对自身产品的认可度以及在国内的影响力，并借此打开了国内市场。

在国内的玩具市场上，企业产品的“银辉”品牌往往成为领先的玩具产品，受到消费者的欢迎。但是，企业斥巨资研发出的新产品，在内销市场上甫一亮相，就会在很短的时间内出现大量的模仿产品。这些模仿产品的生产企业因无须前期的研发支出，在市场竞争中占有价格低廉的优势。因此，如何保护企业的知识产权，是所有进入内销市场的企业不能不面对的一个重大问题。这个问题的解决不能仅依靠企业，完善法治化营商环境应当是政府的职责。

案例：东莞银辉玩具有限公司

东莞银辉玩具有限公司位于虎门镇，是由银辉投资（中国）有限公司于1993年投资设立的港资企业，截至目前，投资总额283万美元，注册资本283万美元，厂房面积23000平方米，员工约2000人，是一家集研发、生产、销售于一体的企业。公司主要生产和销售塑胶玩具产品，产品销往德国、美国、英国、法国等国家，其中内销占20%。

近年来，公司推动转型升级的主要做法有：

一是注重自主创新。公司内设自主研发部门，积极研发新产品，每年公司投入到研发上的费用约占销售额的5%。目前已申报发明专利148项，外观设计专利1177项，商标专利146项，为企业的转型升级打下了坚实的基础。推行"人无我有，人有我优，人优我变"的理念，加快了转型升级的步伐。同时，公司注重以技术赢市场，不断积累自主知识产权，提升产品附加值，寻求新利润增长点。近几年，公司以市场需求为导向，继续加大研发投入，不断研发新产品，加快产品升级换代，深耕国内市场。进军卡通动漫领域，以卡通动漫文化来带动玩具市场。

二是注重引进培养高级人才，不断提高新技术水平。公司高度重视科技人才的引进和培养，推行"品牌是企业的生命力，技术是品牌的骨干"的理念，重视人才的培训，努力培养和造就一支结构合理、业务素质过硬的研发队伍和优秀的技术带头人。

三是注重产品质量，满足客户需求，并不断扩大内销业务。公司的质量方针是提高创新能力，领导市场，制造优质产品，准期交货，务求精益求精，创零缺点，全员群策群力，满足客户。近年公司耗资400多万元设立了产品安全实验室，测试的项目包括机械物理性能、电安全、化学安全及环境可靠性等，其中重金属检测方面已申请CNAS认可。公司凭借市场对其产品的认可度以及其在国内的影响力，不断扩大内销业务，2015年上半年出口额631万美元，内销320万美元。

四是加强行业结盟，形成互利优势，减除恶性行业争斗行为，为企业发展铺出平坦之路。在"十二五"期间，公司继续坚持走自主品牌开发之路，继续引领世界玩具潮流。公司不断地进行了技术革新和技术改造。转型即是要改革，并需要以长期利益为考虑，近年投入2000多万元，将高耗能的液压注塑机更改成先进的电动精密注塑机，把车间照明更换为更节能的LED灯，安装大量太阳能热水设施，目的是减少工厂的电费开支，降低营运成本。公司亦投入数百万元去改善货仓运作，减少人力需求而提高效率。总的来说，公司的应对方法是提升效益、降低成本。

七、延伸产业价值链，打造集全产业链条于一身的综合型企业

延伸产业价值链条，从微笑曲线的底端向两端的产品设计、研发跃升，以及提高产品品牌知名度及网络销售，是发展中国家产业升级的主要路径。而东莞诺华公司，正是完成这个路径，集全产业链条于一身的一个典范。

诺华公司不仅具有高标准的现代化厂房和先进的生产设备，更集聚了一批高素质的设计师、工艺师。作为产业上游的产品研发和设计环节，公司拥有领先潮流的原创专利设计，开发出各类家具制作的环保材料组合，以及精湛的制造工艺，使企业在生产上占领了制造的制高点。以此为基础，公司得以在产业的下游创立了自主产品“NOVA”品牌，并且围绕家具产品，形成配套的品牌系列。

目前NOVA品牌已经得到全球质量管理体系的认证，以及绿色环保检测认证，更荣获各种国际奖项。品牌开发带来了市场销量的提升。为此公司组建了自己的销售队伍与售后服务队伍，形成线上与线下的全渠道营销，例如：与房地产开发公司合作的联合营销，在天猫、京东等国内大型电商平台上设立旗舰店等。公司更于2014年成立了自己的电子商务企业，进军电子商务领域。

全产业链的集成，不仅意味着企业内部经营资源的积累和成长走上一个成熟阶段，更是企业实力与竞争力的展现。诺华在2014年成为中国在美国上市的首家家具企业，这就是企业转型升级的成果体现。

诺华的案例，代表了经历30多年发展进程的东莞制造水平的提升。东莞制造已经不再仅是加工制造的环节，也非低水平加工的产品。东莞已经出现了一批类似诺华的集研发、设计、生产、品牌、销售及服务于一身的全产业

链企业。作为东莞制造的代表，这些企业具有的高新技术、高品质制造和高水平研发，以及高市场渗透度的品牌与高质量的销售、服务，应当成为东莞制造这个地区品牌的主要内容与标志。

案例：东莞诺华家具有限公司

东莞诺华家具有限公司于2003年5月在道滘镇成立，目前投资总额2000万美元，厂房面积17440平方米，企业员工约660人，生产和销售家具，产品以内销为主，并设立研发中心，研究和开发各式家具。

东莞诺华家具有限公司是集设计、生产、销售、服务于一体的现代化家具企业和高新技术企业，2014年成为我国首家在美国上市的家具企业，同年外贸出口457万美元，国内销售1506万美元。另外，诺华公司目前已全面进军电子商务领域，在天猫、京东等国内大型电商平台均设有旗舰店，并于2014年成立东莞家八七电子商务科技有限公司。

诺华自建100亩诺华工业园，拥有高标准现代化厂房、先进的生产设备和高素质的设计师、工艺师、营销及管理等各类英才。诺华贯彻“务实、创新、开拓、进取”的经营理念。经过近20年的稳健发展，诺华已成为家具行业享誉盛名的企业。NOVA以N-New（款新）、O-Ok（质好）、V-Value（取胜）、A-Action（争先）为品牌核心。香港（东莞）诺华2000年顺利通过英国BSI公司ISO 9001质量管理体系认证，2002年通过英国BSI公司绿色环保检测认证，2003年被香港家具协会评为“精英企业”，2006年荣获第16届国际名家具展览会客厅系列银奖。诺华注重品牌的发展，相继推出NOVA与明玛两大品牌系列。NOVA品牌系列有“可圈可点”“花样年华”和“时尚新贵”等畅销产品。诺华拥有领先潮流的原创专利设计，以不锈钢、玻璃、亮光钢琴漆等环保材料组合与精湛的生产工艺著称，产品畅销世界20多个国家和地区。诺华向世界展现的是健康环保、简约时尚的家居文化。

八、掌控产业标准制定高地，提升全球市场占有率

产业价值链的微笑曲线，虽然揭示了价值链中高附加值链条的所在，但是产业发展的历史告诉我们：一个产业从形成到发展的进程中，产品标准的

制定，是控制产业的制高点。也就是说，延伸产业价值链虽然重要，但是，掌控产业发展的关键在于产品标准的制定。这与延伸产业价值链相比，显得更为重要。

从一个加工贸易贴牌生产的企业成长为产业标准的制定者，这个过程几乎可以说是不可思议的，而这个事实就发生在明门企业身上。明门公司以OEM/ODM模式，为欧美国际品牌商进行贴牌生产。经过多年的生产、设计实践，目前明门公司已经发展成为全球市占率最高的童车等幼童产品生产商，其欧美市占率更是高达60%。

儿童产品尤其是车用产品的安全标准，是这个产业发展最为重要的标准。为了使自己产品的质量与安全得到世界市场的认可，明门公司不惜花费重金，成立了具有世界级水平的产品安全标准测试中心，按照欧美的要求制定产品的安全标准。目前明门公司的产品安全测试中心，其测试水平超过国家设立的产品安全测试室，成为中国厂家进入这个产业的标准制定厂家，并开始为海内外厂家提供标准测试服务。

借此地位与优势，明门在继续为欧美品牌商提供OEM/ODM的同时，近年来创立自主品牌，开始以OBM方式进入海内外市场，成效显著。其主要的市场通道为经销商、百货店与网上销售。这个事实揭示了，即使是国际品牌商的代工者，只要企业占领了产业发展的高地，国际品牌商就丧失了对代工企业的支配地位，尤其是不能阻碍代工企业发展自主品牌，成为市场上国际品牌商的竞争者。

明门这类掌控产业标准并有自主品牌的企业，应当是东莞制造中的佼佼者。即使在目前制造成本持续大幅上扬的情况下，明门通过生产分包、自动化等措施，化解成本压力，保持了产量年均10%的增长速度。然而，就外部环境看，东莞的专业技术人才短缺、引进与留住人才的政策和配合法律（例如《中华人民共和国环境保护法》《中华人民共和国劳工法》）的具体政策在实施过程中产生的不利影响，都是明门在本地经营所面临的困境与问题。

案例：明门（中国）幼童用品有限公司

明门（中国）幼童用品有限公司由加工贸易贴牌生产开始迅速发展，成立之初主要是为国际著名品牌商Graco（美国市场）以及Mothercare（欧洲市场）委托制造与委托设计。明门抓住这一机遇，不断增强自身产品的设计、专利、质量等核心竞争力。经过多年发展，生产婴儿车、婴儿床、汽车安全椅、学步车的明门（中国）幼童用品有限公司，年产量已高达1000万台，其童车等幼童产品占据世界市场份额的30%，在欧洲、北美市场的占有率更是高达60%，为外销欧美市场该类产品最大的OEM/ODM厂商。

2010年，公司开始以自主品牌“JOIE、巧儿宜”开拓内销与外销市场，成效显著。其中“适特捷”儿童汽车安全座椅还获得了有“工业设计奥斯卡”之称的德国红点设计大奖。从代工到用自主品牌进行发展，背后靠的是技术积累。近年来，明门投入大量资金进行技术研发，也着力引进了一批研发人员作为技术力量。目前，公司员工大专以上学历人员占全体员工总数的32%，其中研发人员占全体员工总数的12.17%。

九、设立全球性研发中心，推动服务型制造与技术服务外包

从OEM走向ODM，再发展成OBM，是加工贸易企业转型升级的一般路径。对于终端产品制造商来说，这个路径是没有异议的。但是，对于中间产品的加工制造商来说，创立品牌是否具有必要性和经济性？是否成为其最终转型升级成功的标志？其答案可能是不一样的。

中间产品的加工制造商主要的客户是企业而非市场。因而，以技术和资本的专有性吸引与稳定其客户，是这类企业的特点，而非创立自主品牌去打开市场。技术与资本的专有性越高，则客户群体越稳定。由此，中间产品制造商往往打造的是由其专有技术与资本而形成的制造品牌，这种品牌通常以企业命名而非以产品命名。与产品品牌不同，制造品牌代表的是企业在行业中的声誉与口碑，而非市场渗透度。一般来说，非本行业的人往往不会了解这类企业。例如我们上面提及的日本信越、中国台湾的台积电。这就是在我们的问卷调查与走访中发现的，大部分中间产品制造商往往很少涉及创立产品品牌的原因。

东莞现在的主导产业是机电、电子信息产业。一般来说，这些产业的中间产品加工制造商，与传统产业或同类产业中的终端产品加工制造商（例如

手机的组装，如富士康）相比，本身具有技术、资本密集度较高的特点，这是由上面提及的技术与资本的专有性决定的。对于这类企业的转型升级，在现实中，可能技术研发将更胜于品牌的创建。

下面提及的新科公司就是一个为客户提供电子配件的代工企业。其代工的主要客户均为国际性大型企业，例如三星、东芝、日立等。而新科的母公司则为日本的TDK电子公司，东莞新科则为中国香港上市的新科公司的生产制造企业。

新科的转型升级之路主要集中在设立全球信息产业规模最大、装备水平较高的科技实验中心。该中心拥有1000多人的专业科研团队，以及国际领先的先进设备。每年大量的科技经费投入，以及国际专利的申报，为企业建立了雄厚的技术专利池，成为企业与客户建立稳定供货关系，持续开发新产品、新客户的坚实基础。这也成就了新科加入国家级的高科技企业行列。

新科研发中心开发完成的一些新项目，目前开始在东莞基地进入生产，为企业的未来发展前景奠定了基础。由于新科研发中心的实力不断强化，因此，不论是在中国香港的母公司，还是在日本的总公司，均委托研发中心为TDK公司分布在全球的生产企业进行新产品开发，或与大学、研究机构合作，共同完成母公司、总公司承担的项目。

新科的研发活动逐步在企业中占据主导地位，不仅使东莞企业生产逐步地转向服务型制造，而且通过为母公司、总公司提供技术研发服务，促使新科成为当下东莞最大的技术服务外包企业。

案例：东莞南城新科磁电制品有限公司

东莞南城新科磁电制品厂是由香港新科实业有限公司与宏远集团于1989年合作成立的来料加工企业，坐落在南城宏远工业区，主要从事电脑磁头、光通信等电子产品的加工业务以及产品的外销业务，主要供应给Samsung（三星）、Toshiba（东芝）、WD（西部数据）、Hgst（日立）、Seagate（希捷）等电脑硬碟生产商。2010年8月，东莞南城新科磁电制品厂成功转型为一家加工贸易企业——东莞南城新科磁电制品有限公司。经过30年的发展，公司已由原来只有约1000名员工的小规模加工生产企业，成为目前拥有自己的研发实验室、员工约2万人、占地面积18万平方米、注册资金3200万美元的大型劳动力密集、资本密集、高科技密集企业。

近年来公司积极推行企业转型升级，主要做法有：

一是设立研发中心。2000年，公司建成了全球信息产业规模较大、装备水平较高的科技实验中心，并拥有一系列国际领先的先进设备。公司拥有一支千人以上的专业科研团队，每年技术开发投入经费超过数千万元。2014年在国外申请专利200多项，2010年东莞新科技术研究开发有限公司被评为国家高新科技企业。

二是巩固客户，拓展多元化合作渠道。为了建立稳定的客户群体，公司和客户建立战略同盟，将自己的客户组织起来，搭建良好的沟通平台。新科除了与老客户保持良好关系外，还积极开拓新客户。例如，以“引进来、走出去”的方式与其他大型外资企业建立全球战略伙伴关系，并且合作生产电脑硬盘机，产量和市场份额不断提升。

三是不断开发新产品，提高核心技术，争取新产品订单。公司通过多次向日本总公司争取新产品在中国生产，目前已经成功争取到陶瓷薄片电容器订单并开始在东莞生产。TDK电容器在技术上全球占优，是TDK的主打产品，现已生产数十亿件。公司通过加快技术创新和品质提升，提高产品附加值来拓展利润空间和增强国际竞争力，保持产品技术领先地位。此外，公司在东莞设立了生产线生产电脑圆晶，这是全国唯一生产电脑圆晶的生产线。

四是以人为本，注重引进培养高级人才。公司为新莞人提供了磁头产品外观检查专项培训和初级计算机等级培训项目。从2007年7月至2010年共培训新莞人6033人，其中，获得证书的有5729人（专项5537人，等级证书192人）。此外，新科与国内大学（华南理工大学、香港城市大学、清华大学、上海交大、华中科大、哈工大）合作并提供海外培训、合作开办硕士课程，派遣经验丰富的海外专才做日常指导，其他的在职培训。

五是增加研发投入。2010年公司投入了3000多万元用于研究开发，目前真空镀膜技术达到2纳米，表面抛光可达到零点几纳米，离子刻蚀可达几纳米，精密加工和组装技术达到微米级。以上技术都处于世界领先地位，大量的先进技术，如激光焊接、超声波焊接应用于自动化生产线，纳米材料和压电陶瓷等新兴材料应用于产品。

六是建立了产学研究项目。近年，公司同清华大学就化学机械抛光原理样机制度建立了产学研究项目，与山东建筑工程学院微型硬盘磁头/盘系统的动力学建模与实验室研究建立了产学研究项目。

十、依靠核心技术持续转型，从国际产业链跨越到国内产业链

企业每一次的转型升级都是国内外市场需求以及环境转变的结果。从一个企业的生命力及其延续看：越是能较快适应市场变化，转型升级起步就越早；经历多次转型升级的企业，其生命力和寿命延续力就越强。

东莞光阵企业就提供了企业不断适应市场变化、依靠其核心技术的开发与努力、在企业发展中多次转型升级的事例。而正是企业持续的转型升级，使得光阵成为东莞的示范企业。

光阵的前身是20世纪90年代进入东莞、从事小家电加工贸易的生产商，根据市场的转变，其产品从小家电转换为吸尘机。2000年后因订单不断萎缩，使企业看到市场需求与环境的又一次变化，由此启动了又一次的产业转换。2003年企业投下巨资，建立科研团队并开发核心技术，进入新型的光电子产业。经过两年的研发和努力，光阵终于取得突破，成为当时国内为数不多的手机摄像模块制造商，在手机产业链中，占据了重要的核心配件供货商地位。由此，光阵成功转型为国家级的高科技企业。

光阵开发的光显技术不仅被利用在手机产业，更通过企业的不懈努力，被广泛利用到医疗、航天以及汽车等领域，极大地拓展了企业的市场，提升了企业的利润空间。而光阵并没有停留于此，近年来加大企业研发投入力度，与国内知名高校创立各类科技研发中心，并在企业中成立了光机电学科的博士后工作站。

作为产业链中的中间产品制造商，永远比客户的研发先行一步，就是光阵的竞争力所在。光阵作为最早进入手机核心配件的供货商，最初的主要客户来自海外的手机品牌商，是国际品牌商产业价值链中的重要成员。当中国手机品牌商逐步崛起，在国内建立完整的产业链时，光阵就成了这个产业链中的重要环节。目前，光阵的产品客户有国内的华为、联想、TCL等，国内供货占总销量的70%。随着中国品牌商在海外市场占有率的持续上升，光

阵持续开发新技术与新产品，这对中国企业形成具有全球竞争力的产业价值链，具有极其重要的推进作用。

光阵事例引发的启示耐人寻味。光阵原来依靠自己的核心技术，成为国际品牌商产业链的重要供应商。在中国品牌商崛起，我们称之为进口替代的进程中，光阵作为中国企业的供货商，成为中国产业链中的重要链条。在中国品牌商的崛起与进口替代中，光阵发挥了极其重要的作用。这个过程告诉我们，进口替代（即建立自己主导的产业）是转型升级的一个重要路径，尤其是在技术密集的生产者主导的产业价值链中。而在经济全球化的浪潮中，利用国际品牌商在中国的产业链条，是中国进口替代产业链构筑的捷径。因此，利用加工贸易在本土形成的产业链条，鼓励其向高科技方向发展，应当是加工贸易转型升级的重要内容。

案例：东莞光阵显示器制品有限公司

东莞光阵显示器制品有限公司是香港永成国际集团于2003年为转型需要投资设立的一家国家高新技术企业。公司投资总额、注册资本均为1459万美元，拥有员工800多人，技术人员占25%，其中大专以上学历人员占75%，拥有硕士及博士学历的人员分别占20%和5%。公司主要生产的产品有各类新型安防产品、多媒体产品、电子内窥镜、医疗器械和通信产品。公司产品拥有较好的国内外市场，尤其深受国内市场青睐，内销份额占公司产品总销量的比重达到70%。近年来，公司转型升级的主要经验和做法有：

一是注重及早谋划转型。公司投资方——永成国际集团于1993年在清溪投资设厂，名为永成电器制品厂，主要做家电产品加工贸易。约在2000年，永成电器制品厂订单不断萎缩，亏损日益剧增。集团高层意识到，只有发展新兴产业，掌握核心科技，才能把企业做大做强，于是在2003年成立了光阵公司，致力于发展光电产业，做精光电产品，用科技全力推动永成发展。经过两年大规模的资金投入、人才储备、技术积淀后，在2005年，光阵公司终于研发出了第一个CMOS摄像模块项目，主要用于手机摄像模块方面。由于当时国内生产该产品的公司不多，光阵公司因此获得了国内外众多手机商家的订单。目前，光阵已是国内80%以上手机品牌的手机摄像头供应者。

二是注重开拓经营领域，积极进入医疗器械生产行业。公司在光显领域取得成功后，积极推动研究成果在医疗上的应用。2009年，专门成立了东莞微视医疗科技有限公司，致力于一次性医用内视系统的开发和推广应用。微视公司注册资本与投资总额均为1000万港元，主要以超微型医用CMOS摄像技术为核心，锁定一次性医用内视技术市场目标，构建了强大的资金与技术平台，拥有一流的无菌生产环境和自动点胶及封装设备和可靠的灭菌消毒设施。微视公司现阶段的产品有：医用一次性摄像可视人流系统、一次性摄像可视喉镜、一次性摄像可视肛肠镜等系列医用内视产品。公司产品畅销国内外，在同类产品中属于世界先进水平。同时，公司尝试开发生产带内窥镜的专用医疗设备，由于CMOS感光二节管的新突破，使一次性用的内窥镜能应用到许多医疗外科手术的尖端设备，在医疗设备行业中开拓了前所未有的新领域。

三是注重研发投入。公司先后投资开发生产具有国内领先水平的摄像模块产品（CCM），范围涵盖摄像模块、安防监控产品、医疗可视系统、航空加固摄像机、汽车多媒体等高端电子产品。第一个技术项目成功运作后，光阵公司不断加大研发投入，研发与光学专业联系紧密的产品。公司的研发投入由2007年的1200万元增加至2010年的1700多万元。逐年递增的研发投入，为公司科技创新提供强有力的硬件保障。公司拥有一流的全新富士SMT生产线和多条配置完善的成品组装线通过了国家高新技术企业认定。目前公司正立足打造一流的通信商端产业制造业，正朝着IT化、多元化的道路稳步前进，并逐步成为国内行业中有一定影响力的科技型企业。

四是注重开展产学研合作。光阵公司成立了高校技术合作中心，与华南理工大学、中国科技大学、长春理工大学等知名高校开展合作，先后组建了东莞市光电显示工程技术研究开发中心、广东省教育部省部级产学研结合项目联合研发（东莞/长春）技术中心、广东省光电显示工程技术研究开发中心。目前，公司研发出了可用于医疗、教育电子、工业监控、汽车电子影像检测等方面的非手机摄像模块系列产品。随着产品逐渐丰富，公司还研发出视话通、智能电子猫眼、文档拍摄仪等光电新产品。2010年，公司被认定为东莞市专利试点企业。

五是注重品牌内销。光阵公司组建的广东省光电显示工程技术研究开发中心还负责品牌的创立和保护。目前，光阵公司有近20个光电产品荣获“广东省高新技术产品”称号，已成功申请了50项发明和实用新型专利。公司与联想、康佳、中兴、创维、TCL、步步高等几十家知名手机生产企业建立了良好的合作关系，内销份额逐年增加。公司自主品牌“光阵”商标产品占光阵公司年产值的50%以上，自主品牌年销售额达1亿元。

参考文献

[1] 杜大伟，莱斯，王直. 全球价值链发展报告（2017）. 北京：社会科学文献出版社，2018.

[2] 科斯，王宁. 变革中国：市场经济的中国之路. 北京：中信出版社，2013.

[3] 哈维. 新自由主义简史. 王钦，译. 上海：上海译文出版社，2016.

[4] 杰里菲. 全球价值链和国际发展：理论框架、研究发现和政策分析. 曹文，李可，译. 上海：上海人民出版社，2018.

[5] 罗伯茨. 自由放任资本主义的失败. 秦伟，译. 北京：生活·读书·新知三联书店，2014.

[6] 赫尔普曼. 理解全球贸易. 田丰，译. 北京：中国人民大学出版社，2012.

[7] 彭慕兰，拖皮克. 贸易打造的世界——1400年至今的社会、文化与世界经济. 黄中宪，吴莉，译. 上海：上海人民出版社，2018.

[8] 斯蒂格利茨，尤素福. 东亚奇迹的反思. 北京：中国人民大学出版社，2013.

[9] 恩莱特. 助力中国发展：外商直接投资对中国的影响. 阎雪莲，张朝晖，译. 北京：中国财政经济出版社，2017.

[10] 康纳. 超级版图：全球供应链、超级城市与新商业文明的崛起. 崔传刚，周大昕，译. 北京：中信出版社，2016.

[11] 海闻. 国际贸易：理论·政策·实践. 上海：上海人民出版社，1993.

[12] 朱文辉. 中国出口增长奇迹. 北京：经济科学出版社，1998.

［13］戚晓曜，邱志珊．中国加工贸易研究．北京：中国经济出版社，2011.

［14］曲建，王子先．基于全球价值链角度的中国加工贸易转型升级．北京：中国经济出版社，2013.

［15］杜晓英．国际产品内分工下我国加工贸易转型升级问题研究．北京：知识产权出版社，2013.

［16］王贺光．中国加工贸易转型升级问题研究——基于产品内分工的视角．四川：西南财经大学出版社，2012.

［17］崔玮．加工贸易与中国经济增长——产品内分工视角的研究．北京：经济科学出版社，2010.

［18］顾建清．中国加工贸易研究．上海：复旦大学出版社，2008.

［19］邱志珊．中国加工贸易转型发展研究．北京：人民出版社，2015.

［20］郭建宏．中国加工贸易问题研究．北京：经济管理出版社，2006.

［21］沈玉良，孙楚仁，凌学岭．中国加工贸易模式研究．北京：人民出版社，2007.

［22］荆林波，林诗慧，王雪峰．中国商业发展报告：2011—2012．北京：社会科学文献出版社，2012.

［23］黄埔海关，东莞市人民政府．改革开放30年东莞对外贸易白皮书．北京：中国海关出版社，2008.

［24］王先庆，林至颖．珠三角流通业发展报告（2012）．北京：社会科学文献出版社，2012.

［25］中国商务部．关于中美经贸关系的研究报告，2017.

［26］中国商务部．全球价值链与我国贸易增加值核算报告，2014.

［27］G Gereffi，K Fernandez-stark.Global Value Chain Analysis： A Primer. Duke U，2016.

［28］Joonkoo Lee， Jong-Cheol Kimb，Jinho Lim.Globalization and Divergent Paths of ndustrial Development： Mobile Phone Manufacturing in China，Japan，South Korea and Taiwan.Journal of Contemporary Asia, 2016 （46）, 2, 222 - 246.

[29] Deborah K. Elms and Patrick Low.Global Value Chains in a Changing World，2014.

[30] Printing by WTO Secretariat, Switzerland，2013.

[31] World Investment Report（2013）.Global Value Chains： Investment and Trade for Development，2013.

[32] 2016 The International Bank for Reconstruction and Development. Connecting to Compete 2016——Trade Logistics in the Global Economy.The World Bank，2016.